ガバナンス革命の新たなロードマップ

2つのコードの高度化による企業価値向上の実現

北川哲雄 [編著]

東洋経済新報社

はじめに

　本書の題名はいろいろと迷って『ガバナンス革命の新たなロードマップ』とした．まぎれもなく2014年の日本版スチュワードシップ・コードの制定以降，日本にコーポレートガバナンス革命が起こったという認識に反対を唱える人はいないであろう．

　この動きは実証はされていない社会実験であり，ことの成否は正直まだわからない．それを理由に，特にアカデミック・サイドの方々は懐疑的な意見をそれまで述べられていた（今日でもそのような人は多い）．しかし堰は切られ，資本市場全体がコーポレートガバナンスをめぐって大きな渦の中にいる．

　次々と新たな動きが生まれている．それを称して「スパイラル現象」と呼ぶこととした．優れた統合報告書は，機関投資家への対話のツールとなる．これを基に，高質な対話が生まれ，もって企業価値が向上するならば，それはポジティブなスパイラルを形成していると言えよう．PRI（責任投資原則）にアセット・オーナーが署名したことにより，機関投資家が企業のESG項目についても精査するようになりつつあるということもスパイラルの一翼を担うことになるかもしれない．

　すでにわが国では詳細なG情報（コーポレートガバナンス報告書）が上場企業により東証に提出され，誰もが見ることができる「共通社会情報」となっている．セルサイド・アナリストに業績プレビューを規制した新アナリスト規制は，おそらくはアナリストに本来の仕事（調査対象企業の長期キャッシュフロー流列の測定）を促すことになるだろう．

さてガバナンス革命とは，何のために行われたのだろうか？　これは常に資本市場に関係する誰もが自問しなければならないけれども，重要なのは結果として長期的に企業価値を向上させるためのものでなければならない，という点につきる．これに付帯して，留意するべきことは，企業サイドは責任ある企業活動（Responsible Business）を行いつつ，さらに機関投資家サイドもその活動状況を踏まえつつ，という条件が付く．その意味は，長期に企業価値を持続的に向上させる（あるいは維持する）ためにはESGファクターも考慮の対象としなければならないからである．

　長期的な企業価値の向上を通じて，投資家は着実に（その成果が株価に反映されることにより）リターンを得ることができる．そうなれば資本市場ネットワークに好循環が生まれていることになる．

　おおいなる渦の中に我々はいるわけであるが，それが上記の大前提を意識し，よく理解したうえでの理性ある行動であるならば「ポジティブ・スパイラル」（好循環）を生むことになろう．しかし，資本市場におけるそれぞれのプレイヤー（企業のCEO，CFO，IR担当者，アナリスト，機関投資家，アセット・オーナーなど）が不完全な理解で形だけを満たそうとする対応をしているかぎりは好循環は生まないであろう．むしろネガティブ・スパイラルを来すかもしれない．

　5年後に，一連のガバナンス革命がどうなっているのかは，正直，予断を許さない．それではどうしたらよいのだろうか．本書は，こういった問題意識をもって著したものである．

　なお，本書の執筆に関しては，構想の段階から東洋経済新報社の村瀬裕己氏に大変お世話になった．遅れがちであった本書の完成は氏の励ましがあって可能となった．改めて謝意を表したい．

　　　執筆者を代表して

　　　　　　　　　　　　　　　　　　　　　　　　北　川　哲　雄

目次

はじめに

序章 ベクトル共有化の重要性

あるセミナーの光景から　1
ガバナンス革命の揺籃期を経て　3
常に基本に立ち返って考えてみよう　7
本書の構成　10

第1章 コーポレートガバナンス革命の進展

第1節）英国のコーポレートガバナンス ──── 15
1　重要な4つの側面　15
2　取締役会議長とCEOの分離　17
3　社内取締役と社外取締役の適度なバランス　18
4　強力で独立した監査委員会と業績評価委員会の設置　21
5　取締役会評価　22
6　企業の特性に応じた委員会・社外取締役の設置　24

第2節）2つのコードのエンド・ポイント ──── 28
1　2つのコードのエッセンス　29
2　長期という時間軸の選択　30
3　真の長期投資家とは何か　32
4　目的を持った対話とは何か　35

第3節）エンド・ポイント設定のための整理 ──── 36
おわりに　40

第2章 フェア・ディスクロージャー規則とアナリスト

第1節）新アナリスト規制とフェア・ディスクロージャー規則の導入 ──── 43
1　プレビュー取材の禁止の意義　43
2　アナリストは基本に戻れ　46

第2節　ディファレンシャル・ディスクロージャーの運用 ―― 50
1　投資判断に影響のある有用な情報とは何か　50
2　企業にとって必須な精緻なコーポレート・ディスクロージャー・ポリシーの設定　52
3　ハイレベルの投資家を意識した情報開示の必要性　55

第3節　アナリスト機能の拡大 ―― 56
1　ESG情報まで広げて考えてみる　56
2　日本型SASB設立の提唱　59

第3章　IR活動の高度化

第1節　再認識されるIR活動の重要性 ―― 63
1　IR活動を取り巻く市場環境の変化　63
2　スチュワードシップ・コードおよびコーポレートガバナンス・コードの導入　64
3　IR活動を基底する理論的枠組みとしてのエージェンシー理論　66

第2節　IROの役割の変化 ―― 69
1　日米資本市場におけるIR活動の歴史的変遷　69
2　日本企業と米国企業のIRO属性比較　73
3　IROに関する日米比較分析　74
4　米国で始まったIR資格認証試験　79

第3節　「目的を持った対話」を実現するIR活動の実践 ―― 80
1　2つのコード導入後のわが国企業のIR活動の現状　80
2　投資家から見たわが国企業のIR活動の現状　81
3　米国GE社のIR哲学　84
4　ディスクロージャー・ポリシーの解釈　87

第4章　統合報告書とSASB
―― 長期投資家とエンゲージするためのツール

はじめに　93

第1節　統合報告書に至るまでの背景 ―― 94
1　統合報告を形成する3つの流れ　94
2　日本での議論と展開　95
3　成長政策のツールとしての統合報告書　97

第2節　目的適合性のある統合報告書のために
―― 統合報告書の読み手を明確にする ―― 97

第3節 マテリアリティ・マトリックスへの径路 ──── 101
　　1　マテリアリティとは何か　101
　　2　メトリックスをどう考えるか　106
　　3　KPMGのレポートに見る現状とメトリックスの例　108
第4節 SASBの概要 ──── 111
第5節 目的適合性のある統合報告書作成のために ──── 117
　　1　日本の統合報告書の課題　117
　　2　マネジメントの関与と「重要な関係者とマテリアリティについての声明」　119
　　3　Atlas Copco社に見る「マテリアリティについての声明と重要な関係者」の実際　120
　　おわりに　122

第5章　先端的情報開示と経営戦略 ── 中外製薬の研究

第1節 情報開示の目的と対象 ──── 125
　　1　情報開示の目的　125
　　2　情報開示の対象　126
　　3　統合報告書分析のフレームワーク　128
第2節 医薬品業界と中外製薬の概要 ──── 129
　　1　医薬品産業の特徴　129
　　2　中外製薬の概要　130
第3節 中外製薬の経営戦略 ──── 130
第4節 中外製薬の情報開示 ──── 134
　　1　中外製薬のアニュアルレポートの編集方針　135
　　2　中外製薬のCEOレター　135
　　3　中外製薬の強み　138
　　4　中外製薬のビジネスモデル　139
　　5　「中外製薬アニュアルレポート」における戦略セクション　141
　　6　アニュアルレポートの特集記事　143
　　7　中外製薬の活動報告と今後の取り組み　144
　　8　アニュアルレポートにおけるデータ・セクション　147
　　9　アニュアルレポートにおける財務セクション　148
第5節 まとめに代えて ──── 149

第6章 ESG投資の可能性

はじめに　153

第1節）ESG投資の定義と目的 ——155
第2節）SRIの歴史 ——156
1　SRIの起源　156
2　倫理的投資の時代（1900年代～1960年代）　159
3　SRIの原型形成期（1970年代～1980年代）　160
4　SRIの拡大期（1990年以降）　165
5　SRIの歴史のまとめ　173

第3節）SRI・ESG投資の市場規模 ——173
第4節）SRI・ESG投資の手法 ——177
第5節）わが国のSRI市場 ——179
1　SRIファンドに偏ったSRI市場の歴史　179
2　機関投資家のSRI市場参入の動き　182

第6節）わが国におけるESG投資の課題 ——183
第7節）CFAにおけるESG投資教育 ——186
1　CFA資格試験のカリキュラム　186
2　CFAの継続教育　187

第7章 株主行動としてのエンゲージメントへの期待

第1節）株主行動の現状 ——191
1　エンゲージメントと投票行動　191
2　欧州SRI市場における株主行動の現状　192
3　米国SRI市場における株主行動の現状　195

第2節）CalPERSのSRI市場における投資手法 ——199
1　CalPERS年金基金の概要　199
2　CalPERSのターゲット・リスト　200
3　CalPERSの基本方針　201
4　CalPERSによるエンゲージメントの取り組み　202

第3節）Hermes Investment ManagementのSRI市場における投資手法 ——203
1　HermesとBT Pension Schemeの概要　203
2　Hermesの運用方針と運用体制　204

第4節）AP Fonden 1（Första AP-Fonden）の
SRI市場における投資手法―――――――――――――― 206
　　　1　AP Fonden 1の概要　206
　　　2　AP Fonden 1の基本方針と倫理規定　207
　　　3　AP Fonden 1の運用体制　208
　　　4　AP Fonden 1のエンゲージメント　208
第5節）海外年金基金のエンゲージメント――――――――――― 210
　　　結論　211

第8章　ユニバーサル・オーナーシップ理論の展開と課題
――年金基金への適用を中心に

　　　はじめに　215
第1節）ユニバーサル・オーナーシップ理論の前提条件・
投資家行動・外部性の内部化に関する仮定――――――― 219
　　　1　ユニバーサル・オーナーシップ理論が
　　　　成立するための3つの前提条件　219
　　　2　ユニバーサル・オーナーとしての
　　　　動機に基づく投資家行動　222
　　　3　ユニバーサル・オーナーシップ理論における
　　　　外部性の内部化に関する仮定　225
第2節）年金基金とユニバーサル・オーナーシップ理論の関係――― 227
第3節）ユニバーサル・オーナーシップ理論の課題
――年金基金を念頭に――――――――――――――― 231
　　　1　ショート・ターミズム（短期主義）の影響の可能性　231
　　　2　外部性の内部化に関する仮定の成立が不十分な可能性　232
　　　3　年金基金における実務上の課題　233
　　　おわりに　236

第9章　社外取締役の活用とコーポレートガバナンス
――日米での議論の歴史

第1節）社外取締役とわが国のコーポレートガバナンス議論の歴史―― 241
　　　1　日本における問題の所在　241
　　　2　CalPERSの事例
　　　　――外国人機関投資家からの要請の端緒　242
　　　3　ソニーの事例――日本企業の対応の端緒　244
　　　4　2002年の商法改正――社外取締役設置義務化検討と
　　　　委員会等設置会社制度の導入　245

5　2008年から2009年にかけての動き　　248
　　　6　2014年の会社法改正──社外取締役設置義務化検討と
　　　　　監査等委員会設置会社制度の導入　　251
　　　7　コーポレートガバナンス・コードの制定　　257
　　　8　本節のまとめ　　260
　第2節）米国におけるモニタリング・モデル形成の歴史 ──────── 261
　　　1　米国における問題の所在　　261
　　　2　1960年代までの米国　　262
　　　3　1970年代の企業不祥事への対応──経営の適法性確保　　263
　　　4　1980年代の敵対的買収への対応
　　　　　──経営者の利益相反行為防止　　265
　　　5　1990年代からの機関投資家による株主重視の要請への対応
　　　　　──経営の効率性確保　　266
　　　6　本節のまとめ　　269

第10章　コーポレートガバナンス強化に向けた新たな動き

　第1節）監査等委員会設置会社への移行企業の属性と実効性の分析 ── 275
　　　1　監査等委員会設置会社制度の問題の所在　　275
　　　2　２つのタイプの監査等委員会設置会社　　276
　　　3　監査等委員会設置会社への移行会社の属性分析　　278
　　　4　監査等委員会設置会社への移行は
　　　　　監督機能の強化につながるか　　280
　　　5　本節のまとめ　　284
　第2節）取締役会評価の開示 ────────────────────── 285
　　　1　取締役会評価に関する問題の所在　　285
　　　2　英国における取締役会評価の開示　　286
　　　3　日本における取締役会評価の開示　　291
　　　4　取締役会評価の開示が優れる日本企業の属性分析　　293
　　　5　本節のまとめ　　296
　第3節）サクセション・プラン──バークレイズ社における事例分析 ── 297
　　　1　サクセション・プランに関する問題の所在　　297
　　　2　FRCのコンサルテーションに対する
　　　　　投資家などからの意見　　298
　　　3　バークレイズ社におけるサクセション・プランの
　　　　　事例分析　　299

序章

ベクトル共有化の重要性

あるセミナーの光景から

　先般（2017年1月11日），環境省において「21世紀における持続的成長のあり方に関するハイレベル・シンポジウム」が開催された．このシンポジウムの目的の1つは2015年9月に同省内で設置された「持続可能性を巡る課題を考慮した投資に関する検討会（ESG検討会）」の最終報告会を兼ねたものであった．

　筆者はその検討会の座長を務めており，その報告書[1]は環境省のホームページに掲載されている．内容の詳細にご興味のある方にはそちらをご覧いただくこととし，小生がモデレーターを務めたパネルディスカッションは，パネリストの方々のおかげで大変内容の濃いものとなった．シンポジウムの終了後，多くの方々から同様の感想をいただいた．

【パネルディスカッション】15：05～16：25
「持続的成長に向けた課題と取組の方向性──投資行動，企業行動，建設的な対話」
〈パネリスト〉
- 一橋大学大学院商学研究科特任教授，CFO教育センター長　伊藤邦雄氏
- 公益社団法人　経済同友会代表幹事　小林喜光氏
- 年金積立金管理運用独立行政法人（GPIF）理事兼最高投資責任者　水野弘道氏

1）　環境省「ESG検討会報告書」2017年1月．

左より，編著者（北川），水野弘道氏，伊藤邦雄氏，小林喜光氏

　パネリストは上記の3名の方々である．小林様には企業側の観点から，水野様にはアセット・オーナーの立場から，そして伊藤先生からは伊藤レポート（2014年8月）以降の企業・機関投資家・アナリストにまたがる幅広い観点から率直に語っていただいた．

　いわゆる一連のガバナンス改革は，2014年より始まり，今，揺籃期を脱しようとしている．
　しかし，この流れは今，インベストメント・チェーンの結節点（node）[2]にあたる機関，およびそこで中心的に活動する人々が強い意思を持って行動を起こすことにより次のステージにのぼることが期待されている．現状はまだまだ道半ばと言ってよい．
　例えば，シンポジウムの席上で，小林様は取締役会長を務める三菱ケミカルホールディングスについて「持続的成長に向けた課題と取り組みの方向性」と題して同社の長期的企業価値向上に向けた取り組みについて丁寧に説明された．
　筆者から見ても大変得心のいくものであった．そのうえで小林様にアナリスト・投資家からの反応はいかがでしたかと聞いてみたところ，ほとん

2）ここでは結節点で中心的に活動するのはインベストメント・チェーンの中核を担うプレイヤーそのもの，企業のCEO，アナリスト，ポートフォリオ・マネジャー，年金基金理事などを意味することになる．

ど手ごたえは得られていない，とのお答えであった．

　水野様には一昨年PRI（責任投資原則）に署名したGPIFがその後，堰を切ったように運用委託している機関に対し，様々な刺激的な施策を（アンケート調査などを通じて）行っていることについて質問した．水野様は，GPIFは，自家運用が現状ではできないことに鑑みて，むしろインベストメント・チェーンの中にあって責任投資原則が貫徹されるように積極的な役割を担うことを表明された．

　伊藤先生は，伊藤レポートの理念は浸透しつつあるも，道半ばであることを述べられていた．日本企業には真の意味でのCFOがいまだに育成されていないことも強調されていた．

　お三方のお話から言えることは，2014年から始まったわが国のガバナンス革命はますます，ポジティブ・スパイラルを描くべく絶え間のない努力を続けなければならないということである．

ガバナンス革命の揺籃期を経て

　ここで，最近1年間に起こったことをプロットしてみよう．

　コーポレートガバナンス・コードが2015年6月に制定されて1年半が経った．東証は全上場企業にこのコードに敷衍して，①コーポレートガバナンス報告書の作成・報告を義務づけることになった．誰でもそれを各社のホームページで閲覧できる．同産業内の数社を見て比較するだけでも，重要なヒントを与えてくれるであろう．一言でESG情報の充実と言われるが，一気にガバナンス情報（G情報）に関する詳細なデータベースが日本ではできあがったことになる．

　一方で任意ではあるが，②統合報告書を作成する企業も増えてきた．あるコンサルティング会社の調査では，統合報告書の作成企業は，2016年度で300社程度にのぼる．サステナビリティ報告書（企業によってはCSR報告書とも称する）については700社以上が作成している，とそのコンサルティング会社は指摘している．

　コーポレートガバナンス・コードについては，2016年9月により精緻なコードにすべくフォローアップ会議が持たれ，精力的な活動が行われてい

る．公表された審議事項を見ると，機関投資家による，③議決権行使結果の積極開示（個別機関投資家の全議決事項開示も含む）も論議されているようである．[3)] これに伴う機関投資家の利益相反問題も，相当深く突っ込んで議論がされていることが公表資料からはうかがえる．

また，日本証券業協会は協会傘下の証券会社に対して，④「協会員のアナリストによる発行体への取材等および情報伝達行為に関するガイドライン」（以下，「新アナリスト規制」）を制定した．いわゆるセルサイド・アナリストによる企業へのプレビュー取材の全面禁止に協会は大きく舵を切った．

さらに金融庁は，金融審議会の市場ワーキング・グループに「フェア・ディスクロージャー・ルール・タスクフォース」を設置した．当タスクフォースにおいては先に市場ワーキング・グループ報告で導入が提言された，⑤「フェア・ディスクロージャー・ルール」（以下，「FD規制」）の具体的な内容に関する検討が始まった．

そしてアセット・オーナーに目を転じると，冒頭で述べたとおり，年金積立金管理運用独立行政法人（Government Pension Investment Fund: GPIF）は2015年9月に責任投資原則（Principles for Responsible Investment: PRI）に署名をした．これは世界最大の年金基金であるGPIFが企業におけるESG（Environment［環境］, Social［社会］, およびGovernance［ガバナンス］）活動を考慮した投資行動を行うと宣言したことになる．

GPIFの活動は非常に活発である．2016年4月には，⑥「機関投資家のスチュワードシップ活動に関する上場企業向けアンケート集計結果」を公表して話題となった．アセット・オーナーであるGPIFがJPX日経インデックス400の全構成企業に対し行ったものである．通例のアンケートでは10％台であることも多い回収率が65％と異例の高さとなり話題となった．ここでは2014年2月に制定された機関投資家の行動を律する「日本版スチュワードシップ・コード」の精神に則った活動が行われているかど

---

3) 最近の経済紙（2017年4月）によると，すでに日本の機関投資家の中で全議決事項開示に踏み切ったところも出てきている．

うかの検証を企業側に問うたものである．

　一方でコーポレートガバナンス・コード産みの親である英国ではFRC（Financial Reporting Council）においてはスチュワードシップ・コードにおいてスチュワードシップ活動に関する⑦署名機関の個別評価を最近公表した．実名をあげてランク付け（3段階）を行っている．筆者の見るところ，最低ランクの企業は「落第」ということになる．

　またこれも海外の例であるが，⑧機関投資家が議決権行使のみならず広くESGに関するエンゲージメントを行った結果を詳細に記述したアニュアルレポートを公開しているケースもある．

　これらは一見資本市場の主要プレイヤーに個別に起こっているように思える．下記のインベストメント・チェーンの概念図に沿って見てみよう．

　ここで，「A：企業」「B：アナリスト」「C：機関投資家」「D：アセット・オーナー」とする．

　①②　A→BおよびCへの情報開示
　③　　C→AおよびDへの情報開示
　④　　A→Bの情報開示の禁止，あるいはBがAに求めることの禁止
　⑤　　A→BおよびCへの情報開示の禁止，あるいはBおよびCがAに求めることの禁止
　⑥　　A→Dへの情報開示
　⑦　　自主規制機関によるCの格付け評価
　⑧　　C→DおよびAへの情報開示

　しかしこれらはすべて社会情報化されていることに留意をする必要がある．ここで言う社会情報化とは，例えば，①はAからBおよびCへの情報伝達を意識したものであるが，実は誰もが観察しうるものである，ということである．情報サービス会社は競ってこれらの素材をデータベース化している．

　そしてこれらの，一見ある資本市場においてプレイヤー間で部分的に絡

図表序-1 インベストメント・チェーンの概念図

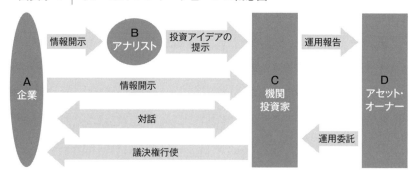

まることであっても，①〜⑧までのすべての事例は「長期的価値の向上」に収斂するものでなくてはならない．ここでその前提を忘れて，木で鼻を括る対応をしていると，ポジティブなスパイラルどころかネガティブな効果しか産み出せない可能性もあることを覚悟しておく必要があろう．

　こういった流れを総称して，「ガバナンス革命」は第2のステージに入ったと称する人もいる．果たしてこれらの事象はインベストメント・チェーンに活性化をもたらし，企業価値の向上を促進し，その結果として高い投資リターンを産み出すものであろうか．
　筆者の見解は，イエスでもあり，ノーでもある．上記に例示したものは，ガバナンス改革の余波と言えるものであるがインベストメント・チェーンにおける結節点にいるもの（企業，アナリスト，投資家，アセット・オーナーなど）が，基本理念を踏まえないで，単にムーブメント（流れ）に従っていればよいということであれば逆効果となる可能性もある．
　その場合には，企業と投資家の溝はさらに深まることになるだろう．一部の企業の経営者からは，一連の改革はメランコリー（憂鬱）なものと受け取られているようである．こうなってしまう可能性は否定できない．
　例えば，コーポレートガバナンスとスチュワードシップの2つのコードや伊藤レポートで強調されているのは，投資家による企業のエンゲージメントおよび投資家と企業の対話であるが，これらに関してはすでに多くの

ハウツー本が出ている．いずれも一見もっともな事項が書かれているが，何かが足りないような気がしてならない．

　おそらくは対話あるいはエンゲージメントする企業に対して，アナリストとして真摯に向き合って分析したことのない人がどのようにしたらよいかを解説しているにすぎないからである．企業側としてはあまりにも迷惑な話である．

　またコーポレートガバナンスの議論に関して，多くの投資家は形式的妥当性を重んじている気配がある．例えば社外取締役の選任に際して，議決権行使サービス会社の基準に唯々諾々と従っている投資家もあると聞く．このこと自体，日本版スチュワードシップ・コードの精神に反することであるが，大勢に従っていれば無難であるという事大主義の現われであるとも言える．

　ある社外取締役候補者が本当に企業価値の向上に資する人なのか，どのような役割を果たしうる人なのか，を真剣に考えている気配は見えない．そもそも投資対象企業にとってどのような社外取締役が必要かの議論が投資家から提起されるべきであろうが，そこまで真摯に検討している気配は筆者の知るかぎり無いように思える．

　こういった事象がエスカレーションすることにより，局所的に「ガバナンス革命」遂行のためという錦の御旗の下に，本来想定されているところとは異なるベクトルに向かってしまう危険性もある．

常に基本に立ち返って考えてみよう

　それでは，それぞれの事象があるべき方向に動き出すにはどうしたらよいのだろうか．言葉で言えば，すでに述べたように簡単である．あらゆるもくろまれる事象が「企業価値の向上を促進し，その結果として高い投資リターンを産み出すもの」であることと結び付くことである．

　これは実際には大変困難なことのように思える．

　例えば企業価値向上を「高利益成長を遂げる」ことと同義に考えてみよう．時間軸を10年とする．過去10年間において高利益成長を遂げた企業は3人以上の社外取締役がいた企業と高い相関関係があるという実証研究

がなされたとすれば，一部の議決権行使サービス企業の言う仮説は傾聴に値することになるだろう．しかしそうであったとしても問題はある．相関関係はあっても因果関係は別のところにある可能性があるからである．

　極端なケースとして，社外取締役がゼロであり，CEO（＝取締役会議長）が強烈なリーダーシップを持って新製品の開発・効果的マーケティングを行い，その結果として高利益成長をなし遂げたケースもあるだろう（そういったケースは，わが国ではまれではない）．こういった場合，その企業を長く担当するアナリストであれば，ガバナンス・システム面での遅れを，補ってあまりあるCEOの才覚によって企業価値を向上させたことに対し，違和感を覚えることはないであろう．

　すなわち，今後は企業の業績推移を予想するにあたって，ESGマターの充実も考慮すべき1つのポイントであろうが，イノベーションに対する取り組み，CEOのリーダーシップなどの様々な要素を考える必要があるということだ．しかもそれぞれが独立して分析されるべき事柄ではなく，統合して考えられるべきということである．ESGのSにあたるダイバーシティこそが10年後の当該企業の業績を支えるイノベーションの源である可能性もあるからだ．

　投資家にまず求められるのは，これらに関する見識があるかということである．当然ではあるが，パッシブ・インベスターがこういった能力を備えるようになることは期待できない．時間軸を10年程度，あるいはそれ以上に置く真の長期投資家の出現を必要とするのではないだろうか．それを念頭に置いて，本書を著している．

　図表序-1は，インベストメント・チェーンの様々なプレイヤーの中の機能をプロットしたものである．一見バラバラのように見えて，1つの大きな共通の社会目標を持った運動の中にある，と言ってよいであろう．その社会目標を改めて言えば，以下のようになる．

　企業側には「ESGに配慮しながら長期的に企業価値を向上する．そしてその方策・結果を率直に開示する」ことが要請される．投資家側には「それら企業の開示情報を十分に咀嚼しつつ高質な対話も行い自ら長期的企業価値を算定する．そのうえで投資行動を起こす」ことが要請されるこ

とになる．そしてそれを促す役割として期待されるのがアセット・オーナーである．セルサイド・アナリストは，情報介在者としてアセット・マネジャー（機関投資家）に対して真摯に投資分析を行った結果を伝え，彼らの意思決定に役立つ情報を提供することが使命である．アナリストには，企業からの情報開示を基に機関投資家の意思決定の参考になるようなレポートを作成することが望まれる．

　以上の点をインベストメント・チェーン全体との関係で整理してみよう．

　① 　企業側は「コーポレートガバナンス報告書」を作成している．ESGの中のGについての詳細な開示である．すでに東証によってGは既に述べたとおり社会情報化（誰もがその詳細を知りうるという意味）されている．作成者は企業であり，直接の対象読者は機関投資家である．ただしEとSについては社会情報化はされていないが，自主的開示は進んできている．そういった意味で米国におけるSASB（Sustainability Accounting Standards Board）の動きは注目される（SASBについては，第4章で詳細に紹介する）．

　② 　多くの企業が「統合報告書」をIR活動の一環として作成している．統合報告書は，企業の長期的企業価値増大のプロセスを真摯に説明するものである．そこには，ESG情報の一部が有機的に取りこまれて説明されることになる．なぜならば，企業自体の持続可能性を算定する場合には，ESGについて企業がどのように取り組んでいるかを示す必要があるからだ．

　③ 　アナリスト・投資家は，企業から提供される上記①や②における開示情報および一連のIR活動（説明会の開催，one on one meeting［個別ミーティング］の設定など）を通じて，その内容を受容し咀嚼することが必要となる．アナリスト・投資家は真摯に企業からの情報を咀嚼したうえで，確認すべき点については直接対話によって確認することになる．

　④ 　アセット・オーナーは，機関投資家が運用哲学（この場合には長期アクティブ投資を前提にしている）に沿ってなされるかについて，真に検証する能力を持たなければならない．

以上が十全に果たされることによりインベストメント・チェーンにおける高次なネットワークが構築されることになる．しかし，そのためにはこれまで述べた理念を個々のプレイヤーが自覚し，それぞれの職務に取り組むことによって初めて理念は実現されることに留意する必要がある．

本書の構成

　前置きが長くなってしまったが，本書の構成は以下のとおりである．

　第1章は「コーポレートガバナンス革命の進展」と題している．まず，わが国におけるコーポレートガバナンスとスチュワードシップの2つのコードのお手本となった英国におけるガバナンス論議のエッセンスについて述べる．わが国のコードは，英国で20年をかけて築き上げられたものを相当程度に，半ば強引に取り入れた感がある．しかし肝心な点について曖昧にしてしまい，いささか画竜点睛を欠く面があることは否めない．誤った前提からは誤った答えしか導かれない．そのためガバナンスに関する「対話」をいくら奨励しても，効果を期待できない面があることがたびたび指摘されることになる．次にわが国における2つのコードの再構成について述べている．2つのコードが今後フォローアップされる際に，どのような点に留意して論理構成をより堅固なものに仕直すべきかについて，具体的提言を含めて論じている．当たり前のことであるが，2つのコードは論理的に隙のある八方美人的なものでは永続しないからである．

　続く第2章は「フェア・ディスクロージャー規則とアナリスト」について述べている．2つのコードが究極的に意図していることは，企業の長期的企業価値の向上を促進する社会システムの確立である．そこで対立する概念は，ショート・ターミズムである．資本市場における過度なショート・ターミズムは抑制されなければならない．しかしそれは，言うは易し行うは難しという側面がある．本章ではその中でアナリスト活動に焦点を当てて，いかにこの困難に立ち向かうべきかについて論じている．

　第3章は「IR活動の高度化」について述べる．2つのコードおよび2018年4月より適用される可能性のあるフェア・ディスクロージャー・ルールの下，企業の日常のIR活動は大きな変容を強いられることになる．アナ

リストや投資家との「対話」はどのようになされるべきかについて，第3章では余すことなく論述されることになる．

第4章は「統合報告書とSASB——長期投資家とエンゲージするためのツール」である．統合報告書の作成はわが国の企業においても，数の点では急激に増えている．しかしその内容の充実度合いは，企業によりかなりの差が見られる．自主的情報開示のゆえに自由競争なのだから，精粗がマチマチになるのはやむをえないという見解もある．しかしわが国の企業の統合報告書が全体として平均レベルが低いままでは困った状態である．それを補うべく，米国のSASBの動向は注目に値する．これらについて本章では詳細に語られている．

続く第5章では「先端的情報開示と経営戦略——中外製薬の研究」と題してケース研究を行っている．中外製薬のIR活動は定評のあるところであるが，それがどのような要因や考え方に基づいているのか，さらにその評価について記述した．世界最高水準のIR活動の姿を読者は理解することになるだろう．

続く第6章は「ESG投資の可能性」である．本章では，企業のESG活動あるいはCSR活動は，投資の観点からどのように評価されてきたのかについて，歴史的経緯を踏まえながら論じている．そして現状のESG投資の状況やCFA協会によるESG投資研究にまで触れる．

第7章では「株主行動としてのエンゲージメントへの期待」について論じる．主に日本のアセット・オーナーや機関投資家が参照すべき海外の動向を具体的事例を交えながら説明する．

第8章は「ユニバーサル・オーナーシップ理論の展開と課題——年金基金への適用を中心に」と題している．年金基金（アセット・オーナー）の中でも今注目されているのはユニバーサル・オーナーであり，投資の世界に大きな影響を持つ存在となっている．本章は，ユニバーサル・オーナーの機能，今後の可能性についても余すことなく述べる．

第9章は「社外取締役の活用とコーポレートガバナンス——日米での議論の歴史」について述べている．社外取締役に関しての議論は様々にあるが，ここでは日米での議論を対比している．米国におけるモニタリング・

モデルの形成についての知見も紹介される．

最後の第10章は「コーポレートガバナンス強化に向けた新たな動き」である．検討しているのは2点ある．第1点は具体的には様々な論議があって発足した「監査等委員会設置会社」について，どのような属性の企業が移行したのか，果たして監査機能の強化につながっているのかについて触れる．第2点は取締役会評価の開示についてである．コーポレートガバナンス・コードに盛り込まれた取締役会評価については，企業側はかなり困惑したと伝えられているが，その開示状況について論じている．

以上の10章の内容が，先ほどの図表序-1のどの部分に関連するものであるかを示しておこう．
- 第1章⇒A，CおよびD
- 第2章⇒B
- 第3章，第4章および第5章⇒A
- 第6章および第7章⇒C
- 第8章⇒D
- 第9章および第10章⇒A

全編をお読みいただければ，読者の皆さまは類書と異なった感想をお持ちになると思う．

私見によればコーポレートガバナンスとスチュワードシップの2つのコードや伊藤レポートを基にした「対話の第1ステージ」は終わったと思う．過去のROEの多寡や余剰資金の多さ，低収益部門の改革を指摘することは，学部学生のレベルでも『会社四季報』などを精読すればできる．企業はおそらくこういったレベルでの対話には辟易していることであろう．

まともな企業であれば，長期的企業価値の創造プロセスについての明確な考えを持っていることであろう．企業についての深い理解をもち実力を備えた投資家・アナリストがじっくりと企業の考え方を聞く，そこから対話は始まる．こんなことは実は当たり前のことである．優秀なアナリストやポートフォリオ・マネジャーにはその能力はすでに備わっている．

彼らにしてみればことさら対話などと言わなくても実践可能な状態である，というのが次のステージであろう．

第1章

コーポレートガバナンス革命の進展

第1節 英国のコーポレートガバナンス

1 重要な4つの側面

　2014年から2015年にかけてコーポレートガバナンス関連の2つのコードが制定された.[1] 以来,コーポレートガバナンスに関する記事が出ない日は無い.「ガバナンス革命」とも言うべき様相を呈している.

　ガバナンスとは「統治」と訳されることが多い.しかしこの訳語ではしっくりとこない.コーポレートガバナンスと言った時に思い浮かぶのは,取締役会機能の拡大である.株式会社形態を取る企業にとっては,株主が企業の所有者である.株主=経営者,である場合にはガバナンスの問題は起きない.しかし株主と経営者の分離が起こると,株主の負託を受けて行動することを期待されるのは取締役会である.経営者の経営方針や適性をチェックし,時には解任のできる機能を取締役会が持っていることが期待

---

[1] 正確には金融庁に設けられた「『責任ある機関投資家』の諸原則《日本版スチュワードシップ・コード》～投資と対話を通じて企業の持続的成長を促すために～」日本版スチュワードシップ・コードに関する有識者検討会(2014年2月)(金融庁［2014］)と「コーポレートガバナンス・コード原案～会社の持続的な成長と中長期的な企業価値の向上のために～」コーポレートガバナンス・コードの策定に関する有識者会議(2015年3月)(金融庁［2015］)を指す.

されている．

　すなわち，コーポレートガバナンスとは「経営者を取締役会が適切にチェックすること」と言い換えることができよう．しかし，実はこれだけでは足りない．「経営者」を株主のどんな目的のためにチェックするかを明らかにしなければならない．

　やや抽象的な言葉になるが，株主にとって重要なことは「企業価値（＝株主価値）」を向上させることである．経営者には株主の僕(しもべ)として行動してもらわなければならない．

　しかし，株主が分散されている今日では，株主によっては，「企業価値」向上をもくろみ投資リターンを上げようとしても，その時間軸が株主によって異なることに留意しなければならない．デイ・トレーダーや個人投資家も株主の一翼を担うし，もちろん長期投資を旨とする年金基金もいる．彼らの投資時間軸は一様でない．ということは，企業価値向上と言った時の「何時(いつ)までに」という時間経過の許容度が異なることになる．この点は後に詳述することになるが，ガバナンス論議に大きな混乱を引き起こすことになる．

　ガバナンスが問題となるのは株式会社に限らない．おそらくすべての組織の課題である．2016年も地方議会の首長や議員報酬（政務調査費を含む）の目的外不正使用が問題となったが，これなどはガバナンス問題の初歩の初歩である．株式会社で言う，取締役会や監査役会の組織が機能していれば事前に防げたはずの問題である．

　さて，コーポレートガバナンスに話を戻すと，焦点は「取締役会」のあり方ということになろう．この点については，英国での経験が参考になる．わが国における2つのコードの中には，スチュワードシップやエンゲージメントという用語が盛り込まれているが，これらは英国において過去20年以上にわたって議論されて精製された用語である．

　英国のコーポレートガバナンスの特質とは何であろうか．FRC（Financial Reporting Council）は4つあると指摘している．[2)]

図表1-1　英国におけるコーポレートガバナンスの4つの側面

① 取締役会議長とCEOの分離
② 社内取締役と社外取締役の適度なバランス
③ 強力で独立した監査委員会と業績評価委員会の設置
④ 取締役会の年次評価

（出所）　FRC［2010］.

　わが国では今日でもテクニカルな議論が活発であるが，この4つはコーポレートガバナンスの問題を考えるうえでの基本であると思う．

　筆者はさらにこれらの4点に加えて，

　⑤　企業の特性に応じた独自の委員会の設置

を提唱したいと思う（この点については6項を参照）．

2　取締役会議長とCEOの分離

　取締役会議長とは，取締役会の議事運営を行う議長（chairman）という意味である．取締役会議長は，日本流で言う代表取締役社長すなわちCEOが就くのではなく，社外取締役の中から適任者が互選によって選ばれるケースが多い．英国では現在FTSE 350社の99％で両者が分離されている．

　わが国においては取締役会議長に就いているのは，元CEO（役職では代表取締役会長とか相談役）か現役CEOの場合が圧倒的に多い．現在（2017年1月），コーポレートガバナンス・コードの見直し論議が金融庁にて行われているが，なぜかこの問題は盛り上がらない．

　取締役会議長とCEOの分離が必要な理由は明白である．経営者（＝CEO）の行動を監視するための組織である取締役会がCEOによって主導されることは，本来が奇妙なことである．取締役会における議案提出者が同時に審議をリードすることは，矛盾する行為である．

2）　FRC［2010］.

CEOが中心となり経営会議で周到に論議し決議された案件が，取締役会では議論される．当然，社外取締役と社内取締役との間には情報の非対称性が存在する．この場合に，議長がCEOであると，最初から議案は通すために存在することにならないだろうか．

　経営会議において議決に関与しない社外取締役が取締役会議長になっていて，初めて白紙の状態から真摯な議論ができるのではないのか，と考えるべきであろう．

　この当たり前のことが，わが国では意外な主張だとみなされている．社内取締役は通常（お家騒動の渦中にでもないかぎり）は，CEOの提案に反対することはない．もちろん一部の社外取締役が批判的な意見を述べることがあったとしても，十分な論議ができることは期待できない．だから社外取締役が取締役会の中で過半を占めること，かつ取締役会議長が社外取締役であることも当たり前である，ということになる．

　上述した英国のコーポレートガバナンスの4つの側面（①）においては，この当たり前のことを再確認したにすぎない．しかし現実にはわが国においては両者が分離されているのはTDKやソニーをはじめとして数十社にすぎない．依然としてCEOの権限が強いことがわかる．ここにメスを入れないかぎり，取締役会改革論議は無意味である．

3　（社内取締役と社外取締役の適度なバランス）

　英国では社内取締役と社外取締役の比率は平均で2：8となっている．これは黄金比とされる．10人の取締役がいれば8人が社外取締役ということになる．これは取締役会の本来の機能を考えれば不思議なことではない．取締役会メンバーの中にCEOやCFOなど一部の経営執行側の兼任者がいることは，議事を円滑に行うために必要であろう．しかしせいぜいその割合は20％であろうというのが経験の蒸留から産み出された結論ではないか．さて10人のうち8人くらいが社外取締役であるとして，どのようなキャリアを持った人で構成されるべきなのだろうか．

　実はこれには教科書的な答えはない．企業によって置かれた状況が異なり，必要な人材も異なるからである．例えば図表1-2はグラクソ・スミス

図表1-2　グラクソ・スミスクライン社の取締役会構成メンバーの多様性

取締役のキャリアのバックグラウンド

サイエンス	20%
ファイナンス	27%
事業会社経営	53%

取締役の国際経験

グローバル	11人
米　　国	15人
欧　　州	14人
EMAP（新興国・アジア）	10人

取締役会の構成

社内取締役	20%
社外取締役	80%
男　　性	67%
女　　性	33%

社外取締役の在任期間

0～3年	42%
4～6年	8%
7～10年	50%

（出所）　GlaxoSmithKline [2013], p. 86.

クライン社（GSK社）の取締役会の構成である.[3]

　GSK社の場合，4つのダイバーシティの視点で説明している．同社では15人の取締役のうち社内は3人（20%），社外は12人（80%）である．

　男女比で言えば男性が3分の2（10人），女性が3分の1（5人）である．キャリア・バックグラウンドは，サイエンス（同社の場合，医薬品・バイオテクノロジー）の造詣が深い人が3人（20%），ファイナンスの専門家が4人（27%），事業会社経営幹部経験者（含む他産業）が8人（53%）となっている．国際経験ではグローバルでの経験者が11人（15人中）となっている．また各地域（米国，欧州，EMAP［新興国・アジア］）における経験を積んだ人も多数いる構成となっている．また社外取締役の在職年数が12人のうち0～3年までが5人，4～6年が1人，7～10年が6人となっている．すなわち，経験年数におけるバランスを考慮している．

　これらは何を意味するのだろうか．広い意味での取締役会メンバーにおける多様性（ダイバーシティ）とバランスの重要性を強調しているように思える．わが国では取締役会の構成と言った場合には，社外取締役の人数

3）　GlaxoSmithKline [2013], p. 86.

は何人が必要であるかが依然として議決権行使会社の関心対象となっている．彼らは数年以前は少なくとも1人と言っていたが，最近では2人は必要であると言っていた．今年あたりからは3人以上とか，あるいは取締役会メンバーの3分の1以上を提唱している．

これらの数字のエスカレーションには，何らの理念も無いように思える．すなわち，「企業価値を向上させるための取締役会のあり方」という基本理念が欠けているように思える．ガバナンス改革はナンバーズ・ゲームではない．

さてGSK社の取締役構成に戻って考えてみよう．

GSK社のアニュアルレポートにおける記述[4]を詳細に見ると，取締役の構成は以下のような考え方に基づいて現在の陣容になっていることがわかる．

(1) GSKは医薬品企業であるので，サイエンスに造詣の深い人を必ず入れる．
(2) 金融・資本市場に造詣の深い人も必ず入れる．
(3) 男女比という意味でのダイバーシティでは，女性取締役3分の1を目標とする．
(4) グローバル展開企業であり，グローバルにおけるビジネス経験，各主要地域における経験者をバランス良く配分する．
(5) 取締役在任期間についてのバランスを取る．平均在職年数は8年であるが，同じフィールドの人が一気に退任することのないように配慮する．いわゆる期差問題への配慮である．

GSK社の事例をわが国の事例と比較してみたい．わが国の医薬品企業は，他産業に比べて社外取締役の人数も比較的多く，コーポレートガバナンスに先進的と言われている．しかし，GSK社の域に達している企業は皆無である．

なお，取締役在任期間であるが，社外・社内取締役を問わずGSK社の

---

4) GlaxoSmithKline [2013], pp. 92-94.

場合には過去8年から10年である．社外取締役についてどの程度の在任期間が望ましいかについて定説はない．しかし，同じ特性を持った人が複数いて，期差をもって入れ替わる，というのは賢者の知恵である．わが国では，3年あるいは4年と社外取締役の最高任期期間を定めている企業もある一方で，10年以上も在任している場合もある．

このあたりはいろいろな意見があるだろうが，私見によれば，在任期間は3年や4年では短く，10年以上は長すぎると見るべきであろう．8年あたりがやはり妥当ではないか．

3年や4年という期間では，会社の業容・オペレーションに慣れたころに引退となる．CEOが生え抜きの長期政権である場合には，率直な意見が述べられるような状態になったところで任期満了となる．一方で在任期間が10年以上となり，社外取締役の重鎮として各種委員会のヘッドとなっているケースは，もはや社外の人とは言えないのではないだろうか．このあたりについては，もちろん個々の社外取締役の資質・パーソナリティによるところも大きいものの一考に値しよう．ベテラン社外取締役の中にはCEOよりも経験が長い方も多く，中には自分がキング・メーカーであると内外に豪語している人もいると聞く．

真偽はともかく，このようなことが本当だとすれば暗澹たる気持ちになるのは筆者のみではあるまい．

4　強力で独立した監査委員会と業績評価委員会の設置

この2つの委員会（実は指名委員会でも同じことであるが）のうち，監査委員会の重要性は言うまでもないであろう．不適切会計で騒がれているエレクトロニクス・メーカーの場合には，独立性に乏しい，脆弱な監査委員会であったことが第三者委員会の調査報告書からもわかる．それはそうであろう．元CFOが監査委員会のヘッドを務めていたのである．機関投資家であるならば，そういった点については鋭く事前にチェックできたのではないだろうか．

業績評価委員会（Remuneration Committee）は報酬委員会とも訳されるが，取締役・経営幹部の業績評価を適切に行い，それを報酬に反映させ

る役割を担っている．Pay for Performance（業績に応じた報酬）と呼ばれる考え方である．わが国では，一部欧米企業にかつて存在していたように業績が優れないにもかかわらず何十億円もの報酬をもらうといったCEOや経営幹部は少ない．グリードである経営者は少ないように思える．

　しかし，企業価値を向上させる意欲を持ち，それに応じた報酬を得ることは取締役会として奨励してよいことである．ただ，株主にとって納得できる業績評価システムは何かと問われると，実は大変難しい．企業業績，株価，執行役であれば与えられた担当職務に関する評価が当然考えられる．そして問題となるのは，短期・長期のいずれの時間軸でとらえるかである．

　米国では1990年代に経営者に対して短期間で行使できるストック・オプションが賦与された結果，短期間に株価を上昇させるインセンティブが経営幹部に起き，短期経営に走る企業が横行したという指摘がある．

　そもそも経営者の実力というものを測定する時に，表面上に現れる業績数値だけではなく，企業のサステナビリティ（持続可能性）を意識してどのような施策を着実に行っているかまでをも含めて多面的に評価する仕組みがあってもよいかもしれない．そういった意味で，業績評価委員会は非常に重要になる．海外企業の場合には，CEOの業績評価にあたりサステナビリティ・マター（ダイバーシティの進展，環境への配慮など）を一部ではあるが組み入れているケースがある．また株主（投資家）の中には，そうした動きに賛意を示す向きもある．わが国においてはまだ，そこまでの論議は少ない．

5　取締役会評価

　これまでの記述からわかるように，取締役会がコーポレートガバナンス問題を考えるうえでのキーである．であるならば取締役会自身の活動が評価されることが必要である．いわゆるBoard Evaluation（取締役会評価）である．

　Board Evaluationと言う時には，取締役会の内部の人間（主体は社外取締役でなければならない）が行う場合と，外部の機関（取締役会評価会

社）が行う場合がある．原則としては，外部の機関が評価を行うことが望ましいことは当然である．

英国では2011年のコーポレートガバナンス・コードの改訂に伴い，FTSE 350社においては3年に1度は外部評価を入れることが強制化された．その他の年度においては，SID（Senior Independent Director，筆頭独立社外取締役）を中心にして外部評価で改善を指摘された事項のフォローアップを中心に自己評価を行う．

わが国のコーポレートガバナンス・コードにおいては強制化にまでは至っていないが，考慮されるべきという条項がある．一部企業でもこれを受けて外部評価を受け入れ，その結果を公表するところも出てきた．

しかし，こうした外部評価を行っているのは，社外取締役が過半を超えた割合で存在し，取締役会議長とCEOが分離されている企業の場合が多い．なお，SIDとは独立社外取締役の中での筆頭という意味であるが，わが国のコードでもこの役割に当たる人を設置することが示唆されている．

わが国の場合，最も長く社外取締役を務める人が順次つとめるということになるのであろうか．

また英国では取締役会議長が社外取締役であるので，それ以外の社外取締役の中から選ばれる．したがって社外取締役が議長でない大半の日本企業の場合には，まさに筆頭独立社外取締役ということになる．

英国の場合には，なぜSIDが取締役会自己評価の担い手となるのだろうか．取締役会議長である社外取締役が行わないのは，彼も評価される対象であるからである．議長は取締役会運営の責任者である．何を議題に据えるのか，どのように審議を進めるのかなどの運営責任を負うている．そのため取締役会で自己評価を行う時にはSIDが責任を持って行うことになる．

なお英国の場合には，社外取締役であっても当然ではあるが，業績評価の対象となる（その評価が報酬の多寡に直接に結び付くか否かはともかく）．取締役会議長の評価を行うのはSIDである．

これに対して，わが国でSIDに期待されているところは，取締役会議長も担うCEOや元CEO（会長）への牽制の役割を担うということになる．もっともこれについては，社外取締役が1人とか2人では意味のある役職

とは言えないであろう．

　これらの外部評価がどのようなものであるかは，欧米企業の場合にはアニュアルレポートなどで公表されていることが多い．取締役会のダイバーシティをより促進すべきとか，社外取締役にこのような特性を持った人を採用すべし，などの具体的な提言が多い．

　また日本の企業の方々がしばしば誤解している点であるが，取締役会評価というものは点数を付けたり格付けをするために行うものではない．株主の負託を受けた取締役会が，より機能を発揮するためのものである．どのような取締役会であっても完全ではない．そこをあえて外部評価を受けるのである．そういった意味でBoardroom Reviewを行う人の品格・見識が問われることになる．[5]

6　企業の特性に応じた委員会・社外取締役の設置

　日本では指名委員会等設置会社において3つの委員会すなわち指名委員会，監査委員会および報酬（業績評価）委員会が義務づけられている．監査役設置会社でも任意に3委員会を設置している企業も多い．逆に言えば，それ以外の委員会を設置している企業は筆者の知るかぎりはない．

　実はこの規定は最小限のものであり，企業の実態・必要性に応じて任意の他の委員会があってもよい．図表1-3は2013年当時のGSK社の委員会構成である．[6] 6つの委員会があるがこの中で企業責任委員会（Corporate Responsibility Committee：CRC）が設置されていることに日本企業は注目してよいであろう．

　責任ある事業の遂行（Responsible Business）のためには，このような委員会は当然あってよい．不適切会計の問題は監査委員会の所管であるが，燃費不正問題，ダイバーシティ推進，長時間勤務の問題は企業責任に

5）　GSK社については，Dr. Tracy Long（Boardroom Review Limited）が2011年と2014年に外部者として取締役会評価を行っている．彼女は取締役会評価についてのパイオニアとして英国では有名である．彼女の提言によりいくつかの取締役改革がなされたことは同社のアニュアルレポートをつぶさに読めばわかる．ちなみに彼女が主宰するBoardroom Review Limitedは2004年に設立されている．
6）　GlaxoSmithKline [2013], p. 89.

図表1-3 | グラクソ・スミスクライン社の取締役会に設置された6委員会

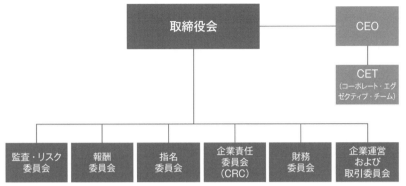

（出所） GlaxoSmithKline [2013], p. 89.

図表1-4 | アストラゼネカ社における社外取締役の役割

（出所） AstraZeneca Annual Report 2011, p. 96.

絡む問題である．取締役会においてCRCという常設の委員会が設置されており，担当の取締役がいて常時フォローされている状況にあるならば，必ずとは言わないまでも，事前に不祥事を把握できたり，再犯の抑止力として機能するのではないだろうか．

Responsible Businessと言った時，これは企業のカルチャー（文化・伝統）あるいはネイチャー（本質）の問題として日本では論じられることが多い．しかし，図表1-3に示されるように，GSK社では取締役会が担う問題として認識している．長期的な企業のサステナビリティを考える時に，

図表1-5　アストラゼネカ社の責任ある事業の遂行（Responsible Business）に対する考え方

It puts at the top of our agenda those areas most impacted by our strategic priorities and which are therefore key enablers of our business strategy. The means a particular focus on:

- Sales & marketing practice
- Access to healthcare
- Animal research
- Clinical trials
- Human rights
- Diversity & Inclusion
- Working with suppliers

As well as managing specific responsible business challenges associated with our strategic business priorities, we are maintaining focus on other aspects of our responsibility:

- Patient safety
- Employee safety, health & wellbeing
- Environmental impact
- Community investment

取締役会で真剣に議論し把握しておくべき事柄だからである．

　ここで図表1-4を見てみよう．GSK社と同じく英国の大手製薬会社アストラゼネカの社外取締役（2011年当時）の写真と紹介文である．[7]

　Dame Nancy Rothwellはマンチェスター大学の生命科学部教授（当時）であり社外取締役でありながらResponsible Businessの責任者であることがわかる．

　ESG問題に造詣のある投資家からすれば，社外取締役自身が企業のResponsible Businessを円滑に遂行するか否かを監視していることは非常に興味深い．また社外取締役の責任が重いこともわかる．1月に1回，取締役会の場に数時間座っていればこと足りると言うものではとうていない．

　むしろAstraZeneca社の資料（図表1-5）[8]を精読すると大変な仕事だということがわかる．販売・マーケティングに関する倫理規定，動物実験

---

7) AstraZeneca [2011a], p. 96.
8) AstraZeneca [2011b], p. 2.

図表1-6　リオティント社の社外取締役による投資家向け説明会資料

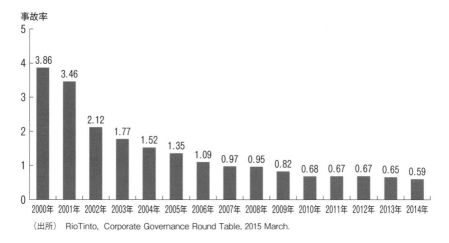

（出所）RioTinto, Corporate Governance Round Table, 2015 March.

に対する対処，ダイバーシティ，人権などの医薬品企業として長期的に真摯に取り組むべき課題が余すことなく列挙されている．この資料をさらに読み進めると，長期的・短期的なKPI（Key Performance Indicators）も掲げられている．

　社外取締役の役割を考える時には，鉱山会社として世界有数の企業であるリオティント社（RioTinto）のケースについても触れておきたい．同社にはGSK社におけるCRCとほぼ同様の機能を担うSustainability Committeeがある．同社の資料[9]によれば鉱山会社にとって安全性の問題は長らく焦眉の問題であったが，取締役会自身がこの問題に取り組むことにより図表1-6のように事故率が大きく減少した，という説明を投資家向けに行っている．さらに，リオティント社が過去において，社外取締役として安全性に関する専門家を他企業から招いたことが奏功したとアニュアルレポートで述べられている．[10]

---

9) RioTinto［2015a］. Corporate Governance Round Table 2015. 3. 17（同社のホームページで検索可能である．検索日2015年3月7日）．
10) RioTinto［2015b］, p. 24.

これまで観察してきた英国コーポレートガバナンスの特徴から，わが国でも学ぶべきものが多くあることに気づかされる．
　わが国企業のコーポレートガバナンス報告書やアニュアルレポートの該当記載事項を読む時，何か最低限の及第点を満たせば良しとする模範答案を作成することに汲々としている企業が多いという印象を持つ．
　かつて1998年にArthur LevittがSEC議長のおりに著した*A Plain English Handbook: How to Create Clear SEC Disclosure Documents*[11]は今日でもSECに対する提出物について明瞭な表現を行うように求めた指南書として有名である．これは紋切り型（boilerplate）の表現に警鐘を促すものでもあった．わが国においてもこのような書籍が出てきてもよいかもしれない．

第2節　2つのコードのエンド・ポイント

　前節では，わが国の2つのコード制定（日本版スチュワードシップ・コードとコーポレートガバナンス・コード）において模範にしたと思われる英国コーポレートガバナンスのエッセンスを探った．本節では，わが国の2つのコードのエッセンスを改めて見ることとしたい．わが国におけるガバナンス・システムは，英国のものとは異なる面もあるが，おおむねその精神をできるかぎり取り入れようとしたものである．
　2014年から2015年にかけて相次いで制定された2つのコードであるが，早くもフォローアップの動きが活発である．これらの動きを俯瞰しつつ本節では，2つのコードの基本理念を再確認したうえで，これらの論議のあるべきエンド・ポイント（着地点）を模索したいと思う．さらにエンド・ポイントに着実に到達するためのロードマップも示したい．
　鍵となる言葉として取り上げるのは，投資と企業経営の時間軸のマッチング，ショート・ターミズムの打破，真のアクティブ長期投資家の育成，ゲートキーパー（門番）とインフルエンサー（主体的推進者）の出現，「対

11）　U. S. SEC [1998].

話」とエンゲージメントという言葉の正しい認識,企業の持続可能性と社会の持続可能性の峻別,アクティブ投資家のための情報開示のあり方である.[12]

1　2つのコードのエッセンス

日本版スチュワードシップ・コードの前文にはこう書かれている.

「機関投資家が,投資先企業やその事業環境等に関する深い理解に基づく建設的な『目的を持った対話』(エンゲージメント)などを通じて,当該企業の企業価値の向上や持続的成長を促すことにより『顧客・受益者』(最終受益者を含む.以下同じ.)の中長期的な投資リターンの拡大を図る責任を意味する」[13]

ここに2つのコードの核心が集約されている.ここでの論旨を分解して説明すると,以下のようになる.

① 長期的という投資時間軸の選択＝過度なショート・ターミズムの打破
② 企業価値の向上,持続的成長の促進＝長期の安定的投資リターンの獲得
③ 深い理解＝機関投資家の実力
④ 建設的な目的を持った対話＝エンゲージメント

さらにこの4点に暗黙的に前提とされていることが2点ある.それは

⑤ 「投資リターン」の向上には「企業価値の向上」＝「将来キャッシュフローの増大期待がさらに膨らむこと」という状況が生まれることを意味している
⑥ 日本版コーポレートガバナンス・コードはしたがって「長期的企業価値の向上」という観点から組成されるべきである

ということである.

---

[12] 本節および次節(第3節)の一部は*Fisco Financial Review*(発刊号)に掲載された論稿を同誌の許可を得て加筆・掲載したものである.
[13] 日本版スチュワードシップ・コード(金融庁[2014])の前文.

図表1-7 投資家の関心の対象

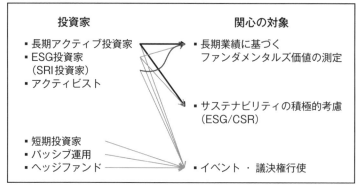

（出所）　筆者作成.

このように整理してみると，2つのコードに関する論議はきわめてシンプルなものになる．ここで以下，論点をさらに絞って見ていこう.

2　長期という時間軸の選択

なぜ投資の時間軸は長期でなければならないのだろうか．もちろん投資家には時間軸選択の自由がある．また，同じ長期投資家であっても，投資スタンスが異なることもある．図表1-7の分類に従うならば，長期アクティブ投資家，ESG投資家，パッシブ運用が「長期投資家」ということになる.

ヘッジファンドやアクティビストは短期投資家である．図表1-8もご覧いただきたい．アクティビストの中には，真摯に企業のファンダメンタルズ価値を算定するところもある．しかし，彼らの行動は今やるべきことを提唱する.

一昨年（2015年）あたりからではあるが，日本のいくつかの企業に対してアクティビストが非常にアグレッシブに低収益事業のリストラクチャリングを提案して話題となった．企業側も長期的には，改善策をもともとは模索しており，事実，改善の兆候が見えてきているケースもあった．そういった場合には，時間軸を長く取る長期アクティブ投資家がその提案に反対することも予想される.

図表1-8 ｜ 時間軸（time horizen）の重要性

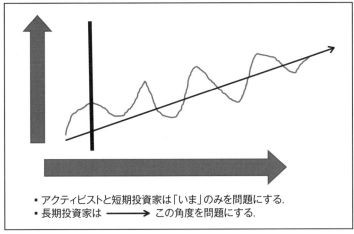

- アクティビストと短期投資家は「いま」のみを問題にする．
- 長期投資家は ⟶ この角度を問題にする．

（出所）　筆者作成．

　この場合に，どちらの判断が正しいかは即断することはできない．アクティビストは外科手術的に「ただちに行う」ことの正当性を主張する投資家である．長期投資家であっても，ただちに行うことに効果があり，それが長期にエンゲージすることの効果を上回ると判断すれば，アクティビストの提案にパラサイトし賛成することがあるかもしれない．

　そして主要な議決権行使サービス会社がアクティビストに賛成に回れば，それに従う機関投資家は賛成に回る可能性もあるだろう．このような事態は，わが国でも今後は頻繁に起きる可能性がある．

　さて話を戻したい．長期投資家についてである．自称長期投資家を標榜しているポートフォリオ・マネジャーは多い．しかし長年の運用経験を有していても，実際の投資行動が短期のイベントに偏っているならば，長期投資家とは言えない．投資信託の場合には，運用報告書を見て売買回転率や売買理由をつぶさに観察すれば，ある程度はそれを見破ることができる．

　年金運用の場合には，アセット・オーナーである年金基金自身が審美眼を持たなければならない．あらかじめ認められた運用哲学に沿わない運用を許容することは，年金受給者・見込者に対する責任を果たしていないこ

とになる.

　スチュワードシップとコーポレートガバナンスという2つのコードは，長期という時間軸を選択している．これは企業サイドにも長期的視野での経営戦略の着実な遂行を推奨するものである．「長期投資⇔長期的視野での経営」という図式になる．英国における有名なケイ報告書[14]では，投資家側だけでなく，企業経営者側のショート・ターミズム化を憂いていたことは記憶に新しい．

3　真の長期投資家とは何か

　さて日本版スチュワードシップ・コードの前文にある「機関投資家」の担い手はアクティブ運用者である，と考えるのが自然な思考径路であろう．パッシブ運用者で長期に運用する機関もありうるであろうが，長期の超過リターンを目指すわけではないので語義矛盾であり本来，パッシブ・インベスターがスチュワードシップ・コードに署名することはなじまない．[15]

　私見によればアクティブ運用者の中で，日本において活動している機関投資家の中で「真の長期投資家」と呼ぶにふさわしいものは10数社しかいない．そのゆえに，わざわざスチュワードシップ・コードは「基本原則

---

14) Kay [2012].
15) このように言うと，日本株全体の底上げを図るためにパッシブ運用者がスチュワードシップ・コードに署名したり，議決権行使に積極的に関与することも重要であると指摘する意見も出てくるであろう．しかし，私見によればこれは，29ページの③および④の観点から矛盾する．パッシブ運用者はそれらのためのスタッフを擁しないため「深い」理解を持って「対話」をしたうえで議決権行使をすることは不可能である．できたとしても，世上に言われる形式的基準に沿った行使を行うか，議決権行使サービス会社の意見などの大勢に従うことになるのではないだろうか．初歩的な財務分析の知識を基にしてROEの低い企業を叱咤したり，不要な余剰資金を保有している企業に増配を迫るといった行動を取ることの意義は，2つのコード制定の当初にはあったであろうが，そのステージはすでに終わっている．長期的に投資対象企業が企業価値をどのように引き上げていくかを探ることが重要になってきた現状においては，彼らは浅薄な議論しかできないであろう．この問題は，反面，インハウスのリサーチ・アナリスト（いわゆるバイサイド・アナリスト）を擁してアクティブ運用を行う大手運用機関が同時にパッシブ運用を行っている場合には解決することになる．こういった運用機関の場合には，ユニバースに対して満遍なく議決権行使を行うことになる．

7」に「実力」を付けるべしという条項を入れたのであろう．コードに署名した機関が200を超える中で，「真の長期投資家」は10数社しかないという現実をまず直視しなければならない．

　ここで言う，長期投資家とは，少なくとも3年から7年，時には10年の時間軸でインハウスのリサーチ・アナリストが業績予想を行い，何らかの投資評価手法（DCF法やDDM法など）を用いて，妥当株価を算定し，それに基づいてポートフォリオを作成していることを指す．

　なぜか，こうした議論はわきあがらない．それを忠実に行っている運用機関が少ないからである．筆者自身，このようなことが気になる理由は，自らがバイサイド・アナリストとして長年勤務したことがあり，そこで7年，時には10年程度の長期業績予想を苦労して行っていたことが今にして「貴重」な経験であったと思えるからである．こうした経験をしたものでなければ，本当の長期業績予想の意義・醍醐味はわからないと断言できる．

　それではなぜ，貴重と言えるのであろうか．あるアクティブ運用のポートフォリオ・マネジャーはこのように言う．

　　「変化の激しい時代にあって5年先はおろか数カ月先だってわからない．何があるかわからない．経営者だって為替のちょっとした変動や様々な政策変更によって激しく業績が上下してしまうことを認識している．事実，相場は刹那的にその時その時のファッショナブルなもの，あるいはムーブメントに沿って動く．それを一歩先んじてとらえることが重要なのだ．我々の顧客である年金基金は四半期ごとのパフォーマンスを気にしている．こういった時間軸の中で投資意思決定することを強いられているのである」

　この意見には一見もっともなところも見受けられる．確かに環境変化は激しい．相場の変化を一歩早く予見し行動することが必要である，と．
　しかし，私見によれば，このようなアクティブ投資家のみであればアセット・オーナーである基金はすべて，インデックス運用投資家あるいはパ

ッシブ運用投資家に委託することになるのではないだろうか．

　しかしわが国にはこれと真逆な真の意味での長期投資家が確かにいる[16]ということは幸いであり，2つのコードが意図すべきはこれらの投資家である．

　一方で，機関投資家の中には「2年予想」も気の遠くなるような長期的視点だと言ってはばからない人もいる．しかしここで定義を曖昧にしてはならない．長期投資家の定義をスチュワードシップ・コードのフォローアップを行う際には明確にするべきである．

　企業経営者を評価する場合には，日々に生起する問題にどう対峙するかを見ることも重要であるが，5年，10年を見すえたグランドデザインを彼が持っているかを評価することがより重要である．それがいかなるものであるかを評価するための投資家の時間軸は，筆者の提唱するように当然合わせなければならない．

　ちなみに私は勤務する青山学院大学大学院のMBAクラスの学生に対して，特定の企業を定めて5年程度の業績予想（BS，PL，CF）を行ってDCF法による投資評価を行うことを求めている．[17] そのうえで調査対象企業のIRオフィサーの方々に来ていただいて，学生と議論をしてもらうことにしている．

　学生は，まず対象企業の5年後の売上げ予想をすることから始める．その妥当性をクラスの学生同士で論議することになる．その論議に一定の終止符が打たれた後は，主要原価・費用項目の議論になる．いくつかのセグメントを有する企業の場合には，1つひとつのセグメントについて議論されることになる．

　その後に重要なことは，貸借対照表項目（回転率の設定が中心となるが）の確定，設備投資，財務政策に絡む項目（資金調達・返済，配当政

---

16) 長期投資家の運用手法・哲学については中尾［2016］および大堀［2016］が参考になる．
17) BS，PL，CFという3つの基本的な財務諸表の意義を理解することに関しては，それを詳細に説明している啓蒙書は多々ある．しかしアナリストの視点から，それらの3つの財務諸表をどのように予想するかについて計算構造をベースにして丁寧に説明した書籍は少ない．この点については北川［2009］を参照されたい．

策）を通じてのキャッシュ・フロー項目の確定である．このあたりを緻密にできるようになれば，かなりの議論を企業の方々とできるようになる．

学生たちは真摯にこれらのプロセスを追体験してもらい，そこでの気づきをIRオフィサーの方に実際に質問させていただくセッションを設けたことがある．その際IRオフィサーの方々に褒めていただいたこともある．手前味噌と言ってしまえばそれまでであるが，学生であってもしかるべき指導をし，適切な手順を踏み行えば迫力のある議論ができることを再認識させられた次第である．

4　目的を持った対話とは何か

日本版スチュワードシップ・コードでは「目的を持った対話＝エンゲージメント」という定義が掲げられている．それではエンゲージメントとは何かというと，明確な定義づけがない．

「エンゲージメント」の語義は様々であるが，相手への「愛着心」「改善への欲求」とともに「理解・把握に基づく協力」さらに「献身的姿勢，尊敬心を持ち対話する」といった意味がある．であるとすると一部の機関投資家のごとく，浅薄な財務分析の知識を基に，企業側に上から目線でああしろ，こうしろ，と正義の使者のように振る舞うことは本来の定義とは異なることとなる．筆者は上記のようにとらえることにより，エンゲージメントの意義が異なるものになると思う．

しからば「対話」とは何だろうか．英語ではdialogueに相当しよう．海外の機関投資家はdialogueを重要なコミュニケーションの手段としている．企業と機関投資家のコミュニケーション形態には，この他に表記（notation），伝達（inform），会話（talk, conversation），気づき（awareness），討論・議論（debate, discussion），提案（proposal）がある．

そしてこの中で，「対話」すなわちdialogueとは主に，個別ミーティング・取材において企業が表出・伝達した事項について，投資家が投資価値を算定するために解釈・咀嚼を行うためのプロセスを指し示す．またそれが行われる場は個別ミーティングであることに留意する必要がある．

「対話」＝「エンゲージメント」という図式で改めて考えてみると，日本

版スチュワードシップ・コードの冒頭の文言はこのように置き換えることができる.

「対話（エンゲージメント）を通じて，投資家は企業が提示する長期的企業価値創造プロセスをよく理解し，その可能性を解釈し咀嚼することになる．その結果，投資家が共鳴しかつ妥当株価の算定を行ったうえで，投資行動を起こすか否かの契機になるものである」と．

第3節　エンド・ポイント設定のための整理

スチュワードシップとコーポレートガバナンスの2つのコードのフォローアップが現在は進んでいる．もちろんそれは重要なことではあるが，これまで議論してきたことを整理して進められる必要がある．論点を整理してみよう．

① アクティブ運用における真の長期投資家とは何かを（上記のように）定義する．
② 対話およびエンゲージメントの意義を（上記のように）定義する．
③ 以上の2点が明確になったうえで，スチュワードシップ・コードおよびコーポレートガバナンス・コードの詳細を再度見直す．
④ ③を行う際に，同時に企業情報開示のあり方を再度見直す．
⑤ ④までの事項が着実に果たされたうえでの企業と投資家の高質な「対話」のあり方をより具体的に模索する．

これら5点を前提にすれば，フォローアップでの論議はより焦点の当ったものになろう．

このうち日本版スチュワードシップ・コードの見直しのポイントについては，すでに述べたとおりである．原則7は少なくとも「実力を備えた真の長期投資家のみが署名すべき」と改められるべきであろう．英国では，すでに機関投資家の実力についての3段階評価がなされ公表もされていることを参考にすべきである．[18]

日本版コーポレートガバナンス・コードはもともとの完成度が高いもの

である．英国で20年以上にわたって議論されてきたものがほとんど取り上げられている．ただし，第1節で見たように，最も重要な取締役会議長とCEOとの分離が提唱されていないなどの点はもちろん問題視されなければならない．

それは差し置くとして，見直しにあたっては，長期投資家が将来企業価値を分析するうえで必要となるガバナンスのあり方という観点からの論議が必要であろう．長期の視点を持たない投資家あるいはコンサルタントによるガバナンス論議はしょせんは書生論であり，企業サイドは，「ガバナンス論議＝メランコリーなもの」という（すでにその兆候は始まっているが）認識を持ち始めてしまうであろう．

④の企業情報開示について言えば，「統合報告書」のいっそうの整備が重要となるだろう．幸い日本証券業協会によって進められている新アナリスト規制[19]はセルサイド・アナリストだけでなくバイサイド・アナリスト，ひいては機関投資家の運用スタイルそのものに大きな影響力を与えるものとなるであろう．

すなわちショート・ターミズムの打破は，ここでも画されたことになる．真の長期投資家向けの開示とは何であるかが，改めて論議されるよいきっかけとなった．ここで重要となる開示手段として有力となるものの1つが統合報告書であろう．

図表1-9では，統合報告書の意義・内容について，アニュアルレポートおよびCSR報告書と対比をしている．長期の予想を行う機関投資家は，企業の様々な側面を丁寧に観察して予想を立てることになる．図表1-9の内容は最低限投資家が考慮すべき事項である．ただし統合報告書は，「オーソドックスな長期投資家」のためのものであり，いわゆるESG投資家やSRI投資家はCSR報告書（企業によっては，Responsible Business Reportあるいはサステナビリティ報告書と称する）を中心に分析することが多い．

ただしここで留意しなければならないのは，開示の「量」と「質」の問

---

18) FRC［2016］．
19) 日本証券業協会［2016］．

図表1-9　3つの報告書の相違

	従来の アニュアルレポート	統合報告書	CSR報告書
誰のために 作成するか	初心投資家向け	長期投資家向け	広汎な ステークホルダー
目的	紹介	企業の持続可能性を描写	社会の持続可能性への 貢献を意識
主な 開示項目	財務データ 経営者メッセージ 製品・サービス概要	財務データ 経営理念 中長期企業価値向上計画 ビジネスモデル 研究開発ポリシー 生産効率・資産効率 取引先 人事政策・ダイバーシティ政策 マーケティング コーポレート・シチズンシップ コーポレートガバナンス・システム 環境への配慮 ESGデータと主要KPI 企業価値向上とESG指標の関連分析 リスク認識とリスク・マネジメント	経営理念 生産効率・資産効率 取引先 人事政策・ダイバーシティ政策 マーケティング コーポレート・シチズンシップ コーポレートガバナンス・システム 環境への配慮 ESGデータと主要KPI 社会全体のESG重要性と企業活動のESG重要性の関連分析 リスク認識とリスク・マネジメント

題である．量・質ともに充実させるのは重要であるが，量を意識すると質を伴わないことがある．私見によれば，まず質があるべきであり，ほどよく凝縮されたメッセージをちりばめることが重要であると思われる．それがあれば後は注釈，参考資料として必要な事項を掲げればよい．リンクするURLを示すだけでも情報として相当に有用である．

実はそれはよく考えてみると難しいことである．企業自身の「経営理念」や「実行戦略」の意義，それらの確からしさ，どれだけ深い考えに基づいているかなどが如実に顕れるからである．おおげさに言えば，CEO

や会社全体の全人格・社風といったものが質を意識した途端にそこはかとなく浮かび上がってくるからである．

　いずれにしても企業側が良質な長期投資家を意識した開示を行えば，後は投資家側の解釈力・咀嚼力の問題である．先日もあるベテランのセルサイド・アナリストが証券取引所に提出されたある企業の「コーポレートガバナンス報告書」を読んでみて，紋切り型で，どうも実態がわからないと嘆いていた．

　筆者に言わせれば，一見して紋切り型に見えていたとしても，それこそが対話のきっかけであると思う．特にベテラン・アナリストであれば一人ひとりの取締役のプロフィールはよくわかっているであろう．そこで深く議論をすればよい．

　経営者報酬の詳細な開示を求める投資家も多いと聞く．グリードな経営者が少ない日本企業においては，取締役・執行役員ごとの開示はなじまない面もある．Pay for Performance が仕組みとして整っているかを，対話によって確かめれば十分である．どのような質問力を持つかということも機関投資家間の競争力の源泉だからである．企業は「良い質問」を待っているのである．

　むしろ経営者報酬の多さが問題となるよりは，その少なさが問題となると指摘する海外投資家も多い．多くの経営者が生え抜きである，すなわちサラリーマン経営者，従業員の代表であるという側面がある場合には，日本企業ではCEOとなっても新入社員の30倍程度の年収である，すなわち1億円に届くか届かないかという程度のものであるという指摘がある．事実，1億円以上の年収を得ているCEOはきわめて少ない（1億円以上の場合には，強制開示される）．

　それ以上になると怨嗟の対象になるという見方もある．海外投資家から見ると，そういったキャリアと報酬システムのゆえに，これまでの延長線上でしか経営戦略を立てられない．思い切った選択・集中・リストラクチャリング・M&A・アライアンスができないということにもつながるという見方をする．

おわりに

考察された，スチュワードシップとコーポレートガバナンスの2つのコードのエンド・ポイント（着地点）を見すえて，それを実効性あるものにするために必要なのは，ゲートキーパー（門番）とインフルエンサー（推進役）の存在である．上記で紹介した日本証券業協会の新アナリスト規制は，非常に果敢な行動であったと思われる．日本公認会計士協会，証券取引所，日本証券アナリスト協会，日本IR協議会，日本投資顧問業協会などの自主規制機関が今後まさにその担い手となることが期待される．

彼らはそれぞれ自らの関連する機関のインテグリティを維持するためのゲートキーパー（門番）の役割を担っている．しかし，過去のアメリカでの歴史を見る時に，それぞれの自主規制機関の中で，改革を迅速に進める推進役（インフルエンサー）が存在していたことがわかる．あるべき着地点の成否は彼らにかかっているのである．

[参考文献]

大堀龍介［2016］「長期投資家として企業と対話する」*Fisco Financial Review*（発刊号）．
北川哲雄［2016］「ガバナンス関連3大プロジェクトのエンドポイントを考える」*Fisco Financial Review*（発刊号）．
北川哲雄［2009］「企業分析と私――アナリストによる分析のダイナミズム」愛知学院大学論叢『商学研究』第50巻1号．
金融庁［2014］「『責任ある機関投資家』の諸原則《日本版スチュワードシップ・コード》～投資と対話を通じて企業の持続的成長を促すために～」日本版スチュワードシップ・コードに関する有識者検討会．
金融庁［2015］「コーポレートガバナンス・コード原案～会社の持続的な成長と中長期的な企業価値の向上のために～」コーポレートガバナンス・コードの策定に関する有識者会議．
中尾剛也［2016］「インベストメント・チェーンにおける長期投資家とは？」*Fisco Financial Review*（発刊号）．
日本証券業協会［2016］「協会員のアナリストによる発行体への取材等及び情報伝達行為に関するガイドライン（案）」．
AstraZeneca［2011a］*Annual Report*.

AstraZeneca [2011b] *Responsible Business Plan.*
AstraZeneca [2015] *What Science Can Do: Annual Report.*
FRC (Financial Reporting Council) [2010] *The UK Approach to Corporate Governance.*
FRC (Financial Reporting Council) [2016] *Tiering of Stewardship Code Signatures.*
Kay, J. [2012] *The Kay Review of UK Equity Markets and Long Term Decision Making: Final Report.*
GlaxoSmithKline [2011] *Do More Feel better, Live longer: Annual Report for Shareholders.*
GlaxoSmithKline [2013] *Being Active and Having a Positive Outlook on Life Is What Keeps Me Going Every Day: Annual Report.*
RioTinto [2015a] Corporate Governance Round Table 2015. 3. 17.
RioTinto [2015b] *Annual Report.*
U. S. SEC (Securities and Exchange Commission) [1998] *A Plain English Handbook: How to Create Clear SEC Disclosure Documents.*

第2章

フェア・ディスクロージャー規則とアナリスト[1]

第1節 新アナリスト規制とフェア・ディスクロージャー規則の導入

1　プレビュー取材の禁止の意義

　前章までで見たショート・ターミズム批判は，今後のアナリスト活動と企業のIR活動に大きな影響を与えると予想される．

　決算業績をめぐるアナリスト（ただしここで意図されているのはセルサイド・アナリスト[2]）によるプレビュー取材の過熱については，2016年9月における日本証券業協会の新アナリスト規制の制定につながった．今後のアナリスト活動に大きな影響を与えるものと思われる．

　そしてフェア・ディスクロージャー規則（FD規則）については金融審議会市場ワーキング・グループにおいて現在審議[3]されておりその草案が2016年12月に開示された．

　これまで（2017年1月現在）の論議を見るかぎり，ここでは規制の網を

1）　本章は『証券アナリストジャーナル』平成29年2月号に掲載された論稿を同誌の許可を得て加筆・掲載したものである．
2）　本章では，アナリストとは明記しないかぎりセルサイド・アナリストを指す．
3）　正確には金融庁金融審議会市場ワーキング・グループ[2016]「フェア・ディスクロージャー・ルール・タスクフォース報告（案）〜投資家への公平・適時な情報開示の確保のために〜」を指す．

アナリストのみならず企業側，機関投資家側にまで広げている．さらに規制すべき内容としては，決算情報のみならずより広範な未公開情報が選択的に流れないことを意図していると思われる．

さて，新アナリスト規制におけるプレビュー取材とは，決算数値について，正確な数値のみならず，その方向性（アーニングス・ガイダンス）に対してもアナリストが企業側に取材し情報を得て，それを特定の顧客に伝達することも含む．このようなアンフェアな事態に対しては，強い警鐘が鳴らされることとなった．

日本証券業協会は，会員証券会社の社員の行動を規制するものである．したがって，ここではもっぱら規制の対象とされているのは証券会社，すなわちセルサイド・アナリストということになる．しかしここでの問題点は，そもそも情報の出し手である企業側の問題と，アナリストから情報を得て抜け駆けをしようとする一部投資家の責任を追及していないことに留意する必要がある．この3者間において見た場合，そもそも，企業側の情報開示姿勢が徹底していれば問題は起きなかったはずである．

米国では似たような状況に対して，SEC（証券取引委員会）が17年前の2000年にフェア・ディスクロージャー規則[4]を制定している．ここで重要なことは，それ以前であっても，CFAI（当時のAIMR）もNIRIというアナリストおよびIRオフィサーの自主規制機関において上記のような状況については戒めていたという事実があるという点にある．[5] 同様のことは実はわが国でも言える．日本証券アナリスト協会では厳格な「証券アナリスト職業行為基準」[6]をプレビュー取材が問題となるはるか以前から定めている．日本IR協議会では2008年に「IR行動憲章」[7]が定められており，企業側の情報開示のあるべき姿勢について網羅されている．それにもかかわらず憂慮すべき問題が起こってしまったと言うことであろう．

ショート・ターミズムが問題となる時，もう1つの課題は四半期決算制

4） この点についての経緯は北川［2004a, b］を参照．
5） SEC［2001］．
6） https://www.saa.or.jp/learning/ethics/handbook/index.html（検索日2016年2月21日）
7） https://www.jira.or.jp/outline/ir_charter.html（検索日2016年11月13日）

度の存在であろう．わが国では2005年度より導入されている．3カ月ごとの業績開示は短期間での動向を探るにはタイムリーな面もあるが，一方ではよほど重要な環境変化が起きないかぎり，投資時間軸として考えてみるとあまりに短すぎるという見解もある．さらに，従来より企業側が公表している半期予想・通期予想に対して，進行期中に乖離が大きくなった時には随時に適時開示することが東証によって奨励されていることもあり，四半期決算制度は必要ないという意見もある．

前章でも指摘したとおり，英国でショート・ターミズムの弊害が指摘された時にジョン・ケイ教授は，四半期決算制度により企業自身が短期的思考に陥る傾向がある，[8]と指摘した．

その先駆けとしてユニリーバ社（Unilever）は新CEOのPaul Polmanが就任した2009年に四半期決算業績開示をやめた．彼は一部投資家の短期志向に合わせて事業展開を行うことを拒絶することを表明し，長期の持続的成長をはかる戦略を実行した．四半期業績開示の停止は当然の策であった．同時に策定されたUnilever Sustainable Living Planは有名なものであるが，その後の同社の業績を長期的視野で見るならば大変得心のいくものである．

さて，フェア・ディスクロージャー規則については現在まで公表されている案を見るかぎりにおいて，米国の規則に敷衍して議論が進んでいるように思える．その中で一番重要で，かつやっかいな議論は「インサイダー規制の対象とする情報の内容」である．

業績情報が漏れてしまうといった上記のプレビュー取材の事例は，きわめてわかりやすいインサイダー違反である．M&Aやトップマネジメントの人事などの情報もその範疇に属するだろう．しかしインサイダー規制の対象となる該当情報を「投資者の投資判断に影響を及ぼす重要な情報[9]」と曖昧に規定すると，実際の運用は大変難しいものになる．この問題が米国のFD規制制定時に大論争になったことは筆者にはいまだ記憶に新しい．[10]

8） この点についての詳細は北川・林［2014］を参照．
9） この点についての詳細は北川［2003］を参照．

また，今回の新アナリスト規制で異なる視点から注目されるのは「アナリスト・レポート以外の方法による伝達が認められる情報は，公表ずみのアナリスト・レポートと矛盾せず，かつ投資判断に影響のない範囲の情報に限られる」とした点である．この場合の伝達する相手は顧客である機関投資家のポートフォリオ・マネジャーやバイサイド・アナリストである．

　アナリストは彼らに投資判断に影響のある有用な情報を提供することが基本的な職務である．彼らと面談した場合には，趣味の話だけをして帰ってくることはできない．アナリスト・レポートの内容はレベルの高い機関投資家との対話に資する充実したものでなければならない．

　これらの状況はアナリスト活動にどのような影響を及ぼすのであろうか．さらにリサーチ費用のアンバンドリング化[11]がわが国でも導入されると，ますますアナリストにとっては逆風が吹いてきているように思える．

2　アナリストは基本に戻れ

　前項で述べてきたことは，これまでのアナリストの自由な活動を束縛するもののように一見して思えるかもしれない．

　ここで発想を変えて，新規則においてもくろまれている点を別の角度から眺めてみよう．指摘されているのはアナリスト・レポートの重要性である．優れたアナリスト・レポートを作成すること，それによって投資家に評価される，ということである．このこと自体は，筆者には間違った指摘ではないと思われる．

　それでは優れたアナリスト・レポートとは何か，ということになる．一言で言えばベーシック・レポート（あるいはin depth report）と昔から

---

10)　詳しくは北川［2003］，82-84頁，を参照．
11)　アンバンドリング化は2016年1月から英国で開始された．投資顧問会社の証券会社へのコミッション支払いに際して，リサーチの対価と執行手数料を分けて支払うことが1つの例として説明される．これにより，投資顧問会社はリサーチの評価を客観的に行わなければならないことになった．これにより独立系アナリスト会社の台頭を予想する論者もいる．いずれにしても個々のアナリストの貢献を短期的に評価することは，これまでの包括的な評価・価格体系が崩れることになり，大手証券会社といえどもコストの高いアナリストを多数抱えておく余裕がなくなってくる可能性があることを意味する．

言われているものを意味しよう．しかし実質的にその内容が何を指すかを述べることは実は難しい．数枚の紙数でも優れたベーシック・レポートに出会うこともある．

　筆者（バイサイド・アナリスト）が経験した医薬品セクターの場合では，セルサイド・アナリストの方のレポートが業績モデル中心で数枚の紙数であっても，真摯な議論ができたという思い出がある．ともかくセルサイドの調査体制は優れたレポートの作成を第一義にする，という目標をいち早く証券会社の幹部は考えるべきである．

　米国ではフェア・ディスクロージャー規則以降，業績予想，投資格付け，目標株価の設定まで隙のない緻密な構成を前提としたレポートの作成が強く推奨されることになった．現在，わが国においても，米国系証券会社のレポートの「外観」はそうした条件を満たすものになっている．[12]

　これはアナリストが当該銘柄の妥当株価（フェア・バリュー）は○○ドルです，という意見表明をレポートにて行うとする時には，その根拠を論理的に示すことが重要であるとの考えに基づいている．これは一見，当然のことのように思える．

　これに対し筆者は，かつてある座談会においてこのように述べたことがある．

> 「機関投資家サイドが分業制でバイサイド・アナリストをインハウスに抱えている場合は，実は株価そのものを言い当てることをセルサイドに期待していない．求めたいのは知的誠実性です．自分が考えてきたことから演繹してこう結論づけると言うのであればいいが，何かトリッキーな思惑があり，それがあまりにも露骨ですと，無理したたずまいの推奨をすることになる．……そんなことでは永続きしない．」[13]

---

12) 米国におけるフェア・ディスクロージャー規制，エンロン・ワールドコム事件以降のアナリスト・レポートに盛り込まれるべき要件の変化については北川［2007］を参照されたい．
13) 北川［2010］，119頁．

筆者は，セルサイド・アナリストに求めるべきものは深い考えに基づく「業績予想」までで十分であると考える．

　筆者が尊敬していた当時のトップ・アナリストに来ていただきミーティングを持った時に，「形式の整ったレポート」ではなく用意していただいたエクセル・シートを拝見しながら議論した思い出がある．例えばA社という医薬品企業のこれからの7年間の業績を展望する場合に，Bという薬剤の市場性（売上げ規模予想）をどのように見積もるかが鍵となることがわかったとする．そしてそれに対するアナリスト間での意見の相違が見られるとする．

　こういった場合には，機関投資家は最終的な投資判断は自らの責任で行うとしても，徹底的に思考する必要が出てくる．これを行うことはおおげさに言えば，資金提供者からの受託者責任を果たすための必要事項だからである．くどいようであるがトップ・アナリストとの議論そのもの，そのための情報交換そのものを投資家によって評価されることがアナリストの社会的役割でもあろう．

　すなわち，これは30年以上前に，当時の証券会社のアナリストが系列のシンクタンクの「研究員」であった時代に機能を戻すことを提言していることになる．当時，大手証券会社のアナリストの職務は，投資判断を行うことではなかった．[14] もちろん四半期決算制度もなかったし，産業の趨勢，イノベーションの動向にも目を向け，それらによって事業会社にも尊敬されることを目指したアナリストが多かった．

　さて図表2-1は，米国における機関投資家によるアナリストの評価ポイントの推移を示したものである（*Institutional Investor*誌による調査を基にして作成されている）．1998年はフェア・ディスクロージャー規則が論議される直前の年であるが，その時にはStock Selection（推奨銘柄）やEarnings Estimates（業績予想）が上位にあった．しかしFD規則の余波も落ち着いた2003年には2つの評価ポイントの順位が大きく落ちていることがわかる．[15]

---

14) この点については北川［2004a］，49-51頁，を参照．
15) Bagnoli and Watts［2006］, p. 23.

図表2-1　米国機関投資家によるアナリストの評価ポイントの変化

1998		1999		2000		2001		2002		2003	
Overall Rank	Attribute	Overall Rank	Attribute	Overall Rank	Attribute	Overall Rank	Attribute	Overall Rank	Attribute	Overall Rank	Attribute
1	Industry knowledge	1	Industry knowledge	1	Industry knowledge	1	Industry knowledge	1	Industry knowledge	1	Industry knowledge
2	Stock selection	2	Written reports	2	Special services*	2	Accessibility & responsiveness	2	Integrity & professionalism	2	Integrity & professionalism
3	Written reports	3	Special services*	3	Financial models	3	Independence from corp. finance	3	Accessibility & responsiveness	3	Accessibility & responsiveness
4	Special services*	4	Servicing	4	Written reports	4	Useful & timely calls & visits	4	Useful & timely calls & visits	4	Useful & timely calls & visits
5	Earnings estimates	5	Stock selection	5	Earnings estimates	5	Special services*	5	Management access	5	Management access
6	Servicing	6	Earnings estimates	6	Servicing	6	Written reports	6	Independence from corp. finance	6	Special Services*
7	Quality of sales force	7	Quality of sales force	7	Stock selection	7	Management access	7	Special services*	7	Written reports
8	Mkt. making & execution	8	Mkt. making & execution	8	Quality of sales force	8	Financial models	8	Written reports	8	Independence from corp. finance
				9	Mkt. making & execution	9	Earnings estimates	9	Financial models	9	Communication skills
				10	Primary mkt. services	10	Stock selection	10	Communication skills	10	Financial models
						11	Quality of sales force	11	Stock selection	11	Stock Selection
						12	Mkt. making & execution	12	Earnings estimates	12	Earnings estimates
								13	Quality of sales force	13	Quality of sales force
								14	Mkt. making & execution	14	Mkt. making & execution
								15	Primary mkt. services	15	Primary mkt. services

Footnote on following page.

（出所）　*Institutional Investor*誌のランキングを基にBagnoli and Watts［2006］が作成.

またMark Bagnoliらの論文[16]によれば同時期にフェア・ディスクロージャー規則によって影響を受けたと思われるセクターのアナリスト・ランキングは大きく変動したことが指摘されている.

これらの現象がわが国でも今後起きるか否かは現時点ではわからない. しかし米国ではアナリスト活動のあり方・機能が規則制定を契機として大きく変わったことがわかる.

日本ではどのようなことになるのであろうか. 現状においても*Institutional Investor*誌でのランキング評価が高い人が必ずしも投資推奨の有効性確率が高い人とは限らない. やはり産業・企業に対する造詣が深い人のランキングが高い.

今まではそういった能力のある人でも，短期志向の投資家向けのリサーチに忙殺されていたことにより，本来の能力を削がれていた面がある. し

---

16) Bagnoli and Watts［2006］, p. 20.

たがって今後わが国においてもアナリスト本来の職務に戻るということになるのではないだろうか．

第2節 ディファレンシャル・ディスクロージャーの運用

1　投資判断に影響のある有用な情報とは何か

　フェア・ディスクロージャー規則の議論で気になるのは，small meeting（少人数を対象としたミーティング）あるいはone on one meeting（個別ミーティング）について今後はどのような取り扱いになるのかという点である．この点については現在公表されているフェア・ディスクロージャー規則のドラフトには明解な指摘事項はない（おそらくは，曖昧なままに進む可能性が高いと思われる）．ということは，投資判断に影響のある有用な情報がそのようなミーティングでは議論されることが望ましくない，とされることも覚悟しておかなければならないであろう．

　ある企業の株価が一定期日を境に変動し，それが特定運用機関とのミーティングの後であったとする．そして取引売買の中心が同社であるとしよう．そしてその要因が当該企業と特定運用機関との個別ミーティングにあると推定できるとする．

　そのミーティングでは，運用機関のポートフォリオ・マネジャーは公表された中期経営計画についての詳細を聞いていたとする．例えば，そのポートフォリオ・マネジャーが，公表されている今後5年間の業績予想に関し，真摯に議論したところ保守的であると判断し，その企業のフェア・バリューを再計算したところ明らかに割安であると思われたので，投資行動（株式の購入）を行ったとする．私見によれば，これはインサイダー規制に抵触するものではまったくない．

　しかし，投資判断に影響のある有用な情報が議論されたことになるのではないか，という疑念を資本市場に無理解な外部の人が抱く可能性を完全に払拭することはできない．

　既に述べたようにそもそもsmall meetingとかone on one meetingは究

極的には投資判断に影響のある有用な情報を求めて行うものである．それが具体的に何であるかは，個々のアナリストやポートフォリオ・マネジャーの頭の中にあるとしても，である．

経営者と面談した際に，アニュアルレポートに記載されていることと同じ内容を鸚鵡返しのように話されたとしても，その折の経営者の話しっぷりから確信度（conviction）が高まる，ということもありうるであろう．

もちろん洗練された投資家は様々な要素を考慮し，これまでの同社の歩み（context）を考慮しつつ，突っ込んだ，その人にしかできないような質問をすることも可能であろう．

優れた人材育成の必要性がアニュアルレポートの中でCEOの発言として強調されており，投資家が非常に重要な要素だと判断した場合には，one on one meetingにおいてざっくばらんに語っていただくことにより，レポートにおける発言の裏づけ（true meaning）が得られることもある．

筆者の体験では，ある化粧品メーカーのコーポレートガバナンス・ポリシーの中で，「幹部社員」登用の基準に関して，「美的感覚」が優れていることを要件の1つにあげていたことが印象に残ったことがある．そこで筆者はこの点の真意についてCEOに対し詳しくお聞きすることで，この考え方が長年のCEOの深い経営哲学に基づき醸成されたものであることがわかった．こういった事項をまったく同社の長期企業価値を算定するのに際してまったく顧みない人もいるであろう．一方で，そこに一定のプラス評価を与える人もいるかもしれない．それは個々の投資家の自由である．これは1つの些細な例であるが，日常の企業幹部とのミーティングには，様々なヒントがあるのである．

こういった問題に対して，米国ではDifferential Disclosure概念とSelective Disclosureの概念の違いを用いて対処してきた．2004年当時（米国においてフェア・ディスクロージャー規則制定の4年後）のNIRI（National Investor Relations Institute）基準には以下のような説明がある．

「IRオフィサーは投資家に対して情報が公平にゆきわたるように努めなければならない．しかしDifferential Disclosureという概念の下

では，アナリストやポートフォリオ・マネジャーが投資対象企業の将来業績見通しに関してより詳細な情報を得ることもあるかもしれない」[17]

ここでの意図はsmall meetingやone on one meetingにおいてDifferential Disclosureを授受することを，一定の条件の下では認めていることにある．これは有名なGE（ゼネラル・エレクトリック社）のIR思想（1963年当時）[18]に由来するものである．

この考え方は，アナリストやポートフォリオ・マネジャーをある程度経験した人であればわかることであろう．先に指摘したように，きわどいインサイダー情報のやり取りなどをしなくても，企業と議論することは山ほどある．

企業にとっても，自社を真摯に研究している人との対話は楽しいものであるだろう．しかし，そういった経験のない人にはこれらは「きわどい会話の塊」であると映るかもしれない．いったいこれらの問題は，どのようにフェア・ディスクロージャー規則において取り扱われるのであろうか．この点の取り扱い方次第によっては，わが国においては，一気にsmall meetingやone on one meetingの設定に消極的になる企業が増えることが懸念される．

こういった状況は，企業にとってもフラストレーションがたまることになる．優秀なアナリストや有力なアクティブ投資家へのエンゲージメントは先述のユニリーバ社の例を見るまでもなく，有能なCEOやIRオフィサーにとっても必須の事項だからである．

2　企業にとって必須な精緻なコーポレート・ディスクロージャー・ポリシーの設定

そういったフラストレーションへの対処の1つとして，コーポレート・ディスクロージャー・ポリシー（CDP）を詳細に精緻に設定する，とい

---

[17] NIRI [2004], p. 25.
[18] Saxon [1963], pp. 262-263. なお，GEのIR思想についての詳細については，第3章第3節を参照されたい．

う対処の仕方は参考になるかもしれない．図表2-2はゼロックス社（Xerox Corporation）のホームページに開示されているCDPの目次である．

　全体は8頁にわたっている．主要項目が12あるが，その中で注目されるのは同社にとってのMaterial Information（重要情報）について15項目を列挙している点である．それらの中には監査法人交代の情報も含まれている点は，昨今のわが国における一部企業の不祥事の動向を見てみると納得のいくものである．

　2004年度制定のNIRI基準は，フェア・ディスクロージャー規則の制定およびエンロン・ワールドコム事件の後を受けて，1998年度基準の内容を大きく変えたものである．そこでは，コーポレート・ディスクロージャー・ポリシーの充実が強調されている．そしてCDPを充実させることにより，将来の訴訟リスクを軽減する効果があることが期待される，との説明がNIRI基準にある．[19]

　すなわちSelective Disclosureにならないようにone on one meetingやsmall meetingを継続するための処方の1つは，詳細なCDPの制定にあるということになろう．いずれにしてもSelective（選別的）であるかないかについては，常に曖昧な領域が存在する．産業・企業によって異なるものでもある．そこで企業自らが，企業特性に応じたポリシーを自主的に設定しておくことが重要である．

　またゼロックス社の上記項目の中では，Authorized Spokespersons for Disclosures to the Investment Communityにも注目したい．ここでは企業側から情報発信できる人物を特定している．具体的には，CEO，CFO，IR担当副社長などの8人に限っている．これ以外の人が情報を漏洩した場合には，社内コンプライアンス上の処罰の対象になる．

　米国では，新聞などに業績のプレビュー記事が出ることはない．しかし日本では頻繁にある．今回のフェア・ディスクロージャー規則においてもメディアは対象となっていないために（米国でも対象とはなっていない

---

19) NIRI [2004], p. 9.

図表2-2　ゼロックス社のコーポレート・ディスクロージャー・ポリシー
（2001年2月制定，2008年11月15日改訂）

- What This Policy Covers
- Material Information
- Disclosures to the Investment Community
- Authorized Spokespersons for Disclosures to the Investment Community
- Disclosures to Audiences Other Than the Investment Community
- Public Disclosures of Forward Looking Information
- Disclosure of Material Non-Public Information In Advance of Public Announcement
- Review of Draft Analysts' Reports and Financial Models
- Company "Quiet" Period
- Information Not To Be Disclosed
- Unintentional Disclosure of Material Non-Public Information
- Communication and Disclosure of this Policy

（出所）　同社ホームページ．https://www.news.xerox.com/investors/disclosure（検索日2016年10月28日）

が，記事は発表されることはない．これはメディアの姿勢の違いであろう），今後もこうした慣習が残ることを懸念する見方がある．しかしわが国の企業がCDPにおいて，投資家側から見れば「発信者」を限定することにより一種の牽制機能ができることが期待される．なぜならゼロックス社のように8人のみが情報発信することになっているならば，メディア向けも当然その中の誰かがリークしなければ記事として出てこないことが推察されるからである．

　機関投資家が対話の過程でこの問題を論議することになれば（それは必要なことと思われる），企業サイドはおのずからメディアへのリークを自粛することになると思われる．

　この問題の一番の解決法は，企業が東証への適時開示を必要に応じて行うということである．この習慣を企業自身が心がけていれば，メディアによる抜け駆けの問題は起こらない．

3　ハイレベルの投資家を意識した情報開示の必要性

　企業によってはどんなに精緻なコーポレート・ディスクロージャー・ポリシーを作成したとしてもSelective Disclosureのリークをしたとして誤解をされることをなおもおそれるかもしれない．

　そういった懸念を持つ企業は，図表2-3のロシュ社（Roche）の開示スタイルを見習っていただきたい．図表2-3は2016年6月の「米国がん治療学会」（American Society of Clinical Oncology: ASCO）においてロシュ社が発表した演題項目を中心にアナリスト・投資家向けに行った説明会の一端を示したものである．その説明会は学会会場の周辺で行われている．この資料はもちろん同社のホームページで見ることができる．全体で116頁にわたり臨床成績のデータが開示されている．

　ここでロシュ社が行っているのは，高度な知識を持つアナリスト・投資家をターゲットにしたIR活動である．高度であればあるほど，サイエンス・オリエンテッドな素っ気のないRaw Material（原資料）に近い開示ですむことになる．優秀なアナリストほどバイアスの加わった企業の見解を聞く必要はなく，むしろそれは邪魔である．医薬品業界では，臨床試験データは客観的に社会に開示すべきことが義務づけられているが，IR資料でも同じである．

　それをどのように咀嚼するかは，アナリスト・投資家の能力によることになる．これこそは自由競争の領域であり，企業は過度に親切である必要はない．

　なお，これはロシュ社のパイプラインに関する開示の問題であるが，ファイナンス事項についても実に優れたRaw Material（原資料）がある[20]ことに留意する必要があろう．

　すなわち，企業は意識的に，開示レベルをターゲットとする投資家に照準を合わせて，十分なる開示を心がけることである．これができていればセレクティブ情報に関して懸念をしつつIR活動を行う必要はないのであ

---

[20]　2011年のロシュ社によるGenentech社買収時の同社の財務レポート（Finance Report）の開示は，アナリストの要求に十全に答えたものとして有名である．

図表2-3 ロシュ社の先進的なIR活動例

(出所) 同社ホームページ．http://www.roche.com/investors/agenda/asco-IR2016.htm （検索日2016年11月29日）

る．

第3節 アナリスト機能の拡大

1 ESG情報まで広げて考えてみる

　アナリスト規制がすでに制定され，より広範なフェア・ディスクロージャー規則も制定されようとする中で，非財務情報の開示は充実期を迎えようとしている．そのきっかけの1つとなったのはGPIFやPFAの責任投資原則（PRI）への署名であるが，日本版スチュワードシップ・コードやコーポレートガバナンス・コードをつぶさに読むとESG情報の重要性についても触れていることに気づく．

　ESG情報という時のG（ガバナンス）については，すでに詳細な「コーポレートガバナンス報告書」の提出が上場企業に義務づけられるようになった．

　また財務情報のみならずESG情報もふんだんに織り込まれた，アニュ

アルレポートあるいは統合報告書を作成する企業も増えている．

ただし，ここではやや錯綜した議論が行われている感がある．筆者は，アナリストにとってESG情報を読み込むことは，企業の本源的価値（＝キャッシュフロー流列の現在価値）を測定するうえで必要なことの1つとして考えている．

そして，統合報告書とは，長期機関投資家のために財務情報に加えてESG情報を提供するものである．すなわち長期投資家に対して企業の持続可能性を表出するものであって，社会の持続可能性への貢献を意識した情報開示とは本来は異なるものである．[21]

すでに述べたとおり，アナリストは優れたアナリスト・レポートを作成するべきである，と言う時には，そのレポートの質を向上させ，広がりを持たせるためにはESGの領域まで踏み込んで論じる必要があろうと思われる．

例えば，医薬品アナリストにとっては，昔も今もパイプライン（開発品）の評価は重要である．依然としてそれは，投資評価を行う場合には大きなウエイトを占めているが，5年先さらに10年先という時間軸を考える時には，「経営者の資質」「基礎研究レベルの質」を評価することも併せて重要であることは言うまでもないであろう．私見ではあるが，企業のESG情報を加味した当該企業の投資価値を算定することができるのは優秀なアナリストのみではないかと思っている．[22]

再度ロシュ社のケースを取り上げてみよう．同社の2015年度のアニュアルレポートにおけるCEOのSeverin Schwanによる株主向けレターのタイトルは"Diversity Drives Innovation"である．ダイバーシティ（Diver-

---

21) これについては北川［2016］を参照．
22) 前章でも述べたとおり，個別銘柄のファンダメンタルズ調査機能を有しないパッシブ・インベスターが，企業自体の長期持続可能性を判断するためにESG評価を行うことには矛盾がある．また第1節で述べた英国におけるリサーチ費用のアンバンドリング化の考え方は，機関投資家に至るまで適用されることも考えられる．例えばある機関投資家がESG運用を行っていると標榜していても，ESG評価に関して情報ベンダーの評価を基に実質アウトソーシングしているという状況では，アセット・オーナーは委託手数料をその事項に関しては支払わないことになるだろう，という考え方になる．

sity）こそは同社にとって企業価値向上のためのESG情報の中のS（社会）の重要事項であると強調している．

ここでCEOが言っていることの意義は，長年にわたって同社をカバレージしてきたアナリストのみが知りえることではないだろうか．企業のファンダメンタルズを理解しえないESG投資家が，男女比率，ジェンダーに対する配慮，有給休暇の取得状況などの把握・比較に焦点を当ててスコア・メーキングに励んでいる視点とは異なる論議である．CEOは長期的企業価値の向上に結び付けてダイバーシティの問題を考えているわけであり，これに対して味わい深い質問ができるのは「優れたアナリスト」のみである．

ロシュ社に触れたついでにもう1つの例を紹介したい．投資家が企業の持続可能性を論議する時，一般には，そのためにこそコーポレートガバナンス・システムの充実が必要であるという論調になる．社外取締役が3分の1必要だとか，相変わらず皮相な議論がわが国ではまかり通っている．ファミリー企業に対する風当たりも強いように思える．

ロシュ社のアニュアルレポートには，「創業者のファミリーが過半の株式を保有していることが当社にサステナブル思考を常に持つという風土を生み出してきた．このことにより停滞・挫折からも学びを得て患者および社会にとって何が永続的な価値であるかに常に焦点を当てて進むことができました」[23]という表現がある．

医薬品産業・企業の分析を行っているアナリストにとっては，これもまた大変得心のいく説明である．ロシュ社の過去20年間の軌跡をたどればまさに，一般の投資家・アナリストの時間軸をはるかに超えた長い期間について，最先端のサイエンスの行方を踏まえながら進んできたからである．企業の価値はファッショナブルな考えに惑わされず観察されなければならない．

長年アナリストに従事していることのメリットは，当該企業の評価を多面的に見ることができるということである．アナリストの今後の活路を考

---

23) Roche [2016], p. 2.

える時，改めてESG情報の深い観察者としての観点を持つことが重要ではないだろうか．

2　日本型SASB設立の提唱

　以上に見てきたように，企業のESG活動の評価は本来，ファンダメンタルズ評価を行うアナリストが行うことがふさわしい．しかし一方でミニマムな情報を一覧でき，同業他社比較ができるデータも欲しい．分析の出発点となる基礎データと言ってもよい．多くの企業からも指針となるミニマムなESG開示情報への欲求は強いものと推察される．

　ただしこれには業界特性が当然ある．環境情報が投資家にとってとりわけ重要なセクターもあるだろう．開発途上国での労働問題に対する取り組みが重要なセクターもある．ここで参考になると思われるのが，米国におけるSASB[24]の動きである．

　SASB（Sustainability Accounting Standards Board，米国サステナビリティ会計基準審議会）では周知のとおり，重要なESG情報を業種別・セクター別に作成すべきことを旨としている．IIRC（国際統合報告評議会）における議論にはセクター別という発想がないために，ベスト・プラクティス企業への賛辞はあっても，上場企業全体の開示を底上げする推進力を持たない．いわゆる原則主義の弊害というものである．これからESG情報を充実させようとする多くの企業に対しての本当の親切さとは，ミニマムな基準を示してあげる，ということではないだろうか．

　これまでの議論では，非財務情報，ESG情報について述べてきた．しかし，ここであえて今，論議として忘れ去られようとしている財務情報自体の充実にも最後に触れたいと思う．

　例えばセグメント情報である．2012年の制度改正以降，きわめて簡素化されたセグメント情報に基づいた財務分析をアナリストが余儀なくされているケースも多くなった．製造業においては，製造原価報告書の明細も見られなくなった企業も多い．売掛金の顧客別明細もなくなった．

24）　SASBの最近の動向については芝坂［2016］を参照．

SASBはESG情報について規定するものであるが，財務情報についてもセクター別開示基準があってもよいであろう．CFAIでは10年前にそのような提言をしている．[25] すなわちわが国で求められるのは新SASBである．

　なぜそのようなことを述べるかと言えば，企業による開示情報のchilled（冷却）化の動きを懸念するからである．ある小売専門店企業が月次のデータを出すのに，他の企業が出さないというスタンスを取ることは，アナリストにとって，そのことだけで比較分析の手掛かりを失うことにもなるからである．

　一方，これまで述べたところからわかるように，アナリストは環境の変化を受けて大きくその活動を意識的に変えなければならない．証券会社の経営者は，それを変えるように誘導する義務がある．

　変えるためのキーワードは「アナリスト・レポートの充実」である．時間軸を長期に据え，ESGへの考察も行いつつ，付加価値の高いレポートの作成を競う時代となるだろう．アナリストは機関投資家をうならせるレポートを作成し，事業会社からも尊敬を持たれる存在にならなければならない．

　企業側に求められるのは，レベルの高いアナリストの目線に立った情報開示を財務・非財務を問わず行うことであろう．フェア・ディスクロージャー規則への抵触を考え，どうすべきか悩む場合には，本章で例示した医薬品会社のようにハイレベルのアナリスト・投資家の関心を読み取って，隙のないIR活動を行うべきである．

[参考文献]
北川哲雄［2003］「資本市場制御機構における重要性概念の再検討——アメリカにおける公正開示規則をめぐる論争を中心にして」『企業研究』（中央大学企業研究所），第2号，69-97頁．
北川哲雄［2004a］「我が国機関投資家における意思決定プロセスの変化に関する一考察——1990年代の回顧」『横浜経営研究』第24巻4号，49-60頁．

---

25) CFAI [2006].

北川哲雄［2004b］「アメリカにおけるアナリスト利益相反問題に関する一考察——AIMR提案の分析を中心にして」『企業研究』（中央大学企業研究所），第4号，114-144頁．

北川哲雄［2007］「アナリスト格付けの絶対性と相対性」『経済系』（関東学院大学），第233集，13-34頁．

北川哲雄［2010］『IRユニバーシティ——IRオフィサー入門』国際商業出版．

北川哲雄［2016］「ガバナンス関連3大プロジェクトのエンドポイントを考える」『FISCO FINANCIAL REVIEW』第1号，1-8頁．

北川哲雄・林順一［2014］「投資情報開示とインベストメント・チェーン——ケイ報告書の意義」『商学研究』（愛知学院大学），第54巻2号，27-50頁．

金融庁金融審議会市場ワーキング・グループ［2016］「フェア・ディスクロージャー・ルール・タスクフォース報告（案）～投資家への公平・適時な情報開示の確保のために～」．

芝坂佳子［2016］「サステナビリティ会計基準審議会（SASB）の最近の動向と統合報告への展開を考える」『KPMGインサイト』19号．

日本証券業協会［2016］「協会員のアナリストによる発行体への取材等及び情報伝達行為に関するガイドライン（案）」．

Bagnoli, M. and Watts, G.［2006］"Reg FD and Competitiveness of All-Star Analysts." https://papers.ssrn.com/sol3/papers.cfm?abstract_id=874761

CFAI（Certified Financial Analysts Institute）［2006］*Breaking the Short-Term Cycle, Discussion and Recommendation on How Corporate Leaders, Asset Managers, Investors and Analysts can refocus on Long-Term Value*, Proceedings of the CFA Center for Financial Market Integrity and Business Roundtable Institute for Corporate Ethics Symposium Series on Short Termism.

NIRI（National Investor Relations Institute）［2004］*Standards of Practice for Investor Relations 2004*.

Roche［2016］*Annual Report 2015*, pp. 1-197.

Saxon, G.［1963］"Ground Rules for Talking with Analysts," *Investor Relations: The Company and its Owners*, American Management Association, pp. 262-268.

SEC（Securities and Exchange Commission）［2001］*Final Rules: Selective Disclosure and Insider Trading,* Release Nos. 33-7881, 34-43154, Aug. 15.

第3章

IR活動の高度化[1]

第1節 再認識されるIR活動の重要性

1 IR活動を取り巻く市場環境の変化

　多くの日本企業は，リーマン・ショック以降の長きにわたる景気低迷と市場環境の変化に対応するために，持続可能なビジネスモデルの再構築に取り組んできた［経済産業省，2012］．企業の持続的な成長には，投資家をはじめとする広範なステークホルダーの理解や協力なくして実現は不可能であり，そのためには，企業の価値創造の過程を，ステークホルダーに説明する適切な情報開示が求められる．

　そこで開示される企業情報は，従来は財務情報が中心であったが，近年では，その内容は非財務情報も含むものへと拡大してきた．さらに，その伝達方法は，情報の単なる開示ではなく，それらの情報内容をもって企業自身が考える将来の企業価値形成プロセスの理解を促すための対話に重きが置かれるようになったのである．その結果，企業と市場を結ぶコミュニケーション活動であるIRの重要性が再認識されることとなった．

　2014年8月には，市場のショート・ターミズムに警鐘を鳴らした英国

---

1) 本章は，姜［2016，2017］の内容に一部加筆したものである．

「ケイ・レビュー」の日本版として「伊藤レポート」が公表される［経済産業省，2014］．同レポートの中では，企業と投資家の「協創」による持続的価値創造，資本コストを上回る株主資本利益率の実現，全体最適に立ったインベストメント・チェーンの変革,[2] ならびに，企業と投資家による「高質な対話」の追求などが盛り込まれた．伊藤レポートの中では，投資家が企業の中長期的価値を判断するためのESG情報などの非財務情報を含む情報開示が現在の日本企業に不足している点，そして，中長期的な企業価値向上に資する企業と投資家の対話が現在のわが国の市場では不足している点が指摘された．

2 スチュワードシップ・コードおよびコーポレートガバナンス・コードの導入

2014年2月には，「日本版スチュワードシップ・コード」が公表された［金融庁，2014］．同コードにおいて，スチュワードシップ責任とは，「機関投資家が，投資先企業やその事業環境等に関する深い理解に基づく建設的な『目的を持った対話』（エンゲージメント）などを通じて，当該企業の企業価値の向上や持続的成長を促すことにより，『顧客・受益者』の中長期的な投資リターンの拡大を図る責任」［金融庁，2014］をいう．機関投資家が適切にこの責任を果たすことは，経済全体の成長にもつながるのである．

一方，企業の側においては，経営の基本方針や業務執行に関する意思決定を行う取締役会が，経営陣による執行を適切に監督しつつ，適切なガバナンス機能を発揮することにより，企業価値の向上を図る責務を有している．そこで策定されたのが「コーポレートガバナンス・コード」である．2015年3月，コード（原案）として公表された本コードは，15年6月より上場企業に適用されることとなった．企業側のこうした責務と機関投資家の責務は，いわば「車の両輪」と言える［東京証券取引所，2015］．

本コードにおいて，コーポレートガバナンスとは，「会社が，株主をはじめ顧客・従業員・地域社会等の立場を踏まえた上で，透明・公平かつ迅

2）インベストメント・チェーンとは，「資金の拠出者から，資金を最終的に事業活動に使う企業に至るまでの経路および各機能のつながり」を示す［経済産業省，2014］．本章の図表3-1を参照．

速・果断な意思決定を行うための仕組み」を意味する．同コードに定めた原則が適切に実践されることは，「それぞれの会社において持続的な成長と中長期的な企業価値の向上のための自律的な対応が図られることを通じて，会社，投資家，ひいては経済全体の発展に寄与する」と考えられる［東京証券取引所，2015］．

　わが国が，日本版コーポレートガバナンス・コードを策定するにあたり参考にしたのが，英国におけるコーポレートガバナンスである．柔軟性と改善プロセスを内包した成熟した仕組みを構築している英国におけるコーポレートガバナンスの特徴は4つの観点から説明できる．「第一に，『何人といえども，1人の人間が制約のない決定権を持つことがないように確保することが必要である』という認識のもと，チェック・アンド・バランスによる統制が徹底している．第二に，『すべての企業に対して同一の規律（one size fits all）を強制することでは良いコーポレートガバナンスは達成できない』という認識に基づき，Comply or Explain（原則主義）のアプローチを採用している．第三に，コーポレートガバナンスの対象範囲について，『権限には責任が伴う』という考えのもと，現実の主体別の影響力を考慮して，実践的な観点から対象範囲を広くとらえている．第四に，規制・規律の枠組みとして，ハード・ロー（法的拘束力を有するもの）とソフト・ロー（法的拘束力を有しないもの）を組み合わせている」［林，2015］という特徴である．

　日本版スチュワードシップ・コードおよびコーポレートガバナンス・コードの策定にあたり共通しているのは，国が従来の「ルールベース・アプローチ（細則主義）」から「プリンシプルベース・アプローチ（原則主義）」に大きく舵をきったという方針の転換である．これにより，原理・原則に則って自社の方針・やり方を公表して遂行せよ，もし，原則に従えない場合にはきちんと説明せよ（Comply or Explain）というやり方が求められることとなった．[3] その結果，「株主との対話」および「適切な情

3） Comply or Explainのアプローチ方法は，1992年のキャドバリー報告書で導入されて以降，英国のコーポレートガバナンスの基本となっている考え方である．詳細は林［2015］を参照．

開示」に深く関与する上場企業のIR活動が再び注目されるようになったのである．

3 IR活動を基底する理論的枠組みとしてのエージェンシー理論

　IR活動における情報開示を基礎づける理論としては，Jensen and Meckling［1976］のエージェンシー理論がある．専門的な能力を持つ経営者は株主から資金を受託し，成果を得て株主に配当を支払い，経営者報酬を受け取る．この場合，情報優位にある経営者と情報劣位にある株主との間で情報の非対称性が生じ，エージェンシー問題やモラルハザードなどの問題を引き起こす．これを解決するための方策として，経営者は自発的に情報開示を行い，情報の非対称性を緩和しようと考える．これがエージェンシー理論の枠組みであり，IR活動を支える理論である．[4]

　従来より，エージェンシー理論は主にコーポレートガバナンスの問題を解く有力な理論としてみなされてきた．エージェンシー理論によると，企業は人間ではなく，経営者を中心とする様々なエージェンシー関係の契約の束（ネクサス）と説明される［Fama and Jensen, 1983a, b; Jensen and Meckling, 1976］．その中でも特に，経営者と株主，そして，経営者と債権者の関係に着目したエージェンシー問題が，コーポレートガバナンスの問題であると解釈される．菊澤［2006］によれば，経営者と株主あるいは経営者と債権者との情報の非対称性を緩和する方法は，基本的に会計制度の問題か情報開示をめぐる法制度の問題となる．それゆえ，企業の情報開示を中心に位置づけるIR活動の役割は，エージェンシー理論と結び付けてその意義づけがなされてきた．

　一方，両者の利害を一致させる方法は法的な問題でもあるが，基本的に経営学・経済学的な問題であり，論理的には，モニタリング・システムとインセンティブ・システムという2つに区分された方法であり，それ以外はありえないと説明されている［菊澤，2006］．その際，株主主導のガバナンス方法として特に重要となるのが，モニタリング・システムである．

4） 姜［2017］は，IR活動の資本コスト低減効果に着目し，エージェンシー理論と取引コスト理論を応用してIR活動に理論的解釈を与えている．

モニタリング・システムとは「株主と経営者との利害を一致させるために，株主が何らかの制度を利用して経営者をモニタリングし統治する方法」［菊澤，2006］である．そのために必要なコストがモニタリング・コストであり，このコストを負担する主体は株主である．

　しかし，株主（プリンシパル）は，可能ならばこのようなモニタリング・コストを非効率な経営者（エージェント）に帰属させようとするだろう．そして，エージェントにとってこのコストがあまりにも高い場合には，自ら非効率な行動を避け，自らを束縛し，自らの潔白さをプリンシパルに示そうとするかもしれない．例えば，自発的に公認会計士を雇って帳簿を監査させることもできるし，自発的に企業をめぐる情報公開を行うこともできる．このような自己拘束がボンディングであり，この時に発生するコストがボンディング・コストである．

　すなわち，モニタリングとは，外部者がそのイニシアティブを取ることを意味し，ボンディングとは，経営者が自分自身を拘束しモニターすることを意味する［Douma and Schreuder, 1991］．それゆえに，IR活動とコーポレートガバナンスの問題を結び付けて論理的に説明するならば，株主（本稿では，主に機関投資家）が主体的に行うのがモニタリングであり，企業が行うIR活動は，経営者（企業）によるボンディング行動と言える．

　実務的には，日本企業において，長い間，IRとコーポレートガバナンスは別々のものとして取り扱われてきた．その理由は，IRが，積極的に市場に情報を発信していくというポジティブな活動として発展してきたのに対して，株主が求めるガバナンス対策を構築することは，新種の「総会屋」株主からの要求に応えていくネガティブな行動であるという考え方が日本企業にとって主流だったからである［岩田，2015］.[5] しかし，現在，企業の経営者には，健全なガバナンス体制を構築し，IR活動を通してその内容を正しく投資家に伝えることが求められている．そのきっかけとな

---

5) 1990年代，バブル崩壊以降に株式市場が低迷する中で，株主に向いた経営を行っていない日本企業に対して，海外投資家は「物言う株主」としてコーポレートガバナンスに関する問題提起を始めた．多くの日本企業は，「新種の総会屋現る」としてその対応におわれた．コーポレートガバナンスの議論の変遷については岩田［2015］に詳しい．

ったのが，スチュワードシップ・コードおよびコーポレートガバナンス・コードの導入であった．

　上述したとおり，これらのコード導入に伴い「目的を持った対話」の重要性が強調されている．それではなぜ，企業の持続的成長を促すうえで機関投資家と企業（経営者）の「対話」が重要なのだろうか．それは，両者の間に内部情報に関する情報の非対称性が存在するだけではなく，両者の企業価値に対する解釈の違いや，[6] 期待する企業価値向上のスピードおよび時間軸が異なるといった様々な点で認識の相違があるからである［藤井・笹本，2015］．機関投資家と経営者が対話を持つということは，こうした認識の相違を埋め，互いの立場の違いによる不利益を低下させることが可能となる．これを，藤井・笹本［2015］は，「対話はエージェンシー・コストを低下させる手段」であると表現している．

　この表現を，再度モニタリングおよびボンディングと結び付けて言い換えると次のようになる．対話は，機関投資家と経営者の情報の非対称性を緩和することにより，企業価値の向上に貢献し，両者の利害を一致させる．すなわち，対話は，機関投資家が負担するモニタリング・コストおよび経営者が負担するボンディング・コストを低下させる手段である，と言える．

　先に述べたとおり，エージェンシー理論によると，企業は人間ではなく，経営者を中心とする様々なエージェンシー関係の契約の束である．そのエージェンシー関係の中でも，特に，経営者と株主（機関投資家）の関係に注目し，インベストメント・チェーンとの関連を示したのが図表3-1である．経営者は機関投資家と対話することにより，自社の企業価値を投資家に理解させるだけでなく，彼らから自社の成長を促す有益な示唆を引

6）伊藤レポートでは，企業価値の解釈について，企業側の中にも温度差があり，投資家・アナリストの考えも一様ではなく，その結果，企業と投資家との間で効果的な対話が阻害されている面があると指摘している．そして企業価値には大きく2つの考え方があるとしている．「一般には経済価値・株主価値として株式時価総額や企業が将来的に生み出すキャッシュフローの割引現在価値に焦点を充て，中長期的に資本コストを上回る利益を生む企業が価値創造企業として評価される．一方，企業が生み出す価値をもっと広くとらえ，株主，顧客，従業員，取引先，社会コミュニティなどのステークホルダー価値の総和とする見方もある」．詳細は経済産業省［2014］を参照．

図表3-1　契約の束としての企業とインベストメント・チェーンの関連図

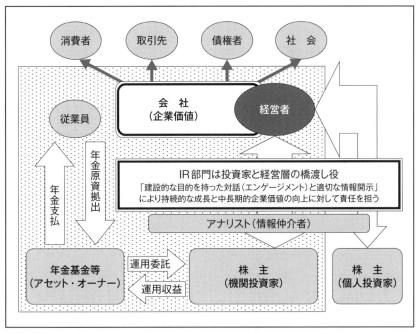

（出所）　藤井・笹本［2015, 130頁, 134頁］を参考に筆者が改編［姜, 2016, 2017］.

き出すことも可能である［藤井・笹本, 2015］.投資のプロとしての株主（機関投資家）の意見や考えを汲み取りながら事業を営むことで,経営者が実際に企業価値を高めた場合には,その恩恵は株主（機関投資家）のみならず,その顧客,さらには企業で働く従業員をも含むインベストメント・チェーン全体に広がると考えられる（図表3-1の点地枠内を参照）.

第2節　IROの役割の変化

1　日米資本市場におけるIR活動の歴史的変遷

資金調達を主たる目的としてIR活動を世界に先駆けて始めたのは1953年の米国ゼネラル・エレクトリック社（以下, GE社）である.その後,

1969年にはIRについての広汎な啓蒙，普及を行うことを目的とした全米IR協会（National Investor Relations Institute, NIRI）が発足した．これを機に，米国全土でIR活動は急速に広まっていく［Morrill, 1995］．

　わが国では，1980年代中ごろに入り株式市場が活況となる中，株式発行によるエクイティ・ファイナンスが頻繁に実行されるようになり，IRへの関心が徐々に高まっていった．1993年日本企業へのIRの普及・促進を目的として日本IR協議会（Japan Investor Relations Association，以下JIRA）が設立され，IR活動は広く日本企業に浸透し，現在に至っている．日米市場におけるIRオフィサーの歴史的変遷を見ていくうえで，JIRAとNIRIの存在を忘れてはいけない．両団体の活動状況および日米におけるIR発展の歴史を，資本市場との関連性の中で考察した先行研究は数多く存在する［北川，2000；米山，2016，および姜，2017など］．しかし，本稿ではあえて，コミュニケーションとIRとの関係に注目し，米国におけるIR発展の歴史的変遷を調査したLaskin［2008］の時代区分に着目したい．なぜなら，IRとは，企業と市場を結ぶコミュニケーション活動だからである．

　企業が行うIR活動は，時に「投資家向け広報活動」と呼ばれ，IR活動は，広報（パブリック・コミュニケーション）活動と深くかかわりあいながら発展してきた．この両者の関連性を詳細に考察したのが，現在，米国クイニピアック大学でコミュニケーションを教えるLaskin［2008］である．

　Laskin［2008］は，学問領域におけるコミュニケーションとIRの融合を図るため，NIRIと連携して米国企業のIR活動の現状を調査した．彼は，IRをコミュニケーション活動の一部ととらえ，コミュニケーション研究の進化の歴史とMorrill［1995］がまとめたNIRI発展の歴史を重ね合わせることで，過去から現在においてIR活動が変容するさまを3つの時代区分に分けて整理した．その結果を示したものが図表3-2である．ここで言う3つの時代とは，コミュニケーションの時代，ファイナンスの時代，両者の共働の時代，を指す．

　1970年以前の米国市場では，IRの実践は従来の広報宣伝活動の中に含まれていた．しかし，1970年代にはいると市場環境の変化により，IRの

図表3-2　米国におけるIRとコミュニケーションのかかわり

特徴	コミュニケーションの時代 (Communication Era)	ファイナンスの時代 (Financial Era)	共働の時代 (Synergy Era)
期間	1945年〜1975年	1975年〜2005年	2005年〜現在
広報モデルとの比較	プレス（新聞等）代理人 広告と広報	双方向 非対称	双方向 対称
目的	プロモーション 情報発信	高い企業価値 (High valuation)	適正な企業価値 (Fair valuation)
コミュニケーションの方向	企業から一方向	双方向	双方向
コミュニケーションからフィードバックを受ける対象	企業	企業	企業と投資家
IROに求められる役割	コミュニケーションの専門家	会計の専門家	経営者（マネジャー）
コミュニケーションの性質	受動的	受動的	積極的・能動的
焦点となる期間	ショートターム	ショートターム	ロングタームとショートターム
組織内の位置づけ	広報, コーポレート・コミュニケーション	財務・金融	独立したIR部門
担当者のバックグラウンド	コミュニケーション, ジャーナリズム	ファイナンス, 会計	2つの学位 大学院修了

（出所）Laskin［2008, p. 81］を筆者が翻訳［姜，2017］．

主たる対象が個人投資家から機関投資家に推移した．そこで，Laskinは，1975年を1つの区切りとし，それ以前を「コミュニケーションの時代」，それ以降を「ファイナンスの時代」と定義した．1970年代の米国は，企業規模拡大と利益額増大を目指したM&Aが頻繁に行われ，コングロマリットが形成されていった時代である．この間，機関投資家に属するアナリスト達は，企業に対して決算発表前にコンタクトを取り，情報収集することにやっきになっていた．それゆえに，ファイナンスの時代にはいると，アナリスト達がコンタクトを取る相手先は，従来の広報部から財務部に変わっていったのである．

しかし，2002年のエンロン・ワールドコム事件の発生を機に，再びIR

の役割は変化する．2003年，NIRI基準書におけるIRの定義は改定され，IRの目標は「企業の証券が公平な企業評価を受ける」ことであり，その対象は「財務面を中心とした支援者」から「金融コミュニティやその他のステークホルダー」に変わった．2000年代初頭に市場の信頼を損ねる事件が発生したことで，IR担当者は，「透明性があり倫理観のある事業活動を望む社会の要請に応える必要が出てきたのである」［Ernest, 2007］．

これをきっかけに，投資家達は，企業の開示情報として強制開示の内容だけでは満足しなくなる．「投資家を対象とした今日のコミュニケーションでは，財務数値のみならず，投資家が売り買いの意思決定をするために高度なレベルの質問ができるだけの情報，すなわち，ビジネスの特性や長期戦略そして非財務情報を説明できるようにしなければならなくなったのである［Favaro, 2001］．そこで，Laskin［2008］は，2005年以降を「コミュニケーションとファイナンスの共働の時代」と表現し，IRオフィサー（Investor Relations Officer，以下IRO）は，両者の専門知識が要求されると同時に，投資家達との長期視点での関係構築が求められるようになったと指摘している（図表3-2）．

そして，NIRIもIRの定義を，1988年，2001年，2003年の3回にわたって大幅に見直してきた．現在も引き継がれているIRの定義は次のとおりである．「企業の証券が公正な価値評価を受けることを最終目標とし，企業と金融コミュニティやその他のステークホルダーとの間に最も効果的な双方向コミュニケーションを実現するため，財務活動やコミュニケーション，マーケティング，そして証券関係法の下でのコンプライアンス活動を統合した，戦略的な経営責務である」［NIRI, 2004］．

一方，喜多［2009］は，わが国企業のIR活動を，その対象の変化に着目しながら3つの波に喩えて表現した．すなわち，「最初の波は，1980年代後半から90年代にかけて，ターゲットは主に機関投資家であった．第2の波は，2000年前後の海外IRの一般化．そして，個人投資家との対話を大事にしようという今日の流れが第3の波である」と．そして，今日におけるわが国企業のIR活動は次のように説明されている．

IRとは，「企業が資本市場に対し，投資判断に必要な企業情報を適時，

公平,継続して説明し,対話する活動です.……企業は資本市場で適切な評価を受け,資金調達や事業投資などの戦略につなげることができます.IRは,企業と投資家が建設的な関係を築くためのコミュニケーション活動です.企業は投資家の意見を経営に反映させ,成果は投資家に還元されます.企業にとっては経営の一部であり,企業価値向上の拠点と言えましょう.……IRは信頼性と戦略性を兼ね備えた活動であり,基本的なルールを守ったうえで,企業の独自性を発揮する活動なのです」[佐藤,2015].

2 日本企業と米国企業のIRO属性比較

ここからは,JIRAおよびNIRIが行った各種サーベイの調査結果を用いて,日本と米国のIROの属性比較を試みる.そうすることでわが国に広く浸透したIR活動であるが,日本企業と米国企業のIROの属性を比べることで,日本企業におけるIROの相対的な位置づけを明らかにしたい.

使用データと対象企業の説明

まず,日米比較を行うにあたり,使用データと対象企業の説明をしておく.米国情報に関しては,NIRIが会員企業を対象に行っているIROの実態調査のデータを活用する.NIRIは米国人材紹介会社最大手のKorn Ferryと協力して,2008年から2年おきに,NIRI会員に対してサーベイ調査を実施している.このサーベイの目的は,IROの待遇を把握することで,彼らのIROとしてのキャリア継続およびキャリアアップを支援するためである.図表3-3の中でNIRI[2012]と記載があるのは,2012年に会員企業(約2,000社)と非会員企業のうちフォーチュン500に含まれる企業を対象に実施したサーベイ結果に基づくことを示している(回答率30%).一方,NIRI and Korn Ferry[2010, 2012]は,フォーチュン500企業のIROのみを対象とした回答結果であることを示している.それゆえ,NIRI and Korn Ferry[2012]と記載した場合,その回答企業はLarge-cap(時価総額100億ドル以上2,000億ドル未満)が73%,NYSE(ニューヨーク証券取引所)上場企業が82%を占める米国を代表する大手企

業から得た結果であることを意味する．

　一方，日本に関しては，JIRAが毎年行っている「IR活動の実態調査」[2007年-2014年]，『IR情報ハンドブック』[2006年] を参考にしている．2001年以降，IR活動の実態調査は全上場企業を対象としていることから，その回答社数は毎年1,000社から1,200社程度である．それゆえ，米国の回答企業に比べ対象が広く，日本の上場企業全体としての傾向を示していると言える．

　比較項目は7つに絞ったが，国ごとの慣習などの違いからすべての項目に対して回答を得られたわけではない．例えば，日本企業は，一般的に，従業員の詳細なバックグラウンドあるいは給料体系を明らかにしていないため，本比較分析の中ではいくつかの項目で「回答なし：N/A」と記載している箇所がある．また，すべての項目において，日米で回答企業社数が異なるため，単純比較はできない．しかし，このような国際比較を行うことで，日本企業におけるIROの相対的な位置づけを明らかにすることが可能と考える．

3　IROに関する日米比較分析

　ここからは図表3-3に基づいて，項目別に日米の違いを詳細に見ていくものとする．

(1) IR専任者の人数

　はじめに，各国企業におけるIR専任者の人数を調査した．米国は2～4人の間にとどまることがわかった．この点においては，日本も同レベルで，日本IR協議会[2014]によれば，日本企業のIR専任者の平均人数は2.0人であった．

(2) IROに占める女性比率

　女性の活躍促進に力をいれる昨今のわが国にとって，IROに占める女性の割合は興味深いところである．しかし，JIRAにおいてこれまでIROに占める女性の割合を調査したことはない．一方，米国におけるIROの女

性比率は34.0%であった.[7]

(3) IRO・IR専任者の経歴と学歴

次に，IROおよびIR専任者の学歴などを調査した．米国においては，MBA保有者が46%，CPA保有者が約9.0%，CFA保有者が約7.0%であった．同じ米国でも，フォーチュン500企業を対象とした調査結果によれば，MBA保有者が63.0%といっそう高い比率を占める．

一方，日本においてIR専任者の学歴などを調査したものでは，日本IR協議会編［2006］がある．古いデータ結果ではあるが，2006年調査時点の保有資格は日商簿記に関するものが20%以上と最も多かった．米国のIROの学歴として最も多いのがMBAであるのに対し，2006年時点における日本では4.0%にすぎない．しかしながら，わが国において大学院への社会人入学者数は近年増加傾向にあることから，[8]直近で同様の調査をした場合には，日本企業のIROおよびIR専任者のMBA取得者数の割合は増加する可能性が高いと推測できる．

(4) IRO・IR専任者の前職

社外から事業会社のIR専任に転身する場合，米国・日本ともに，証券会社（セルサイド・アナリスト）や投資銀行（バイサイド・アナリスト）出身者が多いことがわかる．これは，IROの仕事の多くの時間をアナリスト達との対話に費やすことから，企業IR窓口のカウンター・パートナーであったアナリスト達が逆サイドに移って業務に従事する機会が多いということであろう．[9]

一方，社内の異動あるいは事業会社からの転身のケースを見てみると，日本では，IR専任部署を置いているのが経理・財務部門47.4%［日本IR

7） 英国企業ではIR部門トップあるいは役員の52%が女性との調査結果もある．日欧米企業のIROの属性比較は姜［2017］を参照．
8） 文部科学省中央教育審議会大学分科会大学規模・大学経営部会．
　　http://www.mext.go.jp/b_menu/shingi/chukyo/chukyo4/houkoku/1293381.htm
9） Laskin and Koehler［2012］によれば，IROは業務時間の32%をセルサイド・アナリストと過ごしている．

協議会，2012］と最も多いことから，IR専任者の前職としては経理・財務の経験を持つ割合が最も多く40.6%，続いて，営業38.5%，企画38.1%と続く［日本IR協議会，2010］．

(5) **IR実務の経験年数**

前述したLaskin［2008］の調査によると，米国企業におけるIR実務の経験年数は平均10.11年と示されている．その後の調査であるNIRI［2012］によれば，男性IR担当者は「7年～10年」および「21年～30年」の経験を持つ割合が最も多く，女性IR担当者に関しては「21年～30年」の経験を持つ割合が最も多かった．平均年数として数値で示した結果はないが，米国における直近の平均経験年数は2008年の調査時点（10.11年）より確実に長くなっていると考えられる．

一方，日本企業におけるIR実務の経験年数に関しては，JIRAが毎年調査している．2007年の調査から直近8年間を通じて，経験年数は徐々に延びる傾向にあり，2014年時点におけるわが国のIR専任者の平均経験年数は4.9年である．これは，米国［Laskin, 2008］の約半分である．とはいえ，日本企業では，実務経験年数5年未満が全体の61.3%を占める一方で，10年以上の経験を持つ人材が9.2%と増える傾向にあり，日本企業においてはIR経験年数が長短に二極化する傾向にあることがわかる．しかし，わが国におけるIRの本格導入が1990年以降と米国に比べ遅いことを考慮するならば，米国のIROの経験年数の長さに及ばないのはやむをえないと言えよう．

(6) **IR活動の年間予算**

NIRI［2012］によれば，米国ではMega-cap企業（時価総額2,000億ドル以上）では年間100万ドル以上のIR予算を計上している企業が全体の87.0%を占め，500万ドル超は14.0%であった．Large-cap企業では100万ドル～250万ドルの予算を計上する企業が全体の56%，Mid-cap企業（時価総額20億ドル以上100億ドル未満）でも同金額の範囲内の予算と回答した企業が41%を占めた．Small-cap企業（時価総額20億ドル未満）に関

しては，10万ドル〜99万ドルが占める割合が全体の81.0％であった．これらの結果から，米国企業全体としては，平均100万ドル〜250万ドルと回答した割合が最も多いことがわかった．

一方，日本企業のIR活動予算を見ていくと，米国と比べてその金額の少なさが際立っている．日本IR協議会［2012］によれば，日本企業の平均予算は1,844万円である．しかし，年間のIR予算が500万円未満と回答した企業は全体の43.20％を占めていた．一方，1億円以上3億円未満と回答した企業は1.70％のみであった．

予算に関しては対象企業の規模などを勘案する必要があることから数字上の単純比較はできないものの，この結果だけを見ると，日米における差は約10倍である．一般的に，企業経営における重要度によって予算金額が決定することを考慮するならば，この結果を見るかぎり，日本企業におけるIR活動の重要度は米国企業のそれよりも低いと言わざるをえない．

(7) IRO・IR専任者の給料

NIRI［2012］によれば，IR実務に従事している期間と年間の基本給の推移を見ると，IRのキャリアが21年を超えた時点から，女性のベースサラリーは，男性のそれを超え，キャリア21年以上の女性の年間給料は23万ドルである．全体の平均値は17万9,281ドルで，中央値が17万5,000ドルである．Mega-cap企業の中央値は20万ドルを優に超えるが，Small-cap企業の中央値は16万ドル程度であった．

一方，日本企業のIRO・IR専任者の給料実体を示すデータはどこにも見当たらない．しかしながら，昨今開示される経営者給料の年額を見れば，日本企業のIROの給料水準が米国のものより低いことは想像に難くない．[10]

これら給料水準の調査結果は，人材の流動性が高い欧米においては，高度専門職としてのIROの地位はすでに確立されており，彼らは会社を移

---

10) 独立行政法人労働政策研究・研修機構『データブック国際労働比較2012』，119頁，を参照．

図表3-3　日本企業と米国企業のIROの属性比較

	米　　国	日　　本
IR専任者	NIRI and Korn Ferry [2010] によれば，IR専任者が2名～4名の間と回答した企業が42.0%.	日本IR協議会 [2014] 回答企業1,029社のうち，76%がIR専任者が「いる」と回答．専任者平均は2.0人．日本IR協議会 [2012] の調査では，IRを置いている部署では経理・財務が47.4%と最も高い．
IRオフィサーの女性比率	NIRI and Korn Ferry [2012] によれば，IRオフィサーの女性比率は34.0%.	N/A.
経歴・学歴	NIRI [2012] によれば，MBA保有者が全体の46%程度．CPA保有者は約9.0%．CFA保有者は約7.0%程度．Fortune 500企業 [NIRI and Korn Ferry, 2012] に絞ると，MBA保有者は63.0%，CFA保有者は11.0%，CPA保有者は21.0%.	日本IR協議会編 [2006] のIR担当者保有資格の調査によれば，日商簿記1級～3級が23.80%と最も多く，次いで，ファイナンシャル・プランナー6.00%，CMA 5.50%，MBA保有者が4.0%であった．
前　　職	NIRI [2012] によれば，前職は財務部門が30%超と最も多く，次に経営管理部門，バイサイド業務と続く．	日本IR協議会 [2014] 回答企業1,029社のうち，外部からの採用「あり」が19.1%．前職は事業会社が55.6%，証券会社29.2%，銀行13.9%．日本IR協議会 [2010] によれば，IR専任者の事業会社における前職としては，経理・財務の経験を持つ割合が最も多く40.6%，続いて，営業38.5%，企画38.1%と続く．
IR実務の経験年数	NIRI [2012] によれば，男性は「7年～10年」と「21年～30年」の実務経験を持つ割合が最も多く，女性は「21年～30年」の割合が最も多い．Laskin [2008] によれば平均は10.11年．	日本IR協議会 [2014] でIR専任者が「いる」と回答した企業の平均IR実務年数は4.9年．平均実務経験が5年未満という回答が61.3%．一方，10年以上が9.2%．IR専任者の平均実務年数で長短の二極化が見られる．
IR活動の年間予算	NIRI [2012] によれば，米国企業の平均年間予算が100万ドル～250万ドル．Mega-cap企業では100万ドル以上が87.0%を占める．そのうち，500万ドル超は14.0%．Large-cap企業では100万ドル～250万ドルの割合が全体の56%，Mid-cap企業でも同金額の範囲内の割合が41%と最も多かった．Small-cap企業に関しては，10万ドル～99万9,999ドルに占める割合が81.0%.	日本IR協議会 [2012] 回答企業1,109社の年間平均予算は1,844万円．500万円未満が43.20%で最も多く，1億円以上は1.70%であった．
IR専任者の給料	NIRI [2012] によれば，平均値が17万9,281ドルで，中央値は17万5,000ドル．Mega-cap企業の中央値は20万ドルを優に超えるが，Small-cap企業の中央値は16万ドル程度．男女および経験年数で比較すると，経験年数が21年以上になったところから女性が男性の給料を上回る．	N/A.

（出所）　姜 [2017] より一部抜粋して転載．

動してもその職を続ける傾向が強いことを裏づける証拠と言えよう[11]．また，米国の現状は，IRの普及およびIROの社会的地位の確立と向上に励んできたNIRIの努力の賜物とも言えるのではないだろうか．NIRIは，先述したとおり，サーベイなどを実施してIROの給料水準を公表することにより，彼ら・彼女らのキャリア継続に有益な情報を提供し続けることに貢献している．

　それに反して，人材流動性が低い日本においては[12]，会社に就業してからの給料形態や従業員が持つ学歴などをオープンにする慣習がほとんどないため，JIRAもこの手の調査を控えていると思われる．しかしながら，高度専門職業人としてIROという仕事がわが国においても広く認知され，会社を移動しても長期に継続できる専門性を持たせるためには，そのバックグラウンドや待遇を明らかにする必要があると筆者は考える．ここまでの内容をまとめたものが図表3-3である．

4　米国で始まったIR資格認証試験

　IROの属性の日米比較の結果から，米国市場においては，高度専門職としてのIROの地位がすでに確立されていることがわかった．日本市場では，「日本企業のIR発展は……結果的には，企業経営における主流な活動にならなかった」[岩田ほか，2016]との意見が出るほどであり，そのキャリアに対し悲観的な声が聞こえてくる．しかし，ここまでの分析結果を踏まえると，筆者には，わが国におけるIROの社会的位置づけが，約20年前のわが国における証券アナリストの位置づけと重なって見える[13]．すなわち，現在の日本企業におけるIROという仕事が，各社のさまざまなジョブ・ローテーションの一部にすぎず，IROという仕事がきわめて専門的知識の求められる職種であるとの認識が薄いという扱いである．この点において，日本のIROの社会的地位は発展途上の段階にあると言えよう．

---

11)　NIRI and Korn Ferry [2012] によれば，IROは2社～3社の異なる企業で経験を積むことが多い．
12)　独立行政法人労働政策研究・研修機構『データブック国際労働比較2012』，86頁，を参照．
13)　詳細は姜[2017]を参照．

図表3-4　IR資格認証試験（IRC）の出題内容

試験項目	内　容	出題割合
Domain 1	IR Strategy Formulation	14%
Domain 2	IR Planning, Implementation and Measurement	11%
Domain 3	Corporate Messaging Development	14%
Domain 4	Marketing and Outreach	13%
Domain 5	Corporate Financial Reporting and Analysis	11%
Domain 6	Business Insight	8%
Domain 7	Strategic Counsel and Collaboration	8%
Domain 8	Capital Markets and Capital Structure	9%
Domain 9	Corporate Regulatory Compliance	6%
Domain 10	Corporate Governance	6%

（出所）　NIRIによる．https://www.niri.org/certification

　一方，世界のIR活動を牽引する米国NIRIは，2016年3月からIR資格認証試験（IRC）を始めた．その試験は10の分野で200問．その出題内容および出題割合は図表3-4に示すとおりである．受験資格は，大学卒業か最低3年の実務経験，あるいはIR関連の経験か資格があること．資格の有効期限は3年で，米国のみならず海外からも受験可能である．年3回行われる本試験にどれぐらいの受験生が集まり，このIR資格認証試験の実施による効果がどのような形で現れるかは今後の結果を待つこととしたい．

第3節　「目的を持った対話」を実現するIR活動の実践

1　2つのコード導入後のわが国企業のIR活動の現状

　ここまで，近年，重要性が再認識されることとなったIR活動と，その役割の歴史的変化およびIROの日本企業における位置づけなどを概観してきた．ここからは，日本IR協議会［2016］[14]および生命保険協会［2015］の調査結果を参考にしながら，スチュワードシップ・コードとコ

14）　日本IR協議会［2016］は第23回「IR活動の実態調査」の結果である．本調査は全上場会社（3,622社）を対象に2016年1月28日から3月7日まで実施し，983社から回答を得ている（回収率27.1％）．

ーポレートガバナンス・コードの導入が，日本企業や投資家の行動にどのような影響を与えているのかを明らかにしていきたい．

JIRAが，IR活動を実施している企業に対して，両コードの導入により投資家との対話における行動・質問に変化が見られるかと尋ねたところ，変化が「見られる」37.0％（前回比＋4.5ポイント）が「見られない」35.3％（前回比－3.4ポイント）を上回った．昨年と順位が逆転したことから，両コードへの対応が進んだと推測できよう．

また，上記質問で変化が「見られる」「どちらとも言えない」と回答した企業に対して，両コードの導入によって，企業の持続的成長を目的とした対話は促進されたかと尋ねたところ，「やや促進された」35.8％（前回23.4％），「促進された」13.5％（同6.4％），さらに「おおいに促進された」1.1％（同0.4％），を合わせて50.4％（同30.2％）の企業が両コード導入前後での変化を実感していた．JIRAは，これらの結果から「両コードが重視する『エンゲージメント（＝目的を持った対話）』が実現されつつあることが見て取れる」と評価している．

さらに，IR実施企業のうち，中期経営計画を「策定している企業」の割合は87.6％であり，その企業が計画に掲げた定量的な情報は，「売上高」82.5％，「営業利益」76.0％，「経常利益」43.9％が多く，次いで「ROE」をあげる企業が40.7％にのぼったことが特徴的であると指摘している．また，IR実施企業のうち，投資家が重視する資本政策を「策定している企業」は前回の32.6％に対して今回は60.7％に上昇し，そのうち63.3％が「株主還元政策（配当，自社株買い等）」，57.3％が「ROE目標」といった投資家視点を踏まえた内容を盛り込んでいることが明らかになった．この結果を受けてJIRAは，「背景に，コーポレートガバナンス・コードが資本効率の向上や資本政策の考え方の表明を重視していることがある」と指摘している．

2　投資家から見たわが国企業のIR活動の現状

一方，生命保険協会は，投資家の立場から株式発行企業による「株式価値向上に向けた取り組みについて」継続して調査をしている．本調査は，

昭和49年度に始まり，現在に至っている．上述したJIRAの調査が企業側のIR活動の実態調査をしているのとは対照的である．さらに本調査がユニークなのは，投資家のみならず企業側にも同様の調査を行い，両者の認識ギャップを可視化することで，双方の問題意識と意識ギャップを共有化し，建設的な対話の促進，ひいては，株式市場全体の活性化につなげようとしている点である．

今回詳細を見ていく平成27年度調査［生命保険協会，2015］は，調査実施期間が2015年10月6日から11月6日．上場企業1,056社にアンケートを送付し回答企業数568社（回収率53.8%），機関投資家152社にアンケートを送付し回答機関84社（回収率55.3%）である．アンケート実施期間が，コーポレートガバナンス・コードの適用元年にあたり，同コードに沿って企業が取り組み方針を検討して公表するタイミングと重なっている．上述した日本IR協議会［2016］の調査時期も同年度である．

ここでは，先に触れた「中期経営計画」に関する企業と投資家の意見をそれぞれ見ておくものとする．生命保険協会では，「経営目標」に関する内容として，「経営計画の設定・公表」「資本効率について」「投資について」「株主還元について」の四項目について調査している．

まずはじめに，「経営計画の設定・公表」について企業に質問したところ，「公表している」と回答した割合は70.4%と高い数値であった．この数字から，中期経営計画の策定は一定水準の企業に浸透してきたと言えよう．しかし，その内容を見ると，企業側は80.8%が「長期的な経営ビジョン・スタンスの説明」を重視しているのに対し，投資家側は「数値目標と事業戦略を伴う経営計画の公表」を要望している．投資家側は，企業が達成すべき数値目標とそのための事業戦略が有機的・構造的に結び付き，その企業が目指す方向性がおのずと伝わるような経営計画が示されることで，その企業の経営ビジョンを明確にとらえることができるのである．

あわせて，企業が公表している指標のうち，投資家に対して経営目標として重視すべき指標をたずねたところ，投資家の79.8%が「ROE」を重視すると回答したのに対し，企業は「利益額・利益の伸び率」「売上高・売上高の伸び率」を公表していると回答した割合が最も多く，効率性を重視

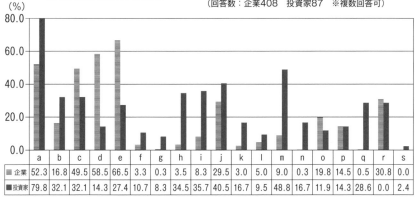

図表3-5　中期経営計画で公表している指標（企業）・経営目標として重視すべき指標（投資家）

a. ROE（株主資本利益率）
b. ROA（総資本利益率）
c. 売上高利益率
d. 売上高・売上高の伸び率
e. 利益額・利益の伸び率
f. 市場占有率（シェア）
g. 経済付加価値（EVA®）
h. ROIC（投下資本利益率）
i. FCF（フリーキャッシュフロー）
j. 配当性向（配当／当期利益）
k. 株主資本配当率（DOE＝ROE×配当性向）
l. 配当総額または1株当たりの配当額
m. 総還元性向（（配当＋自己株式取得）／当期利益）
n. 配当利回り（1株当たり配当／株価）
o. 自己資本比率（自己資本／総資本）
p. DEレシオ（有利子負債／自己資本）
q. 資本コスト（WACC等）
r. その他
s. 無回答

（回答数：企業408　投資家87　※複数回答可）

	a	b	c	d	e	f	g	h	i	j	k	l	m	n	o	p	q	r	s
企業	52.3	16.8	49.5	58.5	66.5	3.3	0.3	3.5	8.3	29.5	3.0	5.0	9.0	0.3	19.8	14.5	0.5	30.8	0.0
投資家	79.8	32.1	32.1	14.3	27.4	10.7	8.3	34.5	35.7	40.5	16.7	9.5	48.8	16.7	11.9	14.3	28.6	0.0	2.4

する投資家と，売上げ・利益の絶対額を重視する企業の両者のスタンスの乖離が鮮明であった（図表3-5参照）．

　次に，「資本効率」に関する両者の意見としては，企業は自社のROE水準が資本コストを「上回っている」と認識する割合が高いものの，投資家は「下回っている」と認識している割合が高く，ここでも両者の意識のギャップが明らかとなった．

　一方，「投資」について，投資実行時に重視している項目（企業）および重視してほしい項目（投資家）を尋ねたところ，両者はともに「経営戦略との整合性」「製品・サービスの競争力強化」をあげていた．この結果から，両者がともに中長期的な方向性に沿った形で競争優位性を築くための投資を行うことを望んでいることが読み取れる．

　さらに「株主還元」について尋ねたところ，投資家が考える経営目標と

して企業が重視するのが望ましい指標は，一番が「ROE」であり，「総還元性向」「配当性向」と続く（図表3-5）．また，別の問いに対して投資家側は，中長期の平準的な水準として配当性向30％以上を要望している．

一方，企業側では，「配当性向」を数値目標として公表している企業が前年度から大きく増加してはいるものの，6割近くの企業が未公表であった．これらの株主還元目標を公表しない企業は，その理由を「安定配当を方針としている」ためと回答している．これらの配当政策に関する説明は，「一定程度行っている」と感じている企業側と「あまり説明されていない」と感じている投資家側の割合が拮抗しており，両者に大きな認識ギャップがあることが明らかとなった．

これは，「自己株式取得の実施状況に対する認識」でも同様のことが言える．企業側は，自己株式取得に消極的であるのに対し，投資家側は「有望な投資先がなく」「ROEの低い企業」に対して自己株式の取得を期待している．余剰資金を抱える企業の資本効率に対する考え方については，企業側と投資家側で乖離が見られた．

上述した，日本IR協議会［2016］の結果では，投資家の視点を踏まえたIRの状況が報告されていたが，投資家の意見を詳細におっていくと，企業側と投資家側の間の意識ギャップがいくつも浮き彫りとなってきた．しかし，これは当然の結果であろう．立場の異なる企業と投資家の考えや目指す方向性がすべて一致することは考えにくい．むしろ，ここでは，両者がその違いを認識し，相手の考えを理解しようと努力することが重要である．生命保険協会［2015］によれば，投資家は企業と接する際に「対話内容の充実」に重点的に取り組み，企業も投資家と接する際には「対話内容の充実」と「対話内容の経営層へのフィードバック」に重点的に取り組んでいる（図表3-6参照）．両者が互いの意見に耳を傾けることにより，わが国市場における「建設的な対話」がさらに進むことを期待したい．

3　米国GE社のIR哲学

日本IR協議会［2016］，生命保険協会［2015］の結果から，日本企業が2つのコードの導入に即したIR活動を行おうとしている姿勢が読み取れ

図表3-6　企業（投資家）が投資家（企業）と接する際に重点的に取り組んでいること

(a) コーポレートガバナンス・コードを受けて投資家と接する際に重点的に取り組んでいること（企業）

a. 投資スタイル・投資哲学の把握
b. 対話機会の増加
c. 対話内容の充実
d. 対話内容の経営層へのフィードバック
e. 株主総会議案に関する対話の実施
f. 株主総会の出席株主増加に向けた取り組み
g. その他
h. 無回答

（回答数：568　※3つまで回答可）

(b) スチュワードシップ・コードを受けて企業と接する際に重点的に取り組んでいること（投資家）

a. 企業の状況の把握
b. 対話機会の増加
c. 対話内容の充実
d. 議決権行使方針の見直し
e. 議決権行使時の対話
f. 株主総会への出席
g. その他

（回答数：65　※3つまで回答可）

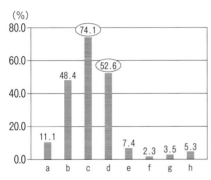
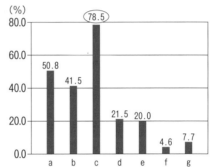

た．しかし，「中期経営計画を策定しているか否か」「情報として何を開示しているか」といった問いは，「目的を持った対話」が実現されているか否かを表層的にとらえている質問にすぎない．本来，「目的を持った対話」とはどういうものなのであろうか．また，それを実現するためには，企業（経営者）は投資家とどのように向き合うべきなのだろうか．この点について，我々に多くの示唆を与えてくれるのがGE社のIR哲学である．そこで，本章のまとめとして，Saxon [1963] が記したGE社のIRポリシーを紹介しておく．

ディスクロージャー・ポリシーの魁

　創業100年を超える米国の名門巨大企業GE社では，これまでも日本企業の経営に多くの示唆を与えてきた．特に，1981年から2000年の間，同

社CEOに就任したジャック・ウェルチの経営哲学が現代のビジネスリーダー学に大きな影響を及ぼしたのはよく知られているところである［中川，2012］．GE社は，企業価値向上の戦略的活動であるIRの実践においても他社をリードしてきた．[15]

1953年，世界に先駆けIR活動を始めたGE社は，対話相手として最も接する機会の多い機関投資家およびアナリストとのコミュニケーションの取り方を，1960年代にはすでにIR活動の基本ルールとして定めていた［Saxon, 1963］．それはまさに「ディスクロージャー・ポリシーの魁」［北川，2010］と言えるものであり，その内容は次のとおりである［Saxon, 1963. 一部は北川による翻訳（2010年）を参照した］．

①我々は徹底して率直であることを心がける．もし，質問がコンフィデンシャルな範囲なものである場合は，その旨をアナリストに正直に言うとともに，コンフィデンシャルであるしかるべき理由がなくなった時には，必ず，公平にただちに情報を公開する．

②業績予想については公表しない．予想，予測はアナリストの役割である．もし，アナリストがそう望むなら，彼が求める情報と事実にそのアナリストの予想の基礎を置く．

③部門別利益・月次データについては公表しない．

④答えに窮するような難問・奇問といったものであっても，我々の許容範囲を逸脱していないものであれば時間がかかっても調べて答える用意がある．

⑤アナリストが当社を初めて訪問した場合，まず15分から30分をかけて，当社の経営哲学，組織構成，そして，会社をバランスよく理解してもらうために重要であると考える2から3の主要な要因についてじっくり説明する．

---

[15] GE社は，世界に先駆けIR活動を始めただけでなく，今日においてもその洗練されたIR活動が高く評価されている．例えば，英国「FTボーエン／グレッグス・インデックス」が毎年発表する「グローバル500」の中から米国・欧州・その他（ロシアを含む）と3つの地域ごとに時価総額で見た25の大手企業合計75社を抽出したIR総合ランキングで，GE社は世界7位の評価を得ている（2011年）．日本および世界のIR評価については姜［2017］に詳しい．

⑥アナリストに対して高価な贈答品などの供与を行わない．アナリストに対し当社への訪問，工場見学時の交通運賃の支払いなども行わない．

⑦アナリストが当社のレポートを書くことについては，認めることも，認めないこともしない．アナリストの書いた予想，憶測についてもコメントをしたり訂正を求めたりもしない．コメントをするとすれば，すでに公表した事項についての事実や認識が間違っている時のみである．

⑧我々は，すべてのアナリスト，および，電気製造セクターのアナリストであったとしてもすべてにコンタクトを取ったり，彼らをすべてインフォメーション・ミーティングに招待するわけではない．日常，定期的に，頻繁に情報を求めてくるアナリストのみを対象としている．

4　ディスクロージャー・ポリシーの解釈

　GE社では，基本ルールの一番初めに，彼らのIR活動に対する基本姿勢である「率直さ（straightforward）」を掲げている［Saxon, 1963］．そして，②のとおり，1960年代からすでに，企業の将来価値を予測する業績予想はアナリストの仕事であるという揺るぎない信念を持っていた．今では公表が当たり前となっている部門別利益や月次データのように一部今日と離反している箇所はあるものの（上記③），それ以外の点では，GE社の基本ルールには，現在でも「上場企業のIR担当者が守るべき基本理念」［北川，2010］が盛り込まれている．

　上記の④および⑤は，現在のわが国市場で求められている企業と投資家の「高質な対話」の実践に触れていると言えよう．GE社は，建設的で目的を持った対話（エンゲージメント）を行ううえで，その基盤となる自社の情報に関して，財務情報に偏ることなく経営哲学や組織構成などの非財務情報も踏まえ，自社の中長期的な企業価値創造につながる情報を有機的に結び付けて説明をする必要があることを認識しているのである．そして，相手側（機関投資家，アナリスト）が真剣に企業研究を重ねて質問をしてきた時には，時間の枠にとらわれることなく誠実に誠意を持って回答することを約束している．

　上記⑦については，GE社では，IR担当者がアナリスト・レポートをチ

ェックすべきは「事実」の「誤認」が有る時のみである，としている．これは，万一，「アナリストが，楽観的あるいは偏見に満ちた一定の投資見解を導くレポートを書いた場合には，投資家によって無視され，市場の中で自然淘汰されることを透徹した目を同社のIR担当者がすでに持っていたから」［北川，2010］にほかならない．

　さらに，⑧については，「同社のIR担当者はすべてのアナリストに対し門戸を平等に開いているとはいっても，継続的にGE社をフォローし，理解しようと努めないアナリストに対しては厳しい対処をする」［北川，2010］と読み替えることができる．これは，GE社のIR部門が，企業の中長期的な企業価値向上に対して責任を担う役割を遂行するために，自社で考える理想的な株主層に通じるアナリストを見きわめようとしている行為であると言えよう．

GE社のIRポリシーのわが国企業への示唆

　GE社のIRポリシーから明らかなとおり，同社は，単に企業の情報開示のあり方をルール化してまとめているだけではない．企業およびIR担当者がより深い対話を市場と行うため，いかにして投資家やアナリスト達と向き合うべきかというGE社のIR哲学というべき企業姿勢を内包したものとなっているのである．

　Augsburger［1963］は，GE社の事例を引用しつつIRを実践するうえで常に心がけるべきことを次のように指摘している．

　　「企業にとって，ポジティブな情報であってもネガティブな情報であっても，常に正直（honest）かつ率直（straightforward）に伝達しなければならない．投資の世界において，そのような姿勢がないと，その会社からの情報はミス・リーディングなもので信用できないという評判が立ち，その後，長い期間，資本市場から抹殺されるだろうから」

　これは，わが国企業経営者あるいはIRO・IR専任者が，投資家と向き合う際に，十分に留意すべき点であろう．

［参考文献］

岩田宜子［2015］『中長期投資家を納得させるコーポレートガバナンス・コードのIR対応』中央経済社.

岩田宜子ほか［2016］パネルディスカッション「コーポレートガバナンス新時代のIR」『インベスター・リレーションズ』No. 10，92-118頁.

姜理恵［2016］「『コード』導入で求められる企業のディスクロージャー・ポリシー――ゼネラルエレクトリック社の事例」『経営哲学』第13巻1号，64-75頁.

姜理恵［2017］『インベスター・リレーションズの現状と課題――企業情報開示における時間軸と外部評価の視点から』同文舘出版.

菊澤研宗［2006］『組織の経済学入門――新制度派経済学アプローチ』有斐閣.

喜多恒雄［2009］「第三の波を迎えた企業IR」『IR-COM』1-2, p. 5.

北川哲雄［2000］『アナリストのための企業分析と資本市場』東洋経済新報社.

北川哲雄［2010］『IRユニバーシティ――IRオフィサー入門』国際商業出版.

金融庁［2014］「『責任ある機関投資家』の諸原則《日本版スチュワードシップ・コード》～投資と対話を通じて企業の持続的成長を促すために」（検索日2015年9月1日）．http://www.fsa.go.jp/news/25/singi/20140227-2.html

経済産業省［2012］「平成23年度総合調査研究　持続的な企業価値創造に資する非財務情報開示のあり方に関する調査報告書」（検索日2015年9月1日）．http://www.meti.go.jp/meti_lib/report/2012fy/E002177.pdf

経済産業省［2014］「『持続的成長への競争力とインセンティブ～企業と投資家の望ましい関係構築～』プロジェクト（伊藤レポート）最終報告書」（検索日2015年9月1日）．http://www.meti.go.jp/press/2014/08/20140806002/20140806002.html

佐藤淑子［2015］『IRの成功戦略』日本経済新聞出版社.

生命保険協会［2015］『平成27年度 生命保険協会調査　株式価値向上に向けた取り組みについて』．http://www.seiho.or.jp/info/news/2015/pdf/20160323_3.pdf

東京証券取引所［2015］「コーポレートガバナンス・コード～会社の持続的な成長と中長期的な企業価値の向上のために～」（検索日2015年9月1日）．http://www.jpx.co.jp/news/detail/detail_1876.html

中川有紀子［2012］「ジャック・ウェルチの経営哲学」経営哲学学会編『経営哲学の授業』PHP研究所.

日本IR協議会編［2006］『IR情報ハンドブック』日本IR協議会.

日本IR協議会［2007-2014, 2016］「IR活動の実態調査」（検索日2017年5月1日）．https://www.jira.or.jp/jira/jsp/usr/activities/2_3_1.html

林順一［2015］「英国コーポレートガバナンスの特徴とわが国への示唆」『証券経済学会年報』第50号別冊，第83回春季全国大会学会報告論文（検索日2015年12月15日）．http://www.sess.jp/publish/annual_sv/pdf/sv50/m83_02.pdf

藤井智朗・笹本和彦監修・ニッセイアセットマネジメント編［2015］『スチュワードシップ・コード時代の企業価値を高める経営戦略――企業と投資家の共生に向けて』中央経済社.

米山徹幸［2016］『イチから知る！IR実務』日刊工業新聞．

Augsburger, R. R. [1963] *A Look at Professional Investor Relations-Investor Relations The Company and Its Owners*, American Management Association, pp. 123-131.

Douma, S. and Schreuder, H. [1991] *Economic Approaches to Organizations*, Prentice Hall International（岡田和秀・渡部直樹・丹沢安治・菊澤研宗訳［1995］『組織の経済学入門』文眞堂）．

Ernest, F. M., Jr. [2007] "Using Wave Theory to Maximize Retail Investor Media Communications," *International Journal of Strategic Communication*, Vol. 1, No. 3, pp. 191-206.

Fama, E. F. and Jensen, M. C. [1983a] "Separation of Ownership and Control," *Journal of Law and Economics*, Vol. 26, pp. 301-326.

Fama, E. F. and Jensen, M. C. [1983b] "Agency Problems and Residual Claims," *Journal of Law and Economics*, Vol. 26, pp. 327-350.

Favaro, P. [2001] "Beyond Bean Counting: The CFO's Expanding Role," *Strategy & Leadership*, Vol. 29, No. 5, pp. 4-8.

Jensen, M. C. and Meckling, W. H. [1976] "Theory of the Firm: Managerial Behavior, Agency Costs and Ownership Structure," *Journal of Financial Economics*, Vol. 3, No. 4, pp. 305-360.

Laskin, V. A. [2008] "Investor Relations: A National Study of The Profession," A Dissertation Presented to the Graduate School of the University of Florida in Partial Fulfillment of the Reqirements for the Degree of Doctor of Philosophy.

Morrill, D. C. [1995] *Origins of NIRI*, National Investor Relations Institute.

NIRI (National Investor Relations Institute) [2004] *Standard of Practice for Investor Relation*, third edition, National Investor Relations Institute（検索日2015年9月1日）．

http://media.corporate-ir.net/media_files/priv/27585/standards_practice.pdf

NIRI [2012] niri ANALYTICS Researching Investor Relations Use of Corporate Websites Disclosure 2012 Survey Report〈http://www.niri.org/〉（会員専用サイトから入手）．

NIRI and Korn Ferry [2010] International Corporate Investor Relations Compensation Survey Results〈http://www.niri.org/Main-Menu-Category/resource/publications/Executive-Alert/2010-Executive-Alert-Archive/NIRI-KornFerry-International-Corporate-Investor-Relations?Compensation-Survey-Results-51910.aspx〉（会員専用サイトから入手）．

NIRI and Korn Ferry [2012] Compensation and the IRO: 2012 Data and Hiring Trends. *NIRI Annual Conference, Seattle, Washington*, June 3-6, 2012（会員専用サイトから入手）．

Saxon, O. G., Jr. [1963] *Ground Rules for Talking with Analysts-Investor Rela-

tions: The Company and Its Owners, American Management Association, pp. 162-164.

第4章

統合報告書とSASB
長期投資家とエンゲージするためのツール

はじめに

　統合報告書という言葉は，ビジネスの世界では一定の認知度を得ている．しかし，それがどのような報告書なのかについての理解は，「統合報告書」として作成されているレポートを見ても明らかなように様々である．また，社会的に合意の取れた統合報告書の定義や要件も確定していない．
　国ごとに異なる開示制度などからも，共通の定義を置く難しさがある．[1]
　統合報告，あるいは，統合報告書という言葉が，ビジネス・レポーティングの議論の中に表出してきた経緯や必然性を鑑みると，2013年12月に公表された国際統合報告評議会（IIRC: International Integrated Reporting Council）の活動の成果である国際統合報告フレームワーク（IIRCフレームワーク）の貢献は大きく，主として1990年代の初めから続けられてきた見えない資産（intangibles）にかかわる様々な議論のひとつの到達点と言えよう．
　一方で，IIRCフレームワークが公表されたゆえに，その背後にある議論や意図の理解が十分でないまま，提起された原則や求められる内容要素を満たすための報告書作成を目指してしまう事例も多く見られる．
　本章では，インベストメント・チェーンにおける情報活用という観点か

1）　IIRCでは，国ごとの開示制度とIIRCフレームワークの応用可能性についての報告書を取りまとめ中（2016年8月現在）で，2017年中頃から順次公開される予定である．

ら，統合報告書の有する可能性を高めるために求められる目的適合性をどう実現するか，を考えてみる．

まず，「統合報告書」に至るまでの歴史的背景について簡単に振り返った後，目的適合性のある統合報告書の要素として，①統合報告書の想定する読み手，②マテリアリティ，③メトリックス，の3点について検討していくこととする．

第1節 統合報告書に至るまでの背景

1 統合報告を形成する3つの流れ

Integrated Reportingという言葉が広く用いられるようになったのは，[2] 2010年のGlobal Reporting Initiatives (GRI) と，Accounting for Sustainability (A4S) による，International Integrated Reporting Committee (IIRC, 後にInternational Integrated Reporting Councilに名称変更) の設立からである．[3]

設立の母体となる2つの組織の背景，および設立時のメンバーを見てみると，主として3つの流れが存在している．

1つは，財務的な価値で表現できない目に見えない資産（intangibles）が企業の活動とその成果に及ぼす影響が拡大してきたことに対する問題意識である．貨幣的な価値で計測できない知的資産に対する取り組み（ナレッジマネジメントや，主として欧州中心で進んでいた知的資本に関する調査研究）がある．同時に財務的な報告だけでは，資本市場におけるコミュニケーションを充足できないという問題も，米国を中心に1990年初めか

---

[2] IIRC設立以前に，Robert EcclesとMichael KrzusがIntegrated Reportingという言葉を著書である*One Report*のコンセプトを示すために用いていた．しかし，彼らの概念を実務に展開するとも言えるIIRCの設立とともに，Integrated Reportingが組織名として使われ，概念として定着していった．

[3] 日本でIntegrated Reportingに対して「統合報告」という翻訳が定まったのは，2011年年初である．それまでは，「統合的ビジネスレポーティング」「統合的報告」などの言葉が利用されていた．
参照：http://makersmark.co.jp/wici2010/img/outline/summary_j.pdf

らいくつかのレポート（例：1994年に公表されたジェンキンス特別委員会報告, Enhanced Business Reporting Consortium Business Plan, 2004年）により指摘されている．財務情報で表現できない部分に対する問題意識という点では，後述するSustainability Accounting Standards Board（SASB）も同様である．

　もう1つは，環境問題や人権など社会的な課題に対する意識の高まりである．環境に対する取り組みが，企業経営とその成果に大きく影響を及ぼす様々な事件や，地球温暖化に対する問題提起，サプライチェーンのグローバル化に伴う課題の表面化など，企業活動が与えるインパクトが広く認識され，社会的な課題解決のための企業のあり方についての議論が高まってきた．

　国連を中心とする国際的なイニシアティブ（例：国連環境計画，国連グローバル・コンパクト）も，社会的な啓発活動に大きく貢献してきている．

　最後に，たび重なる市場の失敗や短期指向の蔓延などの弊害を鑑み，資本市場の機能を持続的な社会の実現につなげるための仕組みの重要性が明らかになってきたことである．市場の意思決定に用いられる情報（財務，非財務の双方）の信頼性や透明性の向上が，公正な資本市場の形成だけでなく，企業経営や限りある経営資産の有効活用と，持続的な社会の実現につながるという認識である．

　特に，南アフリカのMervin King博士が主導したキング・レポートは，IIRCにおける議論形成に大きく貢献している．

　IIRCフレームワークには，この3つの流れの関係性を整理しつつ，意思決定を媒介するコミュニケーションのあり方の1つの形を示している．したがってフレームワークに従った報告書を作成することに意味があるのではなく，資本市場を形成するそれぞれの主体が担っている責任を果たし，社会貢献するための活動を継続できるためのツールの1つとして用いることが求められる．

2　日本での議論と展開

　日本においては，2003年に提唱された「知的財産立国」に向けた施策

である知的財産報告書は，非財務情報の資本市場の関係者に向けた開示の取り組みであり，画期的なものである．その後，開示の対象を知的財産から，より広く「知的資産」として定義しなおし，知的資産経営の開示ガイドラインとして公表されている．

この取り組みの土台となったのが1974年から2000年まで継続されてきた「企業経営力委員会」による「総合企業経営指標」の議論[4]であった．

「知的資産経営の開示ガイドライン」の制定［経済産業省，2004］の背景は，統合報告書の背景にある問題意識と類似（資本市場と企業のコミュニケーション・ギャップ，過去から現在，現在から未来への価値という時間軸の考え方，メトリックスの取り扱い，開示による企業内のプロセス改善や効率化へのインパクトによる好循環など）しており，IIRCフレームワークの議論の展開に大きく貢献している．

知的資産経営報告書は，2013年ごろより地方金融機関との連携[5]をより進め，中小企業を中心に広く浸透している．

1990年代初めから，環境報告書の作成が始まっていたが，GRIのガイドラインの公表や，それに伴う欧州での動きに呼応するように，2003年ごろから，CSR報告書に多くの企業が取り組むようになった．しかし，2012年に環境省のガイドラインが改訂されるまでは，環境報告書の要素が強い．これは，日本における現在の統合報告書の特性にも影響を及ぼしているようだ．

日本取引所グループと日本公認会計士協会が，IIRCの設立時から主要メンバーとして加わっていたこともあり，「統合報告書」の作成に取り組む企業数は，諸外国に比べて多くなっている．

4） 亜細亜大学池島政弘教授のプレゼンテーション「総合経営力指標から知的資産経営へ」(2006年) で整理されている．
 http://www.meti.go.jp/policy/intellectual_assets/oecd/8th-2/ikeshima.pdf
5） 経済産業省知的財産戦略室「地域金融機関と連携した知的資産経営の推進について」(2013年)．
 http://www.meti.go.jp/policy/intellectual_assets/pdf/chiikikinnyukikan20131202.pdf

3 成長政策のツールとしての統合報告書

2013年にスタートした第二次安倍政権の経済政策であるアベノミクスの中で，コーポレートガバナンス改革は大きな位置を占めている．

2014年2月末に金融機関を対象とするスチュワードシップ・コードが示されて，2015年3月にはコーポレートガバナンス・コードが公表された．スチュワードシップ・コードには，2016年12月末で200を超える機関投資家が受け入れ表明を行っている．

コーポレートガバナンス・コードについては，東京証券取引所の上場規則の中に組み込まれ，すべての上場企業が適用の対象となっている．

この2つのコードは「車の両輪」と言われているが，この両輪が円滑に動き，中長期的な価値の向上を実現するためには，建設的な対話が不可欠であり，統合報告書には，そのためのツールとしての役割を果たすことが期待されている．日本再興戦略においては，報告書だけでなく，統合的な開示の進展に必要な施策について具体的な検討事項が示されている．

第2節 目的適合性のある統合報告書のために
──統合報告書の読み手を明確にする

統合報告書を作成する企業は増えている．では，何のために統合報告書を作成するのだろうか．IIRCフレームワークでも明示されているように，統合報告書は，統合報告（Integrated Reporting）に基づく企業活動を外部に対して説明するためのものであり，成果物の1つである．その目的を達成するためには，まず，自らの企業活動を誰に対して説明するのか，さらには誰が何を説明する責任があるのかを明確にすることだ．統合報告書の内容を決定する責任を有するマネジメント層だけでなく，作成に関与するチーム内で十分に共有しておかなければならないだろう．

企業のコミュニケーションの相手先は多様である．情報通信技術の進化やインターネットの登場により，コミュニケーションのスタイルは大きく変化している．時間や距離が大きな弊害ではなくなってきている現状を鑑みると，企業はますます，開示に際しては綿密な計画に基づいて行う必要

が出てきている．その中で「統合報告書」は，通常は投資家に向けて作成すると位置づけられている．

では，なぜ投資家向けなのだろうか？　加えて，どのような投資家を想定するのか，さらには，実際の株主となっている投資家はどのような投資哲学を有しているのか，という点に対する理解は，「投資家に向けて作成する」と位置づける前提であることを，ここで指摘しておきたい．

企業の発信する情報がインベストメント・チェーンの中で活かされるためには，企業の価値向上に大きな影響を与える重要な読み手が「投資家」であると明確に方向性を定め，それゆえに投資家が企業についてより理解を深めるためのツールとしての媒体を作成する必要がある．加えて，内部での認識の共有が重要である．投資家と企業の資本市場を通じたウィン・ウィン（Win-Win，双方にとって有意なこと）の関係構築の必要性が指摘される中，ビジネス上の重要な関係者としての投資家への企業の対応は大きく変わりつつある．スチュワードシップ・コードとコーポレートガバナンス・コードという2つのコードに対する取り組みが，成長政策の一環として行われていることは，これまでの日本の資本市場で軽視されがちであった投資家との適切な関係の構築が，グローバルで進む経済構造の地殻変動の中で，不可避なものとなっている事実の表出であろう．

統合報告書の読み手を明確に定めることは，CSR報告書などで見られる「マルチ・ステークホルダー」からの転換でもある．どのステークホルダーが組織の価値向上に影響が大きいかを明らかにすることは，限られた経営資源の配分の決定につながる．企業を取り巻くステークホルダーの間には，コンフリクトがある．経営資源は無限ではなく，経営者には価値を最大化するための集中と選択を常に求められる．これは，ビジネス上，何がマテリアルであるかの総合的な認識と判断に依存している．統合報告書が価値向上のためのコミュニケーションを目的に作成するのであれば，自らの組織にとって，最も関係の深いステークホルダーは誰かを定めることにつながる．その結果，統合報告書が目的ある開示媒体として活用されることとなり，有意なものとなるのである．

ステークホルダー間のコンフリクトの存在を公言することは，日本の企

業文化とはそぐわない面がある事情は否めないが，優れた報告書を作成している先進的な企業の中には，具体的な取り組みとして対応する事例が散見されるようになってきた．

　企業は多くの開示資料を作成している．統合報告書の作成を目指すきっかけは一様ではないが，グローバルで「統合報告書」への関心が高まっている経緯（前節で記述）を鑑みると，統合報告書を有意なものとする第一歩は，経営者が，自社を取り巻くステークホルダーとの関係を整理し，そのうえで，それぞれのステークホルダーが価値向上のためにどのように結び付いているのかを議論し，多様な情報をストーリーとして形成したうえで，理解を共有，特に取締役会のメンバーとしておくことである．これは，重要なステークホルダーのみを考慮することなどではない．IIRCフレームワークでも提起しているように，その成果が結果として，企業が社会の公器として，自社にかかわるすべてのステークホルダーに便益をもたらす責任を果たすための道筋でもある．

　企業は限られた経営資源を効率よく活用し，価値を創出しうる最大の経済主体である．そして，この活動のために必要な最も重要，かつ不可欠な資本は財務資本であり，アウトプットも最終的には財務的価値となり，アウトカムとして社会的な影響を及ぼす成果や価値へと結び付いていく［IIRC, 2013］．

　読み手を投資家に代表される財務資本の提供者を第1とする考え方は，時として「投資家偏重」ととらえられ，企業が掲げる使命や目標と乖離があるようにとらえられてしまう場合もあるようだ．特に，日本企業の場合には，経営者に抵抗があるように見える．これは，様々な企業の「経営者メッセージ」を読む中で，うかがい知ることができる．

　しかし，ゼネラル・エレクトリック社（GE）の統合レポートには，投資家に向けたメッセージの中で，GEが顧客を大切にすること，従業員のスキルを向上させることなどが，どのように企業価値の向上に結び付いているかが説明されている．「統合」というタイトルが付されたのは，2016年発行のレポートからであるが，IIRCのフレームワークが公表される以前の報告書（2012年）における投資家に向けた経営者のメッセージを確

図表4-1　ゼネラル・エレクトリック社による報告書（2012年）

経営者の認識 外部環境，機会と リスクをどのよう にとらえているか	「いま世界が何を必要としているかを考え，より良い方法が必ずあるとの信念を持ってソリューションの絶え間ない発明と創出を行うこと」がGEの企業文化であり，社員の誇りの源である． 2012年の経済情勢について，中国の成長は続くのか，欧州の先行きの見通し，米国の政策が消費者に及ぼす影響，インフレが景気回復の悪影響になるのでは，ということに注目している． 強力なリスク管理と十分なキャッシュ，将来が不透明であっても投資する意欲に優れた人材が必要だが，わが社にはその基盤がそろっている．
戦略 認識している外部 環境，機会とリス クを踏まえ，どの ような戦略を持っ て企業価値を上げ るのか	強力なポートフォリオを構築することで，利益の拡大を実現している．最優先事項は強力で競争優位性のあるインフラストラクチャー事業を構築し，他社や世界の成長を上回ることである． 2010年には，業務実績の拡大推進を目指し，「GE Advantage」というイニシアティブをスタートさせており，GEの代表的なツール（リーン生産方式，シックス・シグマ）を用いて成果をあげている．
ガバナンス 戦略を実現するた めの体制としての ガバナンスはどう なっているのか	取締役は株主にとって重要な分野に焦点を当てて活動している． 常にベスト・プラクティスを学び，推進するとともに，社員トレーニングとリーダー育成に投資している．規律あるリーダーを登用，育成することが最善であり，優れた経営者による卓越した成果を実現している． 報酬プログラムは，リーダーシップ文化と長期的視野の重要性を支持する目的で策定されている．
業績および見通し どのような指標で 成果をモニターし ているか そして目標・実 績・進捗はどうな っているか	ポートフォリオの最強化により，内部成長率が5％〜10％になる見込みである． 成長市場におけるGEの売上高は，2012年に15％前後増え400億ドル近くになる見通しである． 企業買収では，精通している業界で10億〜30億ドル規模の案件に絞ると成功の可能性が高まることが判明したので，2012年は大規模な買収は期待しないでほしい．

認すると，統合報告フレームワークなどの統合報告書が提起する内容要素は，おおむね含まれている（図表4-1）．エクセレント・カンパニーと称賛される企業においては，統合的思考（integrated thinking）が結果として，実践されており，必然的に開示資料の中で実現されている象徴的な事例であろう．

日本企業にはこれまで，長寿企業を中心に「三方よし」を行ってきた自負を持つ例が見られる．しかし，これは，「三方」のすべてが「同じ」ということではなく，相互の関係を良好かつ，適切な維持が，価値を生み続けることにつながるという自戒であろう．企業を取り巻く資本市場のありようが，大きく変わろうとする中で，企業が自社の価値向上に資する事業関係を構築するためには，「誰に対してのコミュニケーションであるのか」を改めて確認すべきである．そのうえで，その相手に対する情報の内容，手法などの検討へと進んでこそ，目的を果たすことができる．

　Eccles and Krzus [2014] では，ステークホルダー・エンゲージメントに関する情報の開示内容を確認することで，統合報告書が有意なものとなるための必要性について指摘している．

第3節　マテリアリティ・マトリックスへの径路

1　マテリアリティとは何か

　マテリアリティという言葉に適切な訳語をあてることはきわめて困難である．[6]　IIRCの統合報告フレームワーク（IIRCフレームワーク）においては，原則の1つとして示されている．IIRCフレームワークでは，マテリアリティの項において「統合報告書は，組織の短期・中期・長期の価値創造能力に実質的な影響を与える事象に関する情報を開示する」としている．企業が創出する価値は，それぞれに異なるものであるから，当然，これに影響を与えるものは企業によって違うはずである．つまり，企業は自らが定義を行うものなのである．

　企業報告基準やフレームワークを提起している団体はそれぞれに異なるマテリアリティの定義を行っている．これは，マテリアリティが，「作成の目的」「報告の対象者」「報告の範囲」によって異なるからである．

6）マテリアリティを「重要性」と翻訳している例（IIRCフレームワークの翻訳版）は多いが，他の英単語（例えば，important, significant）と厳密に区別するため，英文でmaterialityあるいは文法上materialと表される概念についてはカタカナ表記とする．

図表4-2 EcclesとKrzusによる団体ごとのマテリアリティの整理

	規制／ 制度設定主体	アカウンタ ビリティ	CDP	GRI	IIRC	SASB
作成主体	公開企業	企業	企業，サプライ・チェーン，都市	企業，教育機関，非営利団体，都市，政府機関	企業	米国の主要企業
分析の単位	エンティティ	エンティティ	エンティティ	エンティティ	エンティティ	セクター
対象範囲	企業	企業	企業	企業より拡大することが可能	企業より拡大することが可能	企業
想定 ユーザー	合理的な投資家	株主，その他ステークホルダー	主要株主	株主を含む主要なステークホルダー	財務資本の提供者	合理的な投資家
規制適用への志向	Yes	No	No	No	No	Yes
時間軸の明示	No	Yes	No	Yes	Yes	No
エンゲージメント	No	Yes	No	Yes	Yes	No
社会的インパクトへの配慮	No	Yes	Yes	Yes	間接的にYes	間接的にYes

（出所）Eccles and Krzus [2014].

Eccles and Krzus [2014] では，団体ごとのマテリアリティについて整理（図表4-2）を行っているが，その後，IIRCによる2つの文章（Materiality in 〈IR〉とCRDによる整理）が著されたので，紹介しておく．

IIRC [2015] では，マテリアリティの一般的な概念の共通点として，「ある事象について，合理的な情報ユーザーが評価を行うにあたって，その判断に差異をもたらす可能性のある情報」を指し，財務情報／非財務情報はともに共通する概念であるとしている．そしていずれも「マテリアルな情報の虚偽記載もしくは脱漏していること」が問題であると指摘している．非財務情報の報告基準の多く（AA1000，SASB，GRI）は類似したマテリアリティ特定プロセスの手順（事象を特定するための情報収集，評価軸の設定・優先度づけ，マテリアリティの見直し）を示し，ステークホルダーの関心事を考慮することは不可欠な要素となっている．

相違点としては，それぞれの報告にあたり，目的・想定する読者・報告対象の範囲が違うため，1つのマテリアリティ概念ですべてを満たすことは困難であるとの指摘をした．財務報告のマテリアリティは財務数値を閾値として測定するため，その特定プロセスはきわめて客観的かつ限定的である点についても触れ，非財務報告は定性的な情報が中心であるがゆえに，判断や評価軸は多様で，マテリアリティ特定プロセスは主観的で複雑ならざるをえない点を指摘している．

　その後，CRD［2016］では，参加団体で共通のマテリアリティについての定義を試みているが，最終的には，「マテリアルな情報とは，すでにある評価や分析に違いを表示させるかもしれない情報を指し，マテリアルな閾値は定性的，定量的を問わず，最終的には経営者が決定する責任を負う」とし，企業経営者の責任に言及している点が重要である．

　図表4-3において，CRD［2016］に基づき，各団体の定義の整理を行う．

　各団体の定義には，目的としている開示の内容，およびその対象とするユーザーの特性が反映している事実がよくわかる．

IIRCのガイドラインに見るマテリアリティの決定プロセス

　数多くのCSR報告書において，これまでも自社にとってのマテリアリティの検討が行われ，結果なども開示され，そのうえで，その課題に対する取り組みや成果などが示されてきている．統合報告書での記載においても，そのプロセスはほぼ同様である．

　まず，様々な媒体からの情報収集を行い，想定される網羅性を考慮した一覧表を作成し，評価軸を設けて優先度を付けて開示項目を選択していくことになる．この際，さらに情報ソースの選定においては，企業にとって重要なステークホルダーの関心事を考慮すること，評価軸に影響度・発生確率を含めることは不可欠な要素として考えられている．

　しかしCSR報告書の多くはGRIのガイドラインに基づいて作成されているため，利用者について「主要なステークホルダー」と表記しているのみであり，明確な定義を置いてはいない．前述したように，ステークホルダー間には，（特に短期的には）コンフリクトが生じている実情を鑑みる

図表4-3 CRDに基づく団体ごとのマテリアリティの定義

組織	定義／原則
CDSB	環境情報は，①大きさや内容が，組織の過去，現在，未来の財務状況と業績，戦略遂行の可能性に重要な正または負の影響が予測される場合，②省略，不記載，あるいは，誤解を招くことで，主要な利用者が組織に対する何らかの決定となってしまう場合に，マテリアルなものとなる.
FASB	その情報の欠落や誤った表示によって，財務情報を根拠に意思決定を行う利用者に影響を与えうるような情報はマテリアルである. 現在（2017年9月），改定作業中である.
GRI	マテリアルな側面とは，組織の重大な経済的，環境的社会的インパクトに影響し，あるいは，ステークホルダーの考察や意思決定に実質的に影響を及ぼすことである.
IASB	省略したり，間違っていたりすることで，通常の目的を持つ財務報告書の利用者がある特定の報告企業に関する基本的な財務情報に基づいて行う意思決定に影響を及ぼす場合には，その情報はマテリアルである.
IIRC	組織の短期・中期・長期の価値創造能力に実質的な影響を与える事象に関する事項がマテリアルである.
ISO	組織の活動に関係する幅広い課題が特定された段階で，組織は特定された課題を慎重に検討し，どの中核主題および課題が組織に最も深く関係し，組織にとって最もマテリアルかを判断するための基準を策定すべきである.
SASB	脱漏していた情報がもし開示されていたとしたら，合理的な投資家が利用する情報の位置づけを著しく変更していた可能性が大きいようなもの.

（出所）CRD［2016］.

と，その結果をそのまま統合報告書で求められる「事業におけるマテリアリティ」とすることはできない.

加えて，「何に対して影響を与えるのか」の検討においても，CSR報告書では環境や社会などに代表される社会的なインパクトが中心にあるが，統合報告書では通常は，主要な読み手とされる財務資本の提供者にとっての，財務的なインパクトに関心がある.

IIRC［2015］によるマテリアリティの決定プロセスは，次のとおりである.

① 価値創造能力に影響を与える可能性を踏まえ，関連性のある事象を

特定する．

　関連性のある事象とは，組織の価値創造能力に影響を与える，または影響を与える可能性のある事柄であり，IIRCフレームワークで示されている内容要素（組織の戦略，ガバナンス，実績または見通し）に与える影響の検討により特定される．ビジネスサイクルに基づく時間軸も踏まえた検討を通じ，経営者やガバナンス責任者は社内外のバリュー・チェーン上の関連事象について新たな洞察を得ることができる．

　② 関連性のある事象の重要度（importance）を，価値創造に与える既知のまたは潜在的な影響という観点から評価する．

　関連性のある事象のすべてがマテリアルなものではない．事象の影響の大きさを評価し，発生の不確実性を鑑みて，発生可能性を評価していく．

　IIRCフレームワークでは，目的を定め，経営者が判断するとしている．マテリアリティは，組織の持つ価値観や目的と，重要とする読み手の関係性の中で，経営意思として決定されるものであるからだ．

　③ 相対的な重要度に基づいて事象を優先づけする．

　事象の特定後は，相対的に優先づけを行い，資源配分にかかわる意思決定に活かしていく．資源配分は，戦略の遂行のための行為であり，時間軸の設定，外部環境の変化，戦略策定などのタイミングで，継続的に見直し，検討を行う．

　④ マテリアルな事象に関して開示情報を決定する．

　マテリアリティの開示内容も，経営者が判断することになる．中長期的な企業価値向上実現への道筋を示すための根幹となる部分であり，場合によっては組織戦略を競合他社に知られてしまうリスクもあるからである．したがって，詳細で具体的な内容を伴う結果の開示よりも，経営者が有するマテリアリティの決定への考え方やそのプロセス，根拠や判断基準などについて示せば，読み手の意思決定には必要十分であるとも言える．プロセスに関するエンゲージメントがなされれば，双方における思考・論理の相違点が明らかになり，理解しあうためのベースとなっていく．簡潔性，結合性も，統合報告書に求められている原則であり，開示情報を絞り込んでこの原則を実現する論拠としてもマテリアリティの決定プロセスは有効

となる.

2　メトリックスをどう考えるか

非財務情報のメトリックス

　非財務情報の多くは，定性的，記述的な情報である．しかしながら，読み手である投資家にとって有意義なものであろうとするならば，定量的な情報によって，定性的な情報を補完することが求められる．

　通常，企業においては，経営管理上，多くの数値的な情報を用いている．実態をそのままに，すべてを確認し続けることは不可能であるから，経営目標の状況を表す代理指標，あるいはわかりやすい定性的な情報をモニタリングする．バランス・スコアカードによる管理手法は，その1つである．KPIと称されることが多いが，KPIと言ってしまうと，定量的，かつ過去の結果指標であり，遅行指標という意味合いが出てきてしまう．非財務情報によるコミュニケーションで用いるメトリックスは，定性的なものもあり，プロセス指標，先行指標という性質をあわせて有している．

　また，非財務情報の開示において求められる指標について，ECRA[2010]の整理に基づく，2つのカテゴリーからの検討もあるだろう．

　1つは，ソーシャル・ライセンス的なものであり，もう1つは，差別化のためのものである．

　ソーシャル・ライセンス的なメトリックスの開示は，制度的に定められていることが多い．企業が社会的存在である以上，そこで業務を行ううえで，必然的に義務として求められる内容である．例えば，制度上，あるいは社会通念上，開示が要請されているCO_2排出量や，水の消費量といった類である．

　米国における紛争鉱物に関する開示の要請や，2016年には，英国における現代奴隷法の発効など，より具体的かつ厳密な対応を求める事例も出てきている．

　多くの企業がCSR報告書などで開示しているこれらの指標は，GRIのガイドラインに基づくものが多く，「なぜ開示するのか」ということよりも，「ガイドラインで開示が求められているから」あるいは，「各種のイン

デックス（例：Dow Jones Sustainability Index, FTSE4Good）で選出されるため」という事由で，収集，開示されている傾向が否めないようだ．このため，一覧表という形式での開示も多い．

一方で，統合報告書における説明の裏づけとなり，読み手の理解を促すためのメトリックスの開示は，マテリアリティを具体的に示すものであり，価値向上への取り組みを語る中で用いられることが期待されている．これは，差別化，競争優位を示すための開示であると言える．

ビジネス環境や業種によってはソーシャル・ライセンス的な開示内容が，自社の差別化や競争優位を占める論拠となるケースもある．例えば，電力消費量のきわめて大きな製造業の場合には，CO_2排出量の削減は作業効率の向上と密接に関係がある．

統合報告書が投資意思決定に活用されるには，投資家の将来価値の予想に資するものである必要がある．このため，マテリアリティに基づき，財務的成果を実現するための先行指標であると合意できるものの開示がなされていなければならないだろう．

この先進的な例と言えるのが，欧州における証券アナリストの団体であるEFFASが2010年に公表した指標群[7]である．この指標の特徴は，定量的なものだけでなく，定性的なものも共通なメトリックスとしている点，また，産業別のアプローチである点も含めて，後述のSASBのメトリックスの構成と類似している．

さらに，課題となるのは，メトリックスの対象範囲である．マテリアリティを検討する場合にも言えることだが，自社のバリュー・チェーン（サプライ・チェーン）を包括とした開示が統合報告書では求められるであろう．

現実の例を見てみると，財務情報の開示については連結ベースで行われているにもかかわらず，非財務情報の開示においては「単体」の範囲にとどまっている例が多い．コーポレートガバナンスの進化に伴う，グループ

---

[7] http://effas.net/pdf/cESG/KPIs_for_ESG_3_0_Final.pdf
EFFASで本プロジェクトの中心であったRalf Frank氏は，2013年のIIRCフレームワーク公表時のIIRCのカウンシルにおける委員でもある．

経営体制のあり方，子会社管理との関係の見直しなどとも関連して，今後の見直しや検討が求められる課題の1つである．

3　KPMGのレポートに見る現状とメトリックスの例

　KPMGでは，統合報告書を含むアニュアルレポート全体の改善の余地を示す調査報告書を2016年5月に公表している［KPMG, 2016］．この中で定量的な情報の開示に関する示唆を，事業報告を構成する6領域で提示している．

　業績報告の多くは，投資家が求めるような信頼性が担保されている情報は過去の財務業績が中心であり，長期的な視点を期待するのであれば，これに呼応する性質の情報提供が必要であるとしている．必ずしも業績予測の提示を求めているわけではなく，将来の財務成果に影響を与えるような指標（例：受注高）を示す可能性を提言している．すでに，47%のレポートで，何らかの非GAAP指標が使用されているために，可能性は高いのではないか，としている．

顧客や売上げに関する情報

　当該年度の売上げや営業収益を示すだけでは，過去から現在，現在から将来にわたるストーリーを提示しているとは言えないのだが，追加的な情報開示は，41%にとどまっている．顧客定着率や顧客満足度などは，見通しを予想するためには有意な指標だが，開示は6%にすぎない．通信業界を見ると53%が開示しているなど有意性と開示できる可能性が高いと考えられる指標であり，他産業の企業においてもその可能性が高いのではないか，と指摘している．

ブランドや市場シェア

　対外的な位置づけの明示は，市場における強味や，将来にわたる業績の確実性を裏づけるものであると考えられるが，15%の企業でしか開示されていない．また，その場合でも，単年度のものとなっている．

知的資本

　専門的領域の知識や技術については，企業機密の関係から開示に懸念がある事情を指摘しつつも，客観的な指標も公には存在しており，有意な情報となる可能性を示唆している．

事業効率

　事業効率を示す一般的なメトリックスについての開示は71％であるが，改善しているのかどうかなど状況を示すものは，40％のレポートにとどまっている．一方で，利用価値の高い情報として，資源関連の産業では，「持続可能性を考慮した包括的原価」の開示が一般的であり，他産業に拡がる可能性のある指標の一例として示されている．

人材

　人材に関する指標は73％のレポートで開示されているが，投資家にとって意味のあるものとはなっていない．例えば，定着率を単に記すだけでなく，優秀な人材，あるいは事業戦略と関連のあるスキルの確保の程度などを示す指標が有用となる．事業の効率性とも関係のある労働関係の指標についても7％程度の開示となっている．

製品

　業績指標については58％のレポートで開示されている．新製品の販売については21％，また製品リスクなどを取り上げているケースも18％あるものの，安全性に関する指標はわずか5％の開示にとどまり，何らかの示唆を与えるような内容とはなっていない．

　KPMGレポートにおいては，各領域での現状を鑑み，①経営にかかわるKPIで長期的視点を示す，②戦略に適合した投資家にとって実務に資するKPIを提供すること，を報告書における改善点として提示している．

図表4-4 KPMGレポートに見る現状とメトリックス

	内　容	指標の例
顧　客 および 売上げ	満足度	業者が提供する満足度，顧客満足度調査
	定着率	顧客回転率，獲得数や訪問や来店数，再来店率，顧客ロイヤリティのための会員制度
	顧客	顧客数，顧客層のプロファイル
	売上転換率	クロス・ライセンスと収益の関連性，顧客当たりの平均売上げ，アップグレード率
	集約度	1人当たりあるいは一定の面積当たりの売上げ，利用者または訪問者当たりの平均売上げ
ブランド および 市場シェア	ブランド／市場シェア	ブランドの市場シェア，全体の市場シェア
	ブランド認知	ブランド・ランキング，ブランド認知度
	レピュテーション またはブランド価値	ブランド評価
知的資本	新製品に関する実績	直近のX年度に開発された製品からの収益
	専門知識	主要人材のプロフィール（資格など），専門人材の定着率，ナレッジ・ベースの利用度
	開発パイプライン	新製品の開発段階ごとの事実分析
	その他の定量指標	取得特許，新製品の発売件数，非GAAPのコスト
	特許	一定期間内で特許切れを利用している製品からの収益
事業効率	稼働率	人材の活用，資産の活用，生産能力の見通し
	差異分析	生産歩留まり，予定した原価や原料との差異
	生産原価基準	ユニット原価，固定／変動原価基準，原価構成
	効率化の取り組み	原価引き下げ努力で予想される効果
人　材	主要人材の定着	特定の主要人材の定着率
	手当て，研修，柔軟性	研修時間や費用，研修完了率，柔軟な勤務体制の有無
	安全衛生	非労働時間，障害率
	生産性と労使関係	欠勤率，生産性，労働組合／労働協約の詳細，労働争議の有無
	専門知識	資格内容やレベル
製　品	新製品	前年に発売の新製品および実績
	製品売上げ	製品カテゴリーごとの売上げ
	製品の品質／安全性	製品不具合／リコール率，品質管理指標
	製品価格／販売高	主要製品群の価格／販売高

（出所）　KPMG［2016］.

第4節　SASBの概要

　目的適合性のある統合報告書を作成するための大きな論点は，環境や社会的な要素に加えて，より財務的価値に影響があり，合理的な投資家に代表される統合報告書の利用者の意思決定に影響を及ぼす人的資本や知的資本に関する内容の検討と，とりわけマテリアリティに関する対話を促進するためのメトリックスの整理である．KPMGの調査［KPMGジャパン，2016a］でもマテリアリティ評価結果の開示を行っている企業は15％（31社）にすぎず，財務資本にかかわる指標は含まれていても，人的資本に関するものは8％，知的資本においては全体の3％にすぎない．

　SASBの活動は，目的適合性のある開示を実現するために，情報の利用者をはっきりと定義し，そのうえでターゲットとする利用者にとって意味のある情報を提供するという姿勢が明確である．そこで，SASBのコンセプチュアルフレームワーク［SASB, 2016a］の内容を中心に，マテリアリティとメトリックスを結び付ける具体的な例として確認していく．

　2017年2月に，コンセプチュアルフレームが確定し公開された．ほぼSASB［2016a］と変更がない．SASBフレームワークの全体像を図表4-5において示す［芝坂，2016］．

SASBの概要

　SASBは，ハーバード大学のInitiative for Responsible Investmentの研究成果を背景に，2011年に設立されたサンフランシスコに本部を置く非営利団体である．

　SASBの大きな特徴は，資本市場にかかわる多様な組織での責任を担った実績を持ち，社会的な啓発活動において影響力を有する人材を多数巻き込んでおり，彼らのコミットメントを示すことで，現実の課題に対する問題意識とその解決のための知見を有している組織として衆目を集めている点にある．実際，SASBの活動はきわめて精力的なものである．

図表4-5 SASBフレームワークの全体像

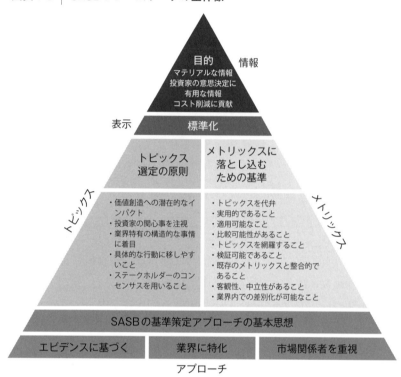

(出所) 芝坂 [2016] より転載.

SASBの目的と特徴

　SASBは，米国証券取引所の上場企業に対して，環境・社会・コーポレートガバナンスなどに代表される非財務要素が有する事業への影響の認知を促し，さらには，これらの情報の開示を促すことを目的としている．

　その目的を果たすために，活動の特徴として次の2点がある．

　第1に，情報の利用者を資本市場のプレイヤー，特に，投資家に焦点を当てていることである．このため，投資家の意思決定に貢献できる要件を有する情報の開示を提起している．

　投資家はそれぞれに独自の投資哲学を有しているために，判断基準やその手法は多様である．しかしながら，企業価値の多くが，過去の財務的な

実績以上には，従来の開示やコミュニケーションでは十分に対応されてこなかった．市場価値評価が大きく非財務的な要素に基づいている現状が認識されている状況[8]を鑑みると，投資家の意思決定に貢献できる情報体系の整備は，資本主義経済のベースとなるインベストメント・チェーンの高度化のためには不可欠なものと言えよう．

SASBでは，比較可能性を実現するために10セクター79業種の基準の策定に注力し，2016年4月に，暫定版基準書を公表するに至っている．精力的に情報提供者（企業）と投資家側への暫定版の試用を推進し，2017年第3四半期までの最終化を目指している．

SASBによる調査［SASB，2016b］によると，SEC登録会社のうち，持続可能性にかかわる内容において開示の4分の3以上についてSASBを用いて説明できる企業が69%であり，38%の企業においては，該当する業界のSASBのトピックスをすべて開示している実態が示されている．

投資家側の意識調査では，PwC［2016］から，43%の投資家がSASBによる開示を望んでいることがわかる．これは，GRIの倍（GRIは21%）となっている．本調査で興味深いのは，企業の側はGRIを80%が採用しているが，SASBについては0となっている点である．

第2に，適用のターゲットをまず，米国企業に焦点を当てていることにある．米国は世界最大の資本市場であり，投資家も多様である．影響力も大きく，米国で認められた基準であることにより，グローバルでの展開の可能性も高くなると思われる．

このために，厳格な設定プロセスを経た基準設定（サステナビリティ会計基準（SAS）の認定資格）を米国国家規格協会（American National Standards Institute）から得ている．これにより，SASBの基準が公正妥当なものであり，投資家の受託者責任との離齬のない活用が可能となりうる．

一方で，SASBはグローバルへの展開も視野にいれている．[9] SASB基準

---

8) 例えばOcean Tomo社による調査結果などがある．
http://www.oceantomo.com/2015/03/04/2015-intangible-asset-market-value-study/
9) 2016年6月のICGNカンファレンス会場におけるSASBディレクターJanine Guillot氏の発言による．

のダウンロード件数は，米国だけでなく，日本や欧州からのものも多くなっており，関心の高まりが見られる．

サステナビリティに影響を与える要素

SASBの活動の背景には，現行の財務会計基準で取り扱うことができるサステナビリティ課題には限界があるという認識がある．サステナビリティ課題が企業の価値に影響を与えている現状を踏まえて，財務会計基準を補い，資本市場におけるアカウンタビリティを向上させることを目的としている．その成果の1つとして，価値創造に係る全体像の提示につながっていくと見ている．

SASBが対象とする課題は5つに分類される（図表4-6）．

SASBのマテリアリティとメトリックスへの落とし込み

SASBにおけるマテリアリティの定義は，米国最高裁の判例に基づくものであり，「脱漏していた情報がもし開示されていたとしたら，合理的な投資家が利用する情報の位置づけを著しく変更していた可能性が大きいようなもの」となっている．SASBの産業別の基準では，まず，定義したマテリアリティに基づき，図表4-6で示されるサステナビリティに影響を与える課題を踏まえながら，共通のトピックスが選定され，それを示すためのメトリックスへと落とし込まれていく．トピックス選定の原則は以下のとおりである．

① 価値創造への潜在的なインパクト

財務的価値への影響を中心に検討し費用対効果，資産と負債，資本コストなどを含むリスクを重視する．

② 投資家の関心事を注視

直接的な財務影響と財務リスク，規制関連，業界特有のルール，株主の関心事と社会的影響，革新の機会などに重きを置く．

③ 業界特有の構造的な事情に着目

④ 具体的な行動に移しやすいこと

⑤ ステークホルダーが相互に合意している事項と一致

図表4-6　SASBが対象とする5つの課題

①	環　境	企業が環境に及ぼす影響を指す．ここでは2つのチャネルに着目．(1)製造のインプットとしての利用，(2)外部不経済や排出．	
		GHG・大気汚染 水管理（排水含む） 生物多様性	エネルギー管理・燃料管理 廃棄物・有害物質の管理
②	社会資本	社会が企業に求める役割や操業することの見返りとしての企業の社会への貢献を指す．ここには関係資本や「責任ある企業経営」のための活動も含まれる．	
		人権尊重・コミュニティとの関係 顧客の便益 公正な表示	製品へのアクセス（購入できるレベルを確保することを含む） 情報セキュリティ，個人情報の管理 きちんとした広告活動
③	人的資本	価値を生み出す本源的な資産として人を位置づけ．具体的には生産性，スキル，労使関係を含み，従業員などの健康・安全（EHS）もこの一部である．	
		労使関係 多様性（利他的な活動） 採用，人材開発，人材の維持	まっとうな労務慣行 報酬
④	ビジネスモデルと革新	①環境，②社会資本，③人的資本を組み合わせたプロセス全体にかかわるイシュー．経営資源の効率的な活用や製品のライフ・サイクル（設計，使用，廃棄）にかかる革新プロセス（効率性，責任）に重きを置いている．また，資産管理（自社および預託されたもの）もここに含められる．	
		財・サービスのLCA 製品の包装	会社資産とオペレーションへの環境影響評価，社会的影響評価 製品の品質と安全性
⑤	リーダーシップとガバナンス	負債となりうるイシューの適切な管理を指す．例えば，ビジネスや業界慣行に内在するジレンマ，ステークホルダーとのトレードオフは対応を誤ると企業の存在そのものを危うくする．具体的にはコンプライアンス，収賄，リスク管理（安全から，サプライ・チェーン，経営資源の管理，コンフリクト解消手段，不当競争，人権問題など）．	
		ITリスク管理 倫理的経営と経費の透明性 規制の外部性（規制の虜）や政治力 サプライ・チェーン管理	事故・安全への配慮 競合関係 原料の調達

SASBにおいては，この原則に基づき産業ごとのマテリアルなトピックスを選び出し，そのうえで，それぞれを表すのに適切なメトリックスを選択していく，というステップを踏んでいる．

メトリックスとして適切な設定のために，以下の要素が考慮される．

① 選定したトピックスを代弁していること
② 投資家にとっても企業にとっても実用的なものであること
③ 業界における典型的な手法が適用可能なこと
④ 比較可能性があること
⑤ 選定されたトピックスを網羅するものであること
⑥ 内部統制のメトリックスとしても組み込めるなど，検証可能であること
⑦ 既存のメトリックスと整合的であること
⑧ 客観性，中立性があること
⑨ 業界内での差別化が可能なこと

マテリアルなトピックスを具体的，かつ比較可能性や透明性を備え，市場における「合理的な投資家」の意思決定に資する内容を開示するための基準として，SASB自体も，設定にあたり，プロセスの透明性と説明責任を重視したアプローチを徹底して行っている．この姿勢は，現段階で，10セクター79業種のすべての暫定版基準書の以下の構成にも表れている．

① 全般的なガイドライン
② 当該業種の概要
③ トピックスとトピックスの説明（原則に基づき選定されたもの）
④ サステナビリティ会計のメトリックス（基準となる要素を満たすもの）

それぞれのメトリックスにはマテリアルな事実とどのように関係しているのかについての説明がなされる．

必ずしも定量的なものだけでなく，定性的なもの，記述的な性質のものもある．

⑤ それぞれのメトリックスに対する説明

⑥　単位（定量的なものについて）

　SASBでは，この基準書を用いることで，従来の財務基準書でカバーができないサステナビリティに影響を与える情報について提供し，合理的な投資家が適切な意思決定を行うことを支援できると考えている．また，「マテリアリティ」という企業ごとに異なる事象について，具体的な対話を促し，経営者と投資家の時間軸の設定に基づくマテリアルな事象についての相違の解消につなげ，投資家とのエンゲージメントの深化が期待できると見ている．

　SASBが正式な基準として定められ，利用が進むまでには，まだ時間がかかると思われるが，SECが求める開示資料における非GAAP measuresやinformation導入の展開と合わせて，動向に注意する必要がある．

第5節　目的適合性のある統合報告書作成のために

1　日本の統合報告書の課題

　日本においては統合報告書作成企業は，2015年中に公表された「自己表明型」のもので205社となっている．KPMGジャパン［2016a］では，205社の報告書の開示項目についての調査を公表しているが，統合思考の成果の1つとみなせる「統合報告書」は少なく，多くの改善が求められる点を指摘している．また，IIRCフレームワークが求めている統合報告書の要素をすべて満たしている報告書は，存在していない．

　ここまでは，目的適合性のある統合報告書のための要素として，読み手を明確にすること，マテリアリティへの検討，マテリアリティに基づくメトリックスの採用について見てきた．

　統合報告書に取り組む企業の多くは，投資家を意識していることがKPMGによる別の調査［KPMGジャパン，2016b］から明らかになっている．また，日経アニュアルリポートアウォードにおいても，2015年の表彰制度から，これまで行われてきた統合型との別審査が廃止されたことか

らも，「統合報告書のプライマリーな読み手が投資家である」という共通認識は形成されつつあるようである．しかし，「なぜ投資家なのか」，加えて「どのような投資家なのか」を作成において再定義し，過去から現在，現在から未来に至るビジネス・ストーリーを語り，持続的な企業価値の向上に向けた道筋を「統合的に」明らかにしたレポートはまだまだ数少ない．

　ビジネスモデルの開示を行っている企業は91社（44%）にとどまり，さらに，長期的な見通しを踏まえた説明が行われているのは16社（17%）と，さらに少なくなる．ビジネスモデルを表すには，何が持続的な価値向上のために重要な資本なのかを提示することが重要であるが，これを説明している企業は52社（25%）となっている．ビジネスモデルを示していても，事業概況や事業の内容にすぎない例も多く，企業が目指す方向性やそのための施策が説明されているとは言えないのが実情である．

　マテリアリティの開示についても，内部における検討が十分ではない実情を反映している．評価結果を示している企業が31社（15%）あるが，その87%にあたる27社の対象がCSRに関連する事象のみであり，価値の向上やリスクに基づく観点からのトピックスについての評価を公表しているのは4社であり，統合報告書作成企業の2%にすぎない．

　マテリアリティの決定と評価は，意思決定における重要な要素であり，先進的な企業においては，マテリアリティ分析に基づく戦略決定により，適切な資源配分や，目標設定を模索している．その際に課題となるのが経営者の関与である．IIRCの統合報告フレームワークでは，ガバナンスに責任を有するものの関与についての記載を求めているが，具体的な表明は見当たらない．

　日本で作成されている多くのレポートが，広報部門やIR部門，あるいはCSR部門といった部署がそれぞれに発行を担当しており，部門横断的な取り組みになっていないことも影響していると思われる．すでに，統合報告書を作成すること自体は浸透してきたが，この活動が企業に資するものとなるためには，統合報告作成の目的を再定義して社内で共有するという基本を見直す必要がある．

2　マネジメントの関与と「重要な関係者とマテリアリティについての声明」

　Eccles and Krzus［2014］では，統合報告をめぐる世界的な動向を詳しく検討したうえで，企業に対して，「重要な関係者とマテリアリティについての声明（The Statement of Significant Audience and Materiality）」をボードメンバーが明らかにすることを提言している．この表明においては，マネジメント，投資家（財務資本提供者）およびすべてのステークホルダーに対して，取締役が企業の存続に重要と考える関係者が誰であるかを知らせる．この声明は，目的適合性のある統合報告書を作成するためのベースになるものであると期待される．

　現状（2016年8月）では，オランダの保険会社AEGON社と，スウェーデンの産業機器メーカーのAtlas Copco社の2社が声明文を公表している．

　この2社のレポートを見ると，ステークホルダーに対する考え方，その結果としてのマテリアリティの分析やマトリックスの公表，さらには，リスク・マネジメントへの対応まで，一貫した考え方が根底にあることが明らかである．

　企業における様々なプロセスが，企業にとって何がマテリアルな事象なのかという共通認識のうえで，長期的な視点に立脚した持続的な価値向上のために統合していなければ，コンフリクトのあるステークホルダーに対する説明責任に資する統合報告書を作成することは不可能であろう．

　声明文が取締役会（Management Board）となっていることも重要であり，統合報告書に求められる誠実性を担保するガバナンス責任者の関与のあり方を示すものとなっている．

　現在，わが国では，コーポレートガバナンス・コードの展開に伴い，取締役会改革の必要が指摘されている．「重要な関係者とマテリアリティについての声明」に関して，取締役会で議論を行い声明として表明することは，取締役の最大の役割である企業価値向上に向けた意思決定のためのベースの構築につながる．Eccles and Krzus［2014］では「財務資本提供者と様々なステークホルダーの相対的重要性を決めることは，究極的には取締役会の責任である」と述べている．

取締役を選出している重要な関係者に対する説明責任を果たすためには，長期的なビジネスモデルに基づく中長期的な戦略策定のための時間軸を決定し，企業価値に影響を与えるトピックスについてのマテリアリティについての考え方を公表して，内外の関係者と共有し，決定のプロセスやその判断について対話をすることが求められる．

事業を執行する側は，戦略策定の時間軸に基づく戦略を構築し，取締役会が決定したマテリアリティ決定の方針に基づいて，具体的に事象を決定したうえで，経営資源の配分と，成果の獲得のための業務を遂行することになる．[10]

マテリアリティは，価値向上に向けた様々なプロセスの結合性を実現するベースともなるとのIIRC［2015］の指摘も重要である．

3　Atlas Copco社に見る「マテリアリティについての声明と重要な関係者」の実際

スウェーデンの産業機器メーカーであるAtlas Copco社は，世界の製造業では初めてのStatement「マテリアリティについての声明」を作成し，公表した企業である．特に，Atlas Copco社においては，自社の戦略との関係性にまで言及している点が，もう1社の声明作成企業であるAEGON社とは異なっている．

またAtlas Copco社の声明では，企業が果たすべき法的な責任（スウェーデンにおける会社法）と，社会から要求され期待されている役割の関係性について，マネジメントの考え方を述べたうえで，その後の戦略の柱を示しているために，つながりがわかりやすくなっている．

統合報告書の作成にあたっては，「なぜ，そのコンテンツを掲載するのか」について，自社にとってのマテリアリティを吟味して，決定していなければならない．Atlas　Copco社では，その軸が明確であり，それぞれのコンテンツの関連性がわかりやすい．その「まとめ」とも言える文章が声明となっている．図表4-7はその骨子である．

Atlas Copco社によるレポート（Atlas Copco Annual Report 2015）で

---

10)　インタビューを通じたEcclesの指摘による．https://home.kpmg.com/jp/ja/home/insights/2015/11/integrated-reporting-20151115.html

図表4-7 | Atlas Copco社による「マテリアリティについての声明」

①	Atlas Copco社は，スウェーデンの会社法に基づき，株主に対して利益と価値をもたらさなければならない． しかし，中長期的な価値創造のためには，マルチ・ステークホルダーを意識しなければならず，特に，株主と社会は最も重要な関係者である． Atlas Copco社は業務倫理規定において，重要な関係者として，社会，従業員，顧客，ビジネスパートナー，そして株主について言及している．
②	業務倫理規定はAtlas Copco社の根幹であり，取締役会の所轄である． 規則で定められているものにとどまらない自主的な国際的な取り組みに，コミットしている． 国連，ILO，OECDなどのガイドラインなども含まれる． UN SDGsも重視する
③	持続的かつ，収益性のある戦略の柱は前頁に記載がある． 経済的な価値と，社会や環境，社会的価値をともに高めることを意図している．
④	Atlas Copco社は，マテリアルな財務的，非財務的双方の側面から，進捗を確認していく． 株主総会をエンゲージメントの場として活かし，また，株主以外の人たちにも参加を呼びかけていく．

は，Statement「マテリアリティについての声明」を含むThis is Atlas Copcoの4ページで，同社の根幹となる考え方とその組織体制，戦略がわかる．

とはいえ，読み手にとって「わかりやすく」「読みやすく」するためのデザイン等には改善が求められているようにも思う．また，インターネットのWeb上での展開などについても，今のところは，PDF版での提供である点にも工夫が必要だと思われる．

Atlas Copco社の例からもわかるように，報告書の根幹となる考え方をきちんとした文章でまとめあげることは，統合報告書が何を目指しているのかをはっきりさせるための重要な作業となる．目的適合性のある報告書作成のために，「重要な関係者とマテリアリティについての声明」の作成が，多くの企業で展開していくことを期待したい．

おわりに

　日本における統合報告書作成企業は，2015年では205社であり，2016年は250社を超えるだけでなく，コーポレートガバナンス・コード導入を背景に，日本を代表する企業が新たに取り組み始めている．こうした事実から，2つの相反するシナリオが存在すると考えている．

　1つは，統合報告書の内容が目的適合性のあるものへと進化を続け，企業と投資家の建設的な対話に貢献し，インベストメント・チェーンを通じた資本市場の健全性と透明性の向上につながっていくことである．このためには，企業内部における統合思考が浸透し，限りある資源の有効活用と効率性の高いプロセスが浸透していることであろう．

　もう1つは，統合報告書の内容と社内の実情が乖離してしまい，作成の成果が実感できずに形式的な取り組みになってしまうケースである．統合報告書の作成には，多くの調整作業が発生する．その困難さのゆえに，表面的なレポートとなってしまうならば，結局は利用者の期待に応えられず，利用されなくなってしまうだろう．

　しかし，多くの企業が統合報告書を作成する中で，組織を超えたコミュニケーションが行われたり，取締役会で従来にはなかった議論が行われたりする，といった効果が実感されるようになってきている．また，CEO自らが，統合報告書に取り組む意味に言及する例もある．[11]

　統合報告の取り組みは，中長期的な企業価値の向上に資する長い道のり（Long Journey）であることを覚悟し，熱意を持って取り組めば，必ずや良い成果に結び付くと確信している．統合報告書の作成を，マネジメント自らが投資家に対する責任と経営者としての責務に対する忠実性を示すための有効なツールとしてとらえた対応が，統合報告書の可能性を現実的な成果へとつなげていくことになるだろう．

---

11) 2015年12月，日本IR協議会IRカンファレンス2015におけるアサヒグループホールディングス代表取締役兼CEO（当時）泉谷直木氏のプレゼンテーションによる．

[参考文献]

経済産業省［2004］「知的資産経営の開示ガイドライン」．
KPMGジャパン［2016a］「日本企業の統合報告書に関する調査2015」．
KPMGジャパン［2016b］「日本企業の統合報告の取組に関する意識調査」．
北川哲雄［2016］「統合報告の目的適合性について—財務資本提供者を見据えての情報開示とは何か」『ディスクロージャーニュース』，2016年1月号，宝印刷．
芝坂佳子［2016］「サステナビリティ会計基準審議会（SASB）の最近の動向と統合報告への展開を考える」KPMG Insight, Vol. 19.
IIRC (International Integrated Reporting Council)［2013］"The International 〈IR〉 Framework."
IIRC (International Integrated Reporting Council)［2015］"Materiality in 〈IR〉," Guidance for the Preparation of Integrated Reports.
CRD (Corporate Reporting Dialogue)［2016］"Statement of Common Principles of Materiality of the Corporate Reporting Dialogue."
ECRA (European Combined Reporting Alliance for ESG)［2010］Position Paper."
KPMG［2016］"Room for Improvement," KPMG Business Reporting Survey, Ver. 2.
SASB (Sustainability Accounting Standards Board)［2016a］"Conceptual Framework (Exposure Draft)."
SASB (Sustainability Accounting Standards Board)［2016b］"State of Disclosure Report."
PwC［2016］"Investors, Corporates, and ESG: Bridging the Gap."
Eccles, Robert G. and Krzus, Michael P.［2014］*The Integrated Reporting Movement*, Wiley & Sons（北川哲雄監訳『統合報告の実際——未来を拓くコーポレートコミュニケーション』日本経済新聞出版社，2015年）．

第5章

先端的情報開示と経営戦略
中外製薬の研究

　本章では先端的情報開示の事例として中外製薬株式会社を取り上げ，その経営戦略とともに検討を行う．中外製薬は，プロの投資家によって情報開示内容を審査する「日経アニュアルリポートアウォード2015」でグランプリを受賞している．統合報告書を中心に同社の情報開示について検討してみよう．

第1節　情報開示の目的と対象

1　情報開示の目的

　株式を発行する企業は，自社について圧倒的な量と質の情報を保有している．しかも時には，自らの価値をできるかぎり実態以上に「吊り上げよう」とするインセンティブが働くと言われる．[1] 一方，一般的な投資家は内部通報者（インサイダー）でもないかぎりは，企業の内部情報，特に企業にとって不都合な情報やリスク情報を入手することは困難である．つまり，企業と投資家の間には「情報の非対称性（不均衡）」が存在するのである．これでは投資家が投資判断を行うのに不適切であり，公正なる株価形成上問題があることから，強制情報開示制度の充実が図られてきた．

---

1) 北川 [2007], 4頁.

本稿が検討対象とするのは，法定による最低限の情報開示ではなく，企業が任意に創意工夫して行っている先端的情報開示である．よって，企業が積極的に情報開示を行うモチベーションは，企業にとって望ましい投資家に長期に株を保有してもらうことによって，企業価値を向上（創造）することを究極の目的とするという前提で議論を展開する．それでは開示情報の受け手は投資家だけであろうか．次に，開示情報の受け手（対象）について考えてみよう．

2（　　　　　　　情報開示の対象　　　　　　　）

　企業は自社を取り巻く環境から必要な経営資源を取り入れ（インプット），付加価値を付ける事業活動を行い，顧客に商品やサービスを提供（アウトプット）することによって利益（アウトプットとインプットの差額）を得て，存続している．一般論として，企業を取り巻く利害関係者（ステークホルダー）を思いつくままにあげてみたい．図表5-1を参照されたい．

　企業を中心に上から時計回りに，投資家，マスコミ，地域社会，NGO/NPO，関係官庁，就活生，顧客，銀行，従業員，取引先，を記した．投資家には，機関投資家と個人投資家があり，資本市場ネットワークの視点に立てば，機関投資家には，実際に株式の売買にかかわるファンド・マネジャー，ポートフォリオ・マネジャー以外にも，企業を調査・分析して情報提供を行う証券アナリストもいる．NGO/NPOには，環境保護などを活動目的とする民間の各種団体が含まれ，SNSの普及で存在感を増している．関係官庁には，監督・規制を行う官庁のみならず，法人税で潤っている，あるいは逆に補助金を出している地方自治体も含まれる．就活生の背後には，その家族・友人・学校関係者がいる．顧客とは，現在の顧客だけではない．過去には顧客であったにもかかわらず，何らかの理由で離れていった顧客，商品やサービスの購入を検討している潜在的顧客もいる．銀行には，長期取引があるメインバンク，企業と新規取引を開始したいと思っている他行の支店長もいる．従業員には，正社員以外にも契約社員，派遣社員，パート，アルバイトもいるかもしれない．OB・OG会などがある

図表5-1 企業を取り巻くステークホルダー

場合もあろう．メーカーであれば部品を納入している企業，ITや各種サービスを提供している取引先，契約社員を派遣している企業もあるだろう．これら以外にも業界団体，海外進出先の政府や軍・警察など，企業を取り巻くステークホルダーは多様である．

　それでは，これらのステークホルダーは企業にとって同じ位置づけ（重み）なのであろうか．少なくとも情報開示に関するかぎり，主たる情報の提供先は株式の投資家である．そのうえで，投資家以外のステークホルダーにも配慮する必要がある．ここで問題となるのが，ステークホルダー間でその利害は一致しないということである．損益計算書（PL）をイメージして欲しい．環境保護に資する投資は，環境保護団体は歓迎するかもしれないが，そのぶんだけ利益は減ることになるので，配当を期待する株主はどう思うであろうか．従業員は，そのぶんのボーナスを増やして欲しいと考えているかもしれない．経営資源は有限なので，経営戦略に基づいて資源配分には優先順位が付けられる．すなわち，ステークホルダー間にトレードオフの関係がある．これまでは，異なるステークホルダーのため，複数の報告書が作成されてきた．企業を取り巻くステークホルダーに，共

通のメッセージ・情報を届ける試みが統合報告である．

3　統合報告書分析のフレームワーク

　本稿では中外製薬の統合報告書を分析するにあたり，国際統合報告評議会（IIRC）の「THE INTERNATIONAL 〈IR〉 FRAMEWORK」を使用する．〈IR〉とは，Integrated Reporting（統合報告）の略である．詳細についてはIIRCのホームページをご覧いただきたいが，その目指すところを簡潔に示せば，短期，中期，長期にわたって企業価値を向上させるために，

(1)　効率的で生産的な資本配分に資する高質な情報提供の向上
(2)　価値創造に影響する要因のより結合的で効率的なアプローチの促進
(3)　資本に対する説明責任と受託者責任の推進と関連性理解の促進
(4)　価値創造に焦点を合わせた統合的思考，意思決定，実行の支援

をすることである．そのために，7つの基本原則を設定して，含むべき8つの内容をあげている．ただし，強制ではなく，原則ベースである．

〈7つの基本原則〉
(A)　戦略的焦点と将来志向
(B)　情報の結合性
(C)　ステークホルダーとの関係性
(D)　重要性
(E)　簡潔性
(F)　信頼性と完全性
(G)　首尾一貫性と比較可能性

〈含むべき8つの内容〉
(A)　組織の外観と外部環境
(B)　ガバナンス
(C)　ビジネスモデル
(D)　リスクと機会

(E) 戦略と資源の配分
(F) 実績
(G) 将来的な見込み
(H) 提示の基準（原理原則）

ところで本論にはいる前に，医薬品業界および中外製薬について少し知識があるほうが理解しやすいと思われるので，次節で簡単に触れる．

第2節　医薬品業界と中外製薬の概要

1　医薬品産業の特徴

世界の医薬品市場規模（2014年）は，医薬品の市場情報提供会社IMS Healthによれば，1.0571兆米ドル（110円／ドル換算で約116兆円），日本市場は世界第2位（市場シェア約8.3%）である．世界市場の過去5年間の平均伸び率は約4.8%であり，巨大市場であるとともに成長市場でもある．医薬品業界の特徴としては，人間の健康・生命にかかわる産業であることから，新薬の研究開発には10年〜20年という長期間が費やされかつ膨大な研究開発投資が行われる．新薬開発のハードルは高いが，画期的な新薬開発に成功した場合の見返りは大きい．典型的なハイリスク・ハイリターンの業界である．

先進国においては医薬品が医療費に占める割合は高く，特許などによって知的財産権が守られる期間が過ぎると，高騰する医療費を抑制する目的から政策的にジェネリック薬が市場に参入して切り替わる．そのタイミングで，売上げ・利益がともに急減する産業構造になっている．日本では保険償還価格（通称，薬価）が制度的に引き下げられる仕組みが採用され，年間販売額の大きな医薬品については所定の規定（市場拡大再算定制度，特例拡大再算定制度）に基づき価格の引き下げが行われる．したがって，革新的な新薬開発を目指す製薬企業（以下，先発薬企業）にとっては，医療用医薬品の研究開発は生命線である．このような事情から，研究した成

果としての候補物質あるいは開発段階の有望製品の取得を目的としたM&Aや知的財産権の譲渡（導出・導入），規模の経済を目的とした大手企業同士の水平的合併，有望なベンチャー企業の奪い合い，生き残りを賭けた研究開発分野の選択と集中が行われている業界である．

2　中外製薬の概要

　中外製薬の原点は，1925年に上野十蔵氏が創業した医薬品の輸入商社「中外新薬商会」である．社名は海外の良質な医薬品を日本中に広めるだけでなく，日本の医薬品を海外に届けたいという志に由来する．準大手であるが，抗体医薬品およびがん領域では国内シェア第1位である（図表5-2「中外製薬の概要」を参照）．次に図表5-3「中外製薬の沿革」を参照されたい．これだけ見ると順風満帆で成長してきた企業のように思えるかもしれないが，実はそうではない．主力商品の大幅な売上高の減少で，少なくとも2回（戦後の復興期，1960年代中頃）経営危機に陥り，2度目は約1,000名の人員削減を行い，本社まで売却している．1990年代，大手社が生活習慣病分野で大型商品を開発・販売する中，中外製薬は活路をバイオテクノロジーに求め舵を切った．その後，ヒトゲノムが解読され，ゲノム創薬の推進には莫大な資金力と世界規模でのリスク対応が要求されるようになり，グローバルな製薬グループであるロシュ社の傘下に入った．

第3節　中外製薬の経営戦略

　経営戦略を語るうえでは，戦略を実行した結果としての財務的な業績およびその推移を概観することは欠かせない．なぜなら成果が伴わなければ，その経営戦略は企業価値を創造しているとは言えないからである．図表5-4「中外製薬の財務関連（Coreベース）」（中外製薬「アニュアルレポート2014」，16ページ）を参照されたい．
　この複合グラフは，5種類の情報を時系列で表記しているが，中外製薬の経営戦略を実に見事に表している．製商品売上高（タミフル除く）が棒グラフの左側，営業利益が棒グラフの右側，製商品原価率は35.9％（2003

図表 5-2 　中外製薬の概要

商号	中外製薬株式会社
代表者	永山　治
創業	1925年3月10日
設立	1943年3月8日
資本金	約730億円（2016年12月31日現在）
売上収益	約4,918億円（同上）
	抗体医薬品およびがん領域国内シェアNo.1
従業員数	7,245人（同上）
本社	東京，研究所：3拠点，工場：3拠点
事業内容	医療用医薬品の製造・販売・輸出入

図表 5-3 　中外製薬の沿革

1925年	中外製薬の前身である中外新薬商会を設立
1932年	ロシュは日本ロシュ設立（外資系製薬企業として初）
1966年	医療用医薬品中心の事業構造改革に着手
1967年	「企業三原則（経済性・社会性・人間性）」を発表
1983年	米国ベンチャー企業と共同研究開始，1990年に初のバイオ医薬品「エポジン」発売
1984年	世界で初めてG-CSFの純化に成功，1991年に「ノイトロジン」発売
2002年	日本ロシュと経営統合，ロシュ・グループの傘下に
2005年	国産初の抗体医薬品「アクテムラ」発売
2008年	国内がん領域でトップシェア獲得
2009年	インフルエンザ薬「タミフル」の輸入拡大
2010年	独自の抗体改変技術を発表
2013年	中期経営計画ACCEL 15スタート

年）の折れ線グラフ，経費率は45.8%（2003年）の折れ線グラフ，年代ごとの経営施策は下段に表記されている．2003年以降となっているのは，ロシュ社（Roche）との戦略的提携以降の業績推移を示した図であることによる．

　製商品売上高と営業利益から始めよう．ロシュ社との提携以降，製商品売上高と営業利益とも一貫して伸びていることが確認できる．製商品売上高からタミフルを除いている理由は，インフルエンザが流行した年度（2009年）は政府備蓄が増えるためなどの理由による変動が激しいからである．

図表5-4 中外製薬の財務関連（Core ベース）

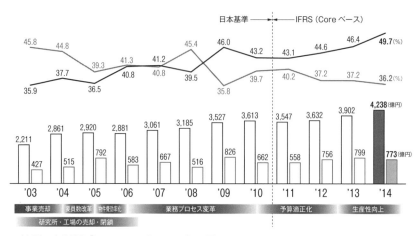

（出所）中外製薬「アニュアルレポート2014」, 16頁.

　製薬業界を分析する際に注意しなければならないのは，健康保険が適用される薬価改定である．薬価改定とは定期的かつ強制的に薬価を引き下げる制度であり，製薬企業にとっては出荷数量が伸びている場合でさえ売上高が前年割れをすることがある．当然，営業利益（率）に直結する．中外製薬の場合には，2002年のロシュ社との提携以降，おおむね製商品売上高および営業利益はともに拡大している．ここで強調しなければならないのは，自社開発の医薬品（関節リウマチ治療剤／「アクテムラ」，抗悪性腫瘍剤／抗VEGF「アンバスチン」，抗悪性腫瘍剤／抗HER2「ハーセプチン」，ほかが国内外で販売数量を伸ばしている事実である．なお，2010年度までは日本会計基準，2011年度以降はIFRS基準である．

　次に，製商品原価率と経費率を参照されたい．おおむね製商品原価率は上昇傾向，経費率は減少傾向を示している．製商品原価率が上昇傾向を示しているのは，ロシュ社からの製品導入（輸入）の増加に起因している．

　先発薬企業は，膨大な経営資源を研究開発に投入している．その結果，運よく革新的な医薬品の研究開発に成功した場合には，きわめて大きな利

益を手にすることができる．それは研究開発における成功確率が低いことの裏返しでもある．知的財産権で保護された医薬品を導入する場合，自社による研究開発品に比べると原価率が高くなる．中外製薬の場合は，ロシュ社が開発した標準治療に使われる医薬品を導入しているので製商品原価率が上昇する（利益率は低くなる）ものの，ほぼ確実に売上げが期待できる．すなわち，中外製薬の収益源は，自社で開発した創製品とロシュ社からの導入品の2本立てなのである．経営としては，それを前提にして事業構造改革や経費削減に取り組み（グラフ下段），経費率をコントロールする努力を継続的に行っており，その結果が財務的なトレンドになって表れているのである．

　その他の経営指標としては，1) 売上収益／売上原価，2) 営業利益率，3) 当期利益／Core EPS，4) 配当金／Core 配当性向のデータ（2011年から4年分），が掲載されている．ロシュ社以外の少数株主への配慮が見られる．

　3番目に，図表5-5「中外製薬の研究・臨床開発・生産関連」（同17ページ）を参照されたい．

　図表5-5に示されているのは，中外製薬の研究開発費への投資額，売上高に対する研究開発費比率，パイプラインプロジェクト数の推移である．中外製薬の研究開発費は売上高の伸びにほぼ比例して増加している．製薬業界に詳しくないと少しわかりにくいかもしれないが，研究開発費だけでも日本円で約1兆円相当を投じる超大型製薬企業が跋扈する業界で，売上高4,000億円程度，研究開発費800億円弱の中堅規模の企業が医療用医薬品の最先端分野である抗体医薬品とがん領域において国内第1位を獲得することは並みたいていのことではない．しかも，商品化前の臨床試験段階において次々とフェーズを進ませ，あるいは開発中止案件がある中で，34件（前年は30件）のプロジェクト数を保持していることは驚異的と言わざるをえない．その背景には，前述したとおりロシュ社からの製品導入によるほぼ確実な売上高とそこから生じる利益がある．平たく言えば「食うには困らない」体制を作っているからである．それだからこそリスクの大きい研究開発に没頭できるのであり，加えて，ロシュ社のグローバルな営

図表5-5　中外製薬の研究・臨床開発・生産関連

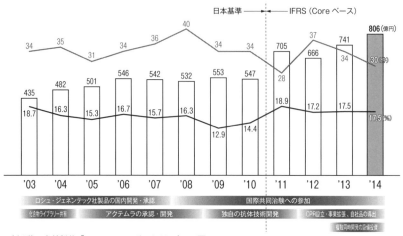

（出所）　中外製薬「アニュアルレポート2014」，17頁．

業網を活用した自社創製品の輸出拡大，ロシュ社の卓越した研究インフラの活用は，ロシュ社との戦略的提携なしには獲得できない優位性と言えよう．

　ここまでで中外製薬の概要が理解いただけたと思う．それでは，第4節で統合報告書の分析に入ろう．

第4節　中外製薬の情報開示

　中外製薬の「アニュアルレポート2014」は前述したとおり，日経アニュアルリポートアウォードのグランプリを受賞している．そこでは，何が高い評価を得たのであろうか．アニュアルレポートの主たる読者は，株式の投資家である．アニュアルレポートでは，財務情報と非財務情報の両方を収載している．結論から先に言えば，企業業績（企業価値）を予測するプロの証券アナリストにとって，必要な情報が過不足なく収載されており，さらに分析したいというニーズがあれば，ウェブサイトとリンクして

いるのでドリルダウン（深掘り）ができるということである．

　財務情報は，表示の方法に工夫する余地があるにせよ，基本的な業績指標は明白であることから，本稿では非財務情報に着目する．その理由は，非財務情報には長期的な業績の安定性・適度な成長性の確保や長期的な企業存続[2]に関する経営者のビジョンや考え方が表れるからである．IRの究極の目的が，自社にとって望ましい機関投資家によって株式が保有され，安定的な株主構成を築くということであるならば，機関投資家が意思決定にあたり重視することを斟酌しなければならない．[3]

1　中外製薬のアニュアルレポートの編集方針

　中外製薬のアニュアルレポートの編集方針から議論を始めよう．中外製薬では，財務・非財務の両面を含めた企業価値を伝えるべく，2012年度版から統合報告を実施し，従来の「アニュアルレポート」と「社会責任報告書」を統合している．ここ数年を見ると，統合報告書と称するアニュアルレポートが発行されるようになってきているが，筆者が見るかぎり，それらは「統合」ではなく，単純に「結合」しているだけのレベルのものが多い．すなわち，財務情報開示に従前からある「CSR報告書」「環境報告書」「社会的責任報告書」を合本したものである．中外製薬のアニュアルレポートでは統合，換言すれば両者が自然に融合されている．参考ガイドラインでは，国際統合報告評議会（IIRC）の7つの基本原則，環境省発行の環境報告ガイドライン（2012年度版）およびGRIの持続可能性のガイドライン（第4版）を参考にしているとあるが，自社のフレームワークで表現され熟成されている．

2　中外製薬のCEOレター

　名称は企業によって異なるものの，経営トップからのメッセージはどの会社のアニュアルレポートにもある．中外製薬のCEOレター（同4～5ペ

2）　Eccles and Krzus [2015], p.6.
3）　北川 [2010], 51頁.

ージ）では「すべての革新は患者さんのために」から始まって，永山治会長兼CEOは1年間の取り組みの成果を総括して「トップ製薬企業」への道をまた一歩，着実に前進することができました，と述べている．具体的には，がん治療薬アレセンサの国内での7年というスピード発売，米国食品医薬品局からの画期的治療薬指定，次世代抗体技術を用いた自社創製品ACE910のロシュ社との共同開発の開始をあげている．さらに，中期経営計画に加えて，生命線である創薬のパートではオープン・イノベーションのこれまで以上の推進や個別化医療の普及への貢献に触れており，医薬品業界に詳しくない投資家が見てもわかるように，随所に注が付けられて説明されている．マーケティング活動（変革）の成否を左右するのは人であることから，ダイバーシティを加速して，グローバルな視点や多様な価値観を踏まえた議論の中で解決策を見出し，自律的に革新に取り組む組織風土を確立していくと述べている．中外製薬の経営方針と考え方がよく表現されている．

　上記のキーワードの1つであるダイバーシティを例として検討してみよう．今では多くの企業がダイバーシティに触れるようになっている．流行語と言っても過言ではない．それでは，中外製薬と他社では何が違うのであろうか．人財マネジメント関連のページ（同18ページ）を見ると，全従業員数（連結・単体）と女性社員の比率が2003年（ロシュ社の傘下入り年）から折れ線グラフで表記されており，17.9％から25.4％に至るまで毎年恒常的に増加している．育児休職取得者数と女性幹部社員比率（単体）も，2011年からの増加が確認できる．在宅勤務制度利用登録者数は男女別での表記があり，ロシュ社への人材交流プログラムの派遣者数（累積）も増えている．定量的にKPIを設定して長期的な視野からトラッキングして開示する中外製薬の姿勢は，経営層が本気で取り組んでいる証左と言えよう．さらに詳細が知りたい読者には，「活動報告と今後の取り組み」の人財パート（同82〜84ページ）において，トップ製薬企業像の実現に向けた人財戦略として，①ダイバーシティ・マネジメント（女性リーダーの育成研修，50歳時でのキャリア研修，在宅勤務制度，外国人社員向け情報支援サイトの設営，ワークライフ・バランスの推進など），②タ

レント・マネジメント（人財育成プランの策定，タレント・プール，部門組織長の後継候補者選抜など），③人事処遇制度，の3本柱の推進をより詳細に説明し，2010年からの取り組みをダイバーシティ推進ロードマップとして表記している．このロードマップは多様な人財の活躍が生産性の向上や企業価値の向上に結び付くイメージを読者に与える．つまり，CEOレター⇒人財マネジメント関連⇒人財，というようにより詳細な情報にアクセス可能なように工夫されており，CONTENTS（もくじ，同2ページ）からもその構成が把握できるようになっている．

　より重要なことは，研究開発が生命線である先発薬企業にとって，人財の確保と育成は経営の根幹を担うものであり，経営戦略上の重要な位置を占めていることである．したがって，投資家から集めた資本をより効率的かつ生産的な配分先として人財育成に投資することを説明しているのである．そして，その成果としてのパイプラインの維持，売上高および利益の増加がある．ゴーイング・コンサーンが大切な企業にとって，将来に向けた人財への投資に関する説明責任は十分に果たしていると考えられる．

　ちなみに，親会社であるロシュ社の「Roche Annual Report 2015」を見ると，ロシュ・グループの売上高は481億スイス・フラン（120円／スイス・フラン換算で約5.8兆円）である．医療用医薬品と診断薬がビジネスの2本柱であり，研究開発には売上高の19.4%を投資している．両分野の研究開発における結合によって，多様性と創造性が発揮され，新たな知見に基づく製品が開発されていることが理解できる．人財については，ロシュ社では年齢層，出身地，専門分野を超えてより多様な人財パイプラインを養うことを表明している．ロシュ社では職場を従業員にとって勤務しやすい場にするべく努力しており，毎年様々な賞を受賞している．ダイバーシティ（Diversity and Inclusion）は，異なる見方，アイデア，思考法を促すことによってイノベーションを育成するうえきわめて重要である，とロシュ社では表明している．例えば，女性の管理職の割合は2003年の13%から2015年は23%まで増加し，2020年の目標は28%である．

3　（中外製薬の強み）

中外製薬では，自社の強み（同6〜7ページ）として，以下の7点をあげている．

① アンメット・メディカル・ニーズを充足する製品力（同6〜7ページ）
② 国内屈指のパイプライン
③ ロシュ・グループとの戦略的アライアンス体制
④ バイオテクノロジーをはじめとする独自の創薬技術
⑤ パイオニアとしての個別化医療の知見
⑥ 安全性マネジメントの徹底医療提供活動への支援（同8〜9ページ）
⑦ 医療提供活動への支援（同10〜11ページ）

上記⑤の個別化医療については同36ページ，⑥安全性については41ページ，⑦に関連するヘルスケア・コンプライアンスについては39ページに詳細な内容を記載することによって，情報の結合性と簡潔性を図っている．最新の「アニュアルレポート2015版」では，参照ページが増えて工夫の跡が見られる．

余談であるが，筆者は中外製薬の広報IR部長にインタビューを行っており，7つの強みについても尋ねている．情報開示するものを木で喩えれば，地面から上の幹・枝・葉などの成果として見える部分である．それらを支える地中の根は見ることはできない．社員でさえ会社の強みを十分に理解していないのではないかとの声があがり，まずは社員に企業の強みが見えるようにして共有する動きとなったそうである．その視点は，患者のためになっているのか，優位性があるのかという点であり，その過程で96個の強みにまとめられ，切り口によって25個となり，現在の7個に収束したとのことである．したがって，統合報告書の企画・作成に際しても，今年は何を新たに出そうかという奇を衒ったものではなく，工夫の余地はあるにせよ中外製薬の強みを伝えていきたいと語られていた．

図表5-6 ｜ 中外製薬のビジネスモデル

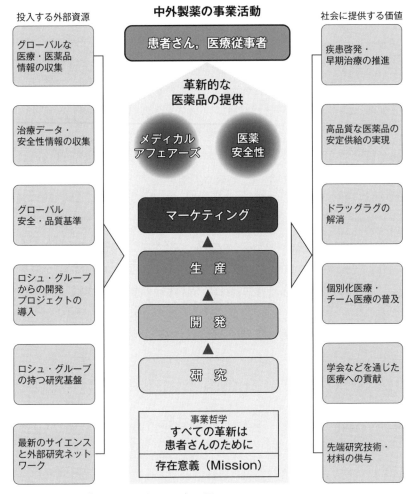

（出所） 中外製薬「アニュアルレポート2014」，12頁．

4　中外製薬のビジネスモデル

　中外製薬のビジネスモデルは，〈IR〉が含むべき内容としているものの1つである．図表5-6を参照されたい．

　中外製薬のビジネスモデルは，投入する外部資源（インプット，左列）

を中外製薬の事業活動（中央列）を通して，社会に提供する価値（アウトプット，右列）に変換するシステムであり，価値創造プロセスを示す「オクトパス・モデル」の変形として表現されている．その成果は，組織の戦略的目的および価値創造を充足する目的を持っている．株主として確認したいのは，中外製薬の事業活動部分である．一番下方の存在意義，事業哲学（すべての革新は患者さんのために）を基本に，下方から上方に向かって，研究⇒開発⇒生産⇒マーケティング，と段階を踏んで表記され，メディカルアフェアーズと医薬安全性に結実された，患者，医療従事者に提供する活動となっている．図表5-6に示されているとおり，中外製薬の基本的な考え方と企業価値創造のための事業活動（プロセス）が簡潔に示されている．

研究分野では，ファースト・イン・クラス（新規性・有効性が高く，治療体系を大幅に変えうる独創的な医薬品）やベスト・イン・クラス（既存薬に対して明確な優位性を持つ医薬品）となりうる革新的な新薬を連続的に創製するために，中外製薬では他社に先駆けて発展させてきた抗体技術に加え，ロシュ・グループの持つ世界最先端の研究基盤や大学などの研究機関などの強力な外部ネットワークを背景とした業界屈指の研究・技術力を有していると説明している．自社創製品である8品目をはじめとする独自の抗体技術，論文・学会発表数の実績が数値で示されている（同14ページ）．

開発分野では，ライフサイクル・マネジメント体制，ロシュ・グループとの共同治験の推進や個別化医療に基づく診断薬などの具体的な国内の開発・承認申請について触れている．プロジェクト数，ロシュ社からの導入品目数，共同開発プロジェクト数などの実績が示されている．また，先発薬企業にとって重要である新製品発売・適応拡大数／新薬創出加算品目売上構成比率，特許取得件数が表記され（同17ページ），ロシュ社との提携による成果（日米欧同時申請可能な体制，ロシュ社への導出）などのパイプラインが潤沢であることが確認できる．さらに詳しく知りたい場合には，中外製薬のホームページから詳細な情報（領域と開発コード，予定適応症，開発ステージ，一般名，オリジン，作用機序など）にアクセス可能

であり，〈IR〉の情報の結合性が担保されている．これであればプロの機関投資家も満足することはうなずける．

生産分野では，安定供給体制，品質管理，環境負荷の軽減に留意している点が強調されている．通常，製薬企業はキャパシティを秘すためにバイオタンクの容量は公表しないのが一般的であるが，中外製薬はその容量を公表している．自信の表れであろう．また，バイオ医薬品の生産数と供給国数，CO_2削減割合も対前年比で開示している．

マーケティング分野では，MR（医薬情報担当者）による副作用マネジメント提案に触れ，チーム医療の普及や地域医療連携の支援などの取り組みを行っている旨を報告している．そのうえで，抗体医薬品の国内市場シェア35.4%，がん領域の市場シェア22.0%，MRの生産性に関する数値データが具体的に示されている．開発段階では，プロジェクト数，ロシュ社からの導入品目数，共同開発プロジェクト数，個別化医療に基づく開発プロジェクト数が表記されており透明性がある．

これらの定量的データは「アニュアルレポート2013年版」から引き継がれたものであり，同2015年版にも掲載されていることから，中外製薬の〈IR〉の首尾一貫性と比較可能性が担保されている．

5　「中外製薬アニュアルレポート」における戦略セクション

アニュアルレポートにおける戦略セクションでは，COO兼社長によって中期経営計画の進捗状況が定性的，定量的に説明されている．経営戦略と資源配分において重要なことは，企業が向かおうとしている方向といかにたどり着こうとしているのかを説明することである．中外製薬では，2010年後半にトップ製薬企業像を実現することを当面のゴールとしている．トップ製薬企業は，定量面と定性面で定義されているので明確である．その達成のために中期経営計画，Sunrise 2012（2008年～2012年）⇒ ACCEL 15（2013年～2015年），に取り組んできた．重要な変革テーマは，①営業生産性の向上，②グローバル開発の加速，③革新的プロジェクトの連続創出，④経営基盤のさらなる強化，をあげ，その進捗と成果を報告している．

次に読者が関心があるのは，今後の取り組みであろう．キーワードとしてグローバル・トップレベルの質とスピードをあげ，具体的には，ソリューション提供による市場創造（11支店によるエリア主体の戦略推進）とロシュ社との提携による自社創製品のプロセスの迅速化と効率的な資源活用に向けて，すべての品目についてearly PoC，PoC[4]段階で，ロシュ社に一括で海外開発の導出オファーができるように契約内容を変更したと報告している．これによりグローバル市場（韓国・台湾を除く）に対して，早期に開発を意思決定できるようになった．個別案件ごとの交渉に比べると，ルール化することにより時間と交渉に費やされるエネルギーの効率化に資すると思われる．目標達成に向けて経営が打っている施策が見えると言えよう．また，独自技術の活用強化と研究プロセスの進化としては，オープン・イノベーションの加速をあげている．また，投資の強化については，シンガポールの研究所および工場への設備投資についても具体的に述べ，人財マネジメントの充実にも触れている．これらは目的を持った資本の使い道を資本の提供者に説明し，短期・中長期の企業価値向上を目指すものである．また，資本政策，株主還元では平均してEPS50％を目指すとしており，（少数）株主重視の姿勢[5]がうかがえる．

　定量目標の進捗状況では，国内シェア，連結営業利益率，従業員1人当たり連結営業利益，MR1人当たり国内売上高，がん領域のシェア，海外売上高比率で目標値に対する進捗状況を報告している．

　副会長メッセージのページ（同28～33ページ）では，担当するCSRと監査について報告している．冒頭において，企業の発展には，そのプロセスと質が問われていると表明している．CSRの考え方（同29ページ）では，ミッション・ステートメントとして，①存在意義（mission），②価値観（core values），③目指す姿（envisioned future）を説明し，中外ビジ

4）PoCとは，研究段階で構想した薬効がヒトでも有効性を持つことを実証することである．early PoCとは，限られた症例数での安全性に加えて，有効性の兆候または薬理作用が確認されることである．
5）中外製薬はロシュ・グループの一員であり，ロシュ社は中外製薬の株式の59.9％を保有している．中外製薬では提携当初から自主性・独立性を求めており，その背景となる少数株主（40.1％）を重要視していると考えられる．

ネス・コンダクト・ガイドライン(「中外BCG」と呼ばれる10項目)によって,社会的責任を果たす意義,何が大切で,役職員はどのように行動するべきかを示している.また,中外製薬の価値創造についてのディスカッション(同30～33ページ)では外部有識者との対談記事が掲載されている.こうした記事は他社のアニュアルレポートでもよく見かけるものであるが,企業価値向上に向けてマネジメントが取り組んでいることを中心に,良い点のみならず,辛口のコメントもあり,いわゆるヨイショの記事ではない.その中には,中外BCGの浸透度(社員意識調査)を示す定量的データの変化(外部機関に委託)も含まれている.

余談ではあるが,国際的な環境規格である改訂版「ISO 14001」では,経営戦略との統合,経営トップのリーダーシップがあげられており,いわゆる「グリーン・ウォッシュ」[6]とみなされないように読み手に伝えることが重要であると考えられる.「アニュアルレポート2015年版」(同84ページ)では,中期環境目標として4項目を示して,取り組みの実態のみならず環境会計では投資額と経済効果について触れている.

6　アニュアルレポートの特集記事

ここでは,中外製薬の過去のアニュアルレポートについて,アーカイブで遡ることができる2007年から最新の2015年の特集記事のタイトルを確認してみよう.図表5-7を参照されたい.

すぐに気づくことは,2011年までは個別のテーマを取り扱った特集記事であるが,2012年以降は一貫している.そのキーワードとは,企業「価値」とその「創造」である.2012年からは,「社会責任報告書」を統合して「統合報告書」となっており,形式的・物理的な統合ではなく,経営として企業価値の創造に焦点を当てた統合報告書にするという意気込みが感じられる内容となっている.その結果,日経アニュアルリポートアウォードでは,2012年版・2013年版は準グランプリ,2014年版はグランプリを受賞しており,2015年版ではさらなる進化が随所に見られる.

---

6) 環境に配慮しているように見せかけること.

図表5-7　中外製薬の「アニュアルレポート」の特集

2007年	特集記事なし
2008年	分子標的治療
2009年	がん領域におけるリーディング・カンパニーとしての取り組み
2010年	自社開発の優位性とさらなる加速
2011年	中外製薬の個別化医療
2012年	目に見えない価値を成長につなげる
2013年	中外製薬ならではの強みを活かした価値創造
2014年	独自の強みが実現する「牽引」と「価値増大」
2015年	強みによる価値創造

7　中外製薬の活動報告と今後の取り組み

　アニュアルレポートの読み手の関心は，報告対象期間である過去1年間に，中外製薬がどのような活動を行い，進捗があったのかなかったのか．上手くいかなかったとすれば，何が問題であったのか．上手くいったのならば，さらに改善する余地はないのか．それらを踏まえて，次年度ではどのような取り組みを行い，展望はどうなのか，といったことが知りたい内容であろう．前記1～6までの報告の詳細が「活動報告と今後の取り組み」に16項目の内容で記載されている．2014年の活動の一覧（同46～49ページ）があり，それぞれの項目ごとに，主要課題，取り組み・実績，参照ページ，ウェブサイトにおける詳細掲載項目に関する記載があるので，ドリルダウンしてより詳細な情報が取れるように工夫がされている．ここでは，ページ数の多いマーケティング（10ページ分），コーポレート・ガバナンス（7ページ分），コーポレート・コミュニケーション（2ページ分）の3点に絞って解説したい．

　第1のマーケティング（同52～61ページ）には，中外製薬が強みを発揮している領域別（がん，骨・関節，腎，移植・免疫・感染症，その他）に，主要製品別の概要と売上高の推移を示すグラフがある．続いて，それぞれの領域の概要と市場規模を示すグラフ，2014年の概況（全体，製品別），2015年の展望と戦略という構成で統一されている．医療用医薬品は専門性が高い製品であり，素人にはわかりにくい分野であるが，工夫して

書かれている.

　一方,展望と戦略では,過年度の概況を受けて,次年度は何（what）に取り組むかはあるが,どのように（how）の記載は見受けられない. IIRCは〈IR〉の含むべき内容の1つである「展望（outlook）」は,戦略を実行するにあたり遭遇するであろう挑戦や不確実性,ビジネスモデルや将来的業績にとっての潜在的な含意はどのようなことであるか,と解説している. 紙幅の関係もあるので,そこまで求めるのは酷であろうか.

　マーケティングの最終ページ（同61ページ）には,関連する活動として「患者さん支援と疾患啓発活動」があり,疾患啓発活動,医療活動への支援に関する取り組み,募金・基金活動に関する報告がなされている. これらの諸活動は本業に関連するものであり,CSRおよびマーケティングの一環としてとらえられていることがわかる.

　第2のコーポレート・ガバナンス（同85～91ページ）は,読み手に活動実態や本気度を伝えるのが難しいパートであると筆者は感じている. なぜなら,いかようにも描くことができ,しかもその実情は外からはわかりにくいからである. アニュアルレポートの項目の中でも,最も情報の非対称性が高い分野ではないだろうか. 中外製薬は執行役員制を敷いており,意思決定機能と業務執行機能を分離している. 同社は,より広いステークホルダーの視点を経営の意思決定に反映させるという意図から,International Advisory Councilを設置し,取締役会では5名の社外取締役を登用している. 前者は,日・米・欧の著名な産業人や専門家などで構成される諮問機関であり,グローバルなビジネス環境変化への対応や適正な企業姿勢によるビジネス展開のための有益な助言を受けることを目的としている. 取締役会は社内取締役5名,社外取締役5名の合計10名で構成されている. 社外取締役については,名前,属性（現在・過去の職位）,選任理由が明確に記載されている.

　ここで社外取締役について若干のコメントを述べたい. 2015年から東京証券取引所が上場規則を改定したため社外取締役の人数が増えた.[7] 社

7） 日本取引所グループによる. http://www.jpx.co.jp/listing/stocks/ind-executive/

外取締役を選任している上場企業の比率は，2014年の74.3%から2015年は94.3%，独立社外取締役2名以上では同21.5%から同48.4%へと急増している．しかしながら，その選任理由には疑問を持たざるをえないものも多い．例えば，少し前までタレントやスポーツ選手だった人から，どうして大所高所からの助言が期待できるのであろうか．この点では，中外製薬の人選はその経歴からも，読み手として納得がいくものであるだろう．

　外部視点の導入に続いて，監査体制，役員報酬，ロシュ社との関係性，内部統制システムの整備・運営状況，情報開示方針，社外からの評価（海外のSRI銘柄への指定）に触れている．

　第3のコーポレート・コミュニケーション（同92〜93ページ）について取り上げる．社会とのコミュニケーション，メディア・リレーションズの取り組み，株主・投資家とのコミュニケーションで構成されている．社会とのコミュニケーションの冒頭では，企業価値の向上に向けてステークホルダーとのコミュニケーションを重視しており，株主・投資家の皆様だけにとどまらず，一般社会に対するコミュニケーションの強化にも努めている，と表明している．前述したとおり，ステークホルダー間には基本的に利害の対立がある．Eccles and Krzus［2015］が指摘しているとおり，ステークホルダーとのより深い目的を持った対話が行われ，株主とステークホルダーの両方に共通のメッセージを提供することで，その差異を縮めること[8]ができる．つまり，これまでのように株主向けのアニュアルレポートとNGO/NPOなどの環境団体向けの「環境報告書」「社会的責任報告」「CSR報告書」などが別物であれば，二枚舌・三枚舌もありうるからである．限りのある経営資源（特に資本）をどのように使うかに関しては，全ステークホルダーに共通のメッセージを伝える意義は大きい．アニュアルレポートの2014年版にはないが，2015年版では2015年の主な取り組みとして，メディアおよび機関投資家向け説明会・懇談会16回，国内外の投資家・証券アナリストとの面談数延べ466名，個人投資家および株主向け説明会4回，株主およびメディア向け工場見学会2回というように

---

8) Eccles and Krzus［2015］, 邦訳56頁．

実施回数などが開示されている．筆者は同社の広報IR部門からおおまかな数字を聞いていたが，その回数の多さに驚くとともに真剣さを感じている．

また，情報開示方針の詳細に関するウェブサイトも追加されており，同じページ数ながら2015年版は前年に比べて向上していると思われる．なお，株主総会の招集通知は開催日の4週間以上前に発送しているとのことであり，株主との真摯な対話姿勢が垣間見えると言えよう．

8　アニュアルレポートにおけるデータ・セクション

アニュアルレポートのデータ・セクションは，新製品開発状況，基本情報，用語解説で構成されている．新製品開発状況では，領域ごとに，予定適応症，開発ステージ，一般名／製品名，オリジン，作用機序などが掲載されている．基本情報では，国内医薬品市場の外観と薬価についてという項目があり，市場環境について説明がされている．そのうえで，領域ごとの製品説明が続き，最後の用語解説では，事業活動関連，創薬関連，ロシュ・グループ，人財関連などを取り扱っている．

アニュアルレポートの2015年版では少し構成が変更となって，環境データのページ（同108〜109ページ）が充実している．

　　気候変動への取り組み：エネルギー消費量，CO_2排出量，CFC・HCFC使用機器フロン量．

　　化学物質の適正管理：PRTR法対象物質取扱量

　　廃棄物の削減：産業廃棄物発生量，再資源化量・再資源化率，産業廃棄物，最終処理分量・最終処分率，OA紙・コピー用紙購入量

　　水質・大気汚染防止：用水量・排水量，総BOD量・窒素量・リン酸量，NOx排出量，SOx・ばいじん排出量

に関するKPIデータが，2011年から2015年までの推移として掲載されている．業績が伸びているのですべての項目の絶対量が減少しているわけではないが，エネルギー消費量，CO_2排出量，産業廃棄物最終処理分量・最終処分率，OA紙・コピー用紙購入量は減少していることから，環境に配慮した経営努力が見て取れる．

9 アニュアルレポートにおける財務セクション

　アニュアルレポートの財務セクションでは，CFO メッセージに続いて，各種の財務諸表（2012年以降は IFRS/Core ベース，2012年までは日本基準）を掲載し，経営成績および財務分析を行っている．ここではCFO メッセージと事業などのリスクに着目してみたい．

　CFO メッセージ（同116〜117ページ）では，ロシュ社との提携以降，導入品の増加に伴い売上原価率が上昇する中で，数々の施策により営業費や研究費などの経費率の低減を推し進めてきた，との報告がある．2013年に立ち上げた「生産性向上プロジェクト」によって，ロシュ社との提携以前と比較して約17ポイントの改善が見られた，と報告している．また，プロジェクトの副産物として，多くの部門が新たな課題を自ら見出し，自主的に生産性向上施策を進めた，とのことである．資本の効率的な使用に，経営層と社員が一丸となって取り組んでいる姿勢がステークホルダーに伝わる．

　最後に，「事業等のリスク」（同126〜127ページ）について検討してみよう．事業活動におけるリスクと機会は，IIRCのフレームワークにおいて含むべき内容に入っている．特定のリスクと機会とは何か，それが企業の価値創造能力に短期・中期・長期にわたってどのように影響を与えるのか．そしていかに対処するのかを説明する必要がある．掲載されている事業リスクは，①新製品の研究開発，②製品を取り巻く環境の変化，③副作用，④医療制度改革，⑤知的財産権，⑥ロシュ社との戦略的提携，⑦国際的な事業活動，⑧ITセキュリティおよび情報管理，⑨大規模災害などによる影響，⑩訴訟，⑪環境問題，をあげている．内容的には，平板な有価証券報告書とほぼ同じである．[9] 製薬業界の特性から判断すると，重要な順に並べていると直感されるが定かではない．リスク・マネジメントの視点で見ると，リスクの発見・認識はあるが，どのように評価（影響度と発生頻度）しているのかは不明であり，具体的な対策（リスク・コントロー

---

9) より正確には，主語がアニュアルレポートでは中外製薬，有価証券報告書では当社グループになっているという違いがある．

ル，リスク・ファイナンス）についてはまったく記載がない．[10] 統合報告では，基本原則の1つに重要性が入っている．つまり，何が重要課題「マテリアリティ」であるのかを，「企業」と「ステークホルダー」の2軸によるマテリアリティ分析（リスク・機会）を行うことも検討に値すると思われる．もし，重要度が高いのであれば，リスクと機会の観点から，必然的により多くの経営資源（時間，金銭，経営層の関与，ステークホルダー・エンゲージメントの程度など）を割くに値する．これは企業の戦略の主要な一部分を占めることになる[11]からである．

　アニュアルレポート2015年版（同36ページ）では，中期経営計画IBI18策定のためにリスクと機会を分析したようである．機会とリスクという題名のもとに，機会とリスクをグローバルと日本で区別して整理・報告しており，2010年からの全社リスク課題をあげ，部門リスク課題数は86件，その他課題数は1,114件とのことである．平時のリスク管理として，リスク・マップの作成，部門リスク課題の決定と対応，全社リスク課題の決定と対応について触れている．リスクと機会を識別したことが確認でき，何らかの対策を採りつつあるだろうことが推測される．前年のアニュアルレポートに比べると大きな改善が見られ評価できると言えよう．

第5節　まとめに代えて

　IIRCでは，統合報告書を次のように定義している．統合報告書は，組織の外部環境を背景として，組織の戦略，ガバナンス，実績および見通しが，どのように短期・中期・長期の価値創造を導くかについての簡潔なコミュニケーションである．[12] その目的は，財務資本提供者に利用可能な情報の質を向上することによって，より効率良く，生産的な資本の配分を可

---

10) 筆者はかつてリスク情報に関して，TOPIX100の有価証券報告書（日本）とS&Pの10-K（米国）を比較研究をしたことがある．例えば，10-Kの中には地震に関して，地震保険を手当てしている，あるいは保険料率が高いのでリスクを保有しているといった対策に関する情報を開示している企業が見られた．詳しくは，加藤［2009］を参照．
11) Eccles and Krzus［2015］，邦訳127頁．
12) The International 〈IR〉 Framework, p. 7.

能にすることである．その情報の受け手は，財務資本提供者（投資家）のみならず，従業員，顧客，サプライヤー，ビジネスパートナー，立法者，規制者，政策立案者も含むのである．[13] 企業を取り巻く多様なステークホルダー間には利害対立があるが，企業価値を創造するために持続可能な経営戦略を立案し実行するにあたり，おのずと資本を含む資源配分に優先度が生じる．それでは，利害の錯綜する多様なステークホルダーに同じメッセージを送るメリットとは何であろうか．『統合報告の実際』の著者であるEcclesとKrzusは，次の4点をあげている．

① 財務と非財務パフォーマンスの関係，企業が特定の業績目標に対して設定しているコミットメントがより明確に示されること．
② 持続可能な戦略に，よりふさわしい内部決定を生み出すこと．
③ ステークホルダーとのより深い目的を持った対話が行われ，株主とステークホルダーの両方に共通のメッセージを提供することで，その差異を縮めること．
④ 規制リスクと人的資本リスクを抑え，現在の最大のリスクとなっているレピュテーション・リスクを低減すること．[14]

これらのメリットを理解したうえであるのかどうかはわからないが，統合報告書に移行する企業は増えている．

本稿では先端的情報開示の事例として日経アニュアルリポートアウォードでグランプリを受賞した中外製薬の「アニュアルレポート2014」を分析対象とし，同レポートがいかに優れているかをIIRCのフレームワークに沿って，筆者の視点から解説を試みた．

それでは，なぜ，中外製薬は優れた統合報告書を作れるのであろうか．その背景には何があるのだろうか．もちろん，担当する部署，企画・作成担当者が頑張っているという点をあげなければならない．しかしながら，それは本質ではないと筆者は考えている．なぜなら，経営トップのリーダーシップと全社的な取り組みがなければ，いくら担当者が頑張ってもなし

---

13) The International 〈IR〉 Framework, p. 4.
14) Eccles and Krzus [2015]，邦訳56頁．

えないことだからである．ここでロシュ社との提携に至った経緯に触れる必要があろう．

　中外製薬は，2002年にグローバルな製薬企業グループであるロシュ社の傘下に入った．当時は，外資への身売りとの論調も見られた．大手製薬企業が生活習慣病分野で大きく成長する中で，抗体医薬とバイオ医薬に活路を見出したい中外製薬は，過度の干渉を避けるべく，自主性・独立性を提携条件として交渉を行い，ロシュ・グループの一員となった．ロシュ社の当初の株式保有比率は50.1%で連結子会社，現在は59.9%である．中外製薬にとってロシュ社以外の少数株主（40.1%）は，自主性・独立性を維持するための株主の受け皿として，また長期間にわたる研究開発投資の理解者として要であると言えよう．

　ここで，証券アナリスト山本義彦氏と青山学院大学北川哲雄教授との医薬品産業をめぐる対談を紹介したい．

　　「医薬品の場合，長期的な視野を持ち，医薬品産業の特性を理解する真っ当な機関投資家に長期保有してもらうのが王道と言えます．そのためには彼らとの継続的で良好なコミュニケーションを図るべきです」[15]

との主張は説得力がある．何が言いたいのかと言えば，中外製薬のアニュアルレポートは，単に良い業績を流行の方法（統合報告書）を使って上手に伝えているのではなく，自主性・独立性の庇護者である少数株主に経営戦略から始めて，各種投資の妥当性を財務との関係の中で説明してきた歴史の延長線上の産物と思われるからである．

　前述したとおり，中外製薬は過去に幾度かの経営危機に見舞われている．その経営危機を体験してきた，あるいは伝え聞いてきた役職員にとって，現在同社が取り組んでいる経営戦略は腹に落ちるものであり，常日頃の活動に反映され滲み出るものがある．その集大成が「7つの強み」であり，経営戦略を介して，非財務情報と財務情報の関連性が見えてくるのではないだろうか．かかる成果は，一朝一夕になしうるものではない．そこ

15）　北川［2010］，123頁．

に会社と投資家の間における「高質な対話」[16]をする素地があるのである．

　もちろん中外製薬のように特殊な事情や背景を持つ会社でないと優れた情報開示はできないことはない．企業価値の創造に取り組み，出資者を含む企業を取り巻くステークホルダーと本気で向き合い，双方向でコミュニケーションを取る経営姿勢があれば，おのずとアニュアルレポートのクオリティは向上すると考えられる．本稿が，その一助になれば幸いである．

［参考文献］

Eccles, Robert G. and Krzus, Michael P. [2015] *The Integrated Reporting Movement: Meaning, Momentum, Motives, and Materiality*, John Wiley & Sons（北川哲雄監訳『統合報告の実際——未来を拓くコーポレートコミュニケーション』日本経済新聞出版社，2015年）．

加藤晃 [2009]「リスク情報の開示に関する日米比較——ERMの視点から」『損害保険研究』第71巻1号．

加藤晃 [2016]「資本市場が支える組織間関係に関する一考察——中外製薬とロシュの戦略的提携」『愛産大経営論叢』第19号．

北川哲雄 [2007]『資本市場ネットワーク論——IR・アナリスト・ガバナンス』文眞堂．

北川哲雄 [2010]『IRユニバーシティ——IRオフィサー入門』国際商業出版．

国際医薬品情報編集部 [2015]「特別インタビュー　ロシュの投資判断の基準はサイエンスとアンメットニーズ——バリュー・チェーンのイノベーションにも挑戦」『国際医薬品情報』1051号．

中外製薬広報IR部 [2014]「アニュアルレポート2014」．

中外製薬広報IR部 [2015]「アニュアルレポート2015」．

中村洋 [2007]「医療用医薬品産業における構造変化と新たなM&A・アライアンスへの展望——構造変化と既存ビジネスモデルの整合性の観点から」『医療と社会』第17巻1号．

---

16)　高質な対話とは，株式の長期保有を前提とした投資家と企業の間の目的を持った対話のことである．単なる収益予想やROEなどの多寡ではなく，経営としての哲学，経営戦略，事業リスクなどについて深く突っ込んで対話を行う双方向のコミュニケーション．

第6章

ESG投資の可能性[1]

はじめに

　わが国の資産運用市場では，ESG投資という言葉が広まりつつある．ESG投資とは，一般的には，投資の意思決定において環境（Environment），社会（Social），ガバナンス（Governance）のESG要因を考慮するものと言えよう．ESGという概念は，2006年に国連が提唱した責任投資原則（Principles for Responsible Investment: UN-PRI）で初めて導入された．国連は「ESG要因はポートフォリオに影響を与えうる」，[2] つまり，ESG要因には投資のリスクとリターンがあるという考えを示し，投資家にESG要因の考慮とUN-PRIへの署名を求めた．その結果，機関投資家のUN-PRI署名の機運が一気に高まり，UN-PRIにより欧米を中心にSRI市場は急速に拡大した［Eurosif, 2014；US SIF, 2014］．[3]

1）　本章は筆者の青山学院大学への学位申請論文を加筆したものである．
　　https://www.agulin.aoyama.ac.jp/opac/repository/1000/17514/17514.pdf
2）　UN-PRIのウェブサイトによる（検索日2016年7月9日）．
　　http://www.unpri.org/about-pri/the-six-principles/
3）　Eurosif は欧州のNPO で正式名称はEuropean Sustainable and Responsible Investment Forumである（検索日2016年3月3日）．
　　http://www.eurosif.org/publication/european-SRI-study-2014/
　　一方，US SIFは米国のNPOで正式名称はThe Forum for Sustainable and Responsible Investmentである（検索日2016年3月3日）．
　　http://www.ussif.org/

SRIとは，社会的責任投資（Socially Responsible Investment）またはサステナブル投資（Sustainable Responsible Investment）の略称としてとらえられている．EurosifおよびUS SIFでは，ESG要因を考慮するあらゆる投資手法をSRI（サステナブル投資）としてとらえている．SRIの手法については，本章第4節で説明する．

　一方，国連は，当初は，UN-PRIで提唱する責任投資（Responsible Investment: RI）とSRIの違いを曖昧にしていた．従来のUN-PRIのウェブサイトにおける説明では，ESG要因を考慮するあらゆる投資をRIとしてとらえていた．しかし，2016年にUN-PRI提唱10周年を機に更新したウェブサイトでは，RIとSRIの同一性については明確に"ノー"という考え方を示している．国連は，SRIは倫理的（ethic）または道徳的（moral）成果と経済的リターンを結び付けるのに対し，RIでは投資家の唯一の目的である経済的リターンを追求する点がSRIとは異なると主張している．

　UN-PRI提唱10周年を機に，RIはSRIと一線を画したように見える．しかし，国連は，社会的責任投資（SRI），インパクト投資（impact investing），サステナブル投資（sustainable investment），倫理的投資（ethical investment），グリーン投資（green investment）による環境，社会，持続可能性に対する取り組みは，RIと非常に似ていることを認めている．さらに，UN-PRIは，経済的リターンだけを追求するRIであっても，倫理的または道徳的成果についても追求できると主張している．結局，UN-PRIはRIもSRIも同じと捉えていることになる．[4]

　筆者は，ESG投資を広義にとらえるSRIも狭義にとらえるRIも，企業の持続的成長と長期における高い投資リターンを求める目的は同じであると考える．その意味においても，本章においてSRIとRIの違いを論じることはあまり意味がないと考える．

　また，国連のRIは経済的リターンを唯一の目的とすると主張しているものの，投資の意思決定においてESG要因を考慮すること自体が善悪を

4）　UN-PRIのウェブサイトによる（検索日2016年7月9日）.
　　http://www.unpri.org/about-pri/the-six-principles/

判断する行為と言えよう．これは，RIの主体であるESG投資家が，ESG要因を考慮することにより，結果として，善悪の判断，つまり倫理的価値を判断する行為を行っていると言えよう．筆者は，この点に，経済的リターンのみを追求するRIが倫理的成果を得られると主張する根拠があり，UN-PRIの真の狙いがあると考える．

　以上の理由で，本章においてはESG投資をSRIと同じものとしてとらえ，ESG投資がわが国における健全なインベストメント・チェーン構築に貢献する可能性について論じたい．

　なお筆者は，わが国のESG投資の発展を願うものであるが，1つの懸念がある．それは，証券会社主導の収益性と話題性が先行し一過性のブームに終わったように見えるSRIファンドと，今回のESG投資の盛り上がりのいずれも，わが国の投資社会から内生的に生まれたものではないことである．2015年9月にGPIF（年金積立金管理運用独立行政法人）がUN-PRIへの署名を表明するまでは，機関投資家の多くはSRI・ESG投資に関心を示すことがなかった．

　SRIファンドのブームも，今回のESG投資の盛り上がりも，欧米におけるSRI・ESG投資の形だけを取り入れている点に不安を覚える．そのような認識のもと，わが国の機関投資家には，社会的正義のために，様々な社会的問題に取り組んできた欧米のSRI・ESG投資の歴史から，ESG投資の方法論だけではなく，SRI・ESG投資の精神と哲学を学ぶことを期待したい．それが，わが国のESG投資の発展を持続的なものにすると考える．

第1節　ESG投資の定義と目的

　現在のSRI，つまりESG投資は，国や地域，投資家，調査会社などの市場参加者によってとらえ方は多様であり，統一的な定義は確立していない［Eurosif, 2014；水口，2005］．そこで，筆者は，Eurosif［2014］，US SIF［2014］などを参考に，本書の立場を明らかにするためにESG投資の定義を行う．ここで「ESG投資は，倫理的価値観をベースに，環境（Environment），社会（Social），ガバナンス（Governance）のESG要因を投資の

意思決定の際に考慮し，企業の持続的成長と長期運用パフォーマンスの向上を図る投資」，であると定義する．

　一方，2014年の経済産業省・伊藤レポート，[5)] 同年に金融庁が公表したスチュワードシップ・コード，および2015年に東京証券取引所が上場企業に求めたコーポレートガバナンス・コードの目標は，ショート・ターミズムを排除し，企業の持続的成長と長期運用パフォーマンスを向上させることにより，健全なインベストメント・チェーンの構築を目指すものである，と言えよう．したがって，本章が定義するESG投資は，伊藤レポートと2つのコードの目標とほぼ同じであり，健全なインベストメント・チェーン構築に貢献しうると考える．

　そこで，本章ではESG投資についての理解を深めるために，欧米を中心に世界のSRI・ESG投資の歴史，市場規模，投資手法を概観する．特に，欧米におけるSRIの歴史から，SRI・ESG投資の発展を支えてきたSRIの精神と哲学を学ぶことにより，わが国のESG投資が発展するための示唆が得られると考える．そのようなSRIの歴史を踏まえて，わが国のSRI市場の現状と問題点を考えたい．さらに，ESG投資が健全なインベストメント・チェーン構築に貢献するための具体的施策を検討する．

第2節　SRIの歴史

1　SRIの起源

　SRIの起源は，17世紀の英国におけるプロテスタント・キリスト教の一派であるクウェーカー創始者ジョージ・フォックスが示した規範，または18世紀の英国のメソジスト創始者ジョン・ウェスレーの1760年の説教集にある「金銭の使い方」（The Use of Money）と言われている［US SIF, 1999 ; Kreander, et al., 2003, p. 22］．ウェスレーは「金銭の使い方」の中

[5)]　経済産業省「『持続的成長への競争力とインセンティブ～企業と投資家の望ましい関係構築～』プロジェクト（伊藤レポート）最終報告書」（検索日2014年9月27日）．
http://www.meti.go.jp/press/2014/08/20140806002/20140806002-2.pdf

で隣人の精神と身体を損なうことで金銭を稼いではならないと説いている．具体的には，ギャンブルやアルコール（特に，アルコール濃度の高い火酒）などである．この教えと戦争と暴力を排除するクウェーカーの教義は，特定の産業や企業を投資対象から排除する，現在のネガティブ・スクリーニングの原形となっている．

また，「金銭の使い方」は，マックス・ヴェーバーが引用[6]したほど歴史的に重要な説教であるにとどまらず，現在も欧米のSRIとSRIが生まれた英国および米国社会に大きな影響を与えている．例えば，メソジストの家庭に育った英国元首相のマーガレット・サッチャーは，1991年に来日した際の講演会で「金銭の使い方」は彼女の政治信条に強く影響したことを述べている．[7] しかし，あるいはそれ以上に，ウェスレーは英国の労働組合運動と労働党にも強い影響を与えた．19世紀の英国では，欧州各国の労働運動とは異なる，メソジストの影響の強いキリスト教社会主義という独自の労働組合運動が展開された［内海，2003］．現在の労働党のウェブサイトには，労働党はマルクスよりもメソジストの影響が強いことが記されている．[8]

さらに，ウェスレーは「金銭の使い方」の中で，お金は「おおいに獲得し，おおいに節約し，おおいに捧げなさい」[9]（"Gain All You Can, Save All You Can, and Give All You Can"!）という3原則を示した．とりわけ，3番目の「おおいに捧げなさい」（"Give All You Can"）の原則を強調した．ウェスレーは，金銭への執着を戒めつつも，なお，金銭はあらゆる善を行う道具である，とも教えた．勤勉かつ時間を惜しんで全力でできるかぎり稼ぎ，贅沢を慎みつつもできるかぎり蓄え，自分と身内に必要なものを除き，残ったお金はできるかぎり貧しい人々に与えよ，と説いている．

---

6) ヴェーバー［訳書，1991］，352-353頁，による．
7) 1991年9月5日に日本経済新聞社が主催した講演会における発言である．その講演内容と質疑応答は翌6日付の『日本経済新聞』朝刊13面に掲載された．
8) 英国労働党ウェブサイトによる（検索日2014年8月31日）．
http://www.labour.org.uk/faith
9) 青山学院のウェブサイト「ジョン・ウェスレーとメソジスト教会」に記載された和訳を引用した（検索日2014年5月25日）．
http://www.aoyamagakuin.jp/history/introduction/jw.html

これは，神は人間を財産の所有者ではなく管理者（Steward）として創られた，という聖書の原理に基づく教えである［Wesley, 1760］.

わが国では，ウェスレーが「金銭の使い方」の中で飲酒とギャンブルを戒めたことが，ネガティブ・スクリーニングの原形となったことは認識されている．しかし，ウェスレーが説いたのは金銭の稼ぎ方ではなく，まさに「金銭の使い方」である．21世紀のSRI・ESG投資家は，ウェスレーが貧困者救済として説いた「管理者精神」こそ，重く受け取るべきメッセージであると考える．

欧州におけるSRIの飛躍的発展の契機となった2000年施行の英国年金法改正の議論においても，ウェスレーの「金銭の使い方」の教えが強く影響した［Sparkes, 2002, pp. 7-12］．1999年4月，ブレア労働党政権の年金担当大臣スティーブン・ティムス（Stephen Timms）は，年金法改正に関するスピーチ[10]の中でウェスレーの「金銭の使い方」における「管理者精神」（Stewardship）の重要性を強調した．ティムスは，「金銭の使い方」は「たぶん，ウェスレーの時代の人々よりも，子供や孫達に残す環境の管理者でありながら環境破壊を始めたわれわれの世代の心により強く共鳴するであろう」［Sparkes, 2002, pp. 46-47］と述べている．

このように，メソジストとクウェーカーがSRI・ESG投資の起源と考えられるものの，筆者は19世紀の英国と米国における彼らの具体的な投資に関する記録は確認していない．しかし，Schuethは，これらの規範を守り続けたメソジストおよびクウェーカーが「投資における社会的責任の概念を新世界に持ち込んだ可能性が高い．……メソジストは，過去200年以上にわたり，現在の社会的スクリーニングに相当する基準を使って米国で資金を運用してきた」［Schueth, 2003, p. 189］，と主張する．また，ドミニも，メソジストとクウェーカーが長期にわたり，彼らが社会に有害と考える産業や企業への投資を回避してきたことを指摘している［ドミニ，訳書2002，46頁］．

---

[10] 1999年4月21日に開催されたThe Pension and Investment Research ConsultantsのConference on Corporate Responsibilityにおけるスピーチ［Sparkes, 2002, p. 67］．

2　倫理的投資の時代（1900年代～1960年代）

　20世紀にはいると，英米のキリスト教教会（以下，教会）では，聖書の原理に基づいた倫理的投資が行われるようになった．1908年，米国のメソジスト監督教会（The Methodist Episcopal Church）は，同教会の年金を管理・運用する機関としてウェスパス・インベストメント・マネジメント（Wespath Investment Management）を設立した．ウェスパスは，現在も合同メソジスト教会（The United Methodist Church: UMC）[11]の「年金・健康保険理事会」（The General Board of Pension and Health Benefit）の直属機関として，聖書の倫理とメソジスト教会の社会的信条（1908年採択）に基づく資産運用を行っている．[12]

　1919年，米国では禁酒法（Prohibition, 正式にはThe Volstead Act）が施行され，1933年まで続いた．禁酒法は，厳格なピューリタンの信仰を受け継ぐ法律であった．ピューリタンの思想は，米国の独立以前から当時に至るまで全米で大きな影響力を持っていた．また，当時はギャンブルも全米で禁止された時代であった．1928年，そのような時代を背景に，世界初の公募によるSRIファンドであり，アルコールおよびタバコ関連企業を排除するThe Pioneer Fundが設定された．しかし，The Pioneer Fundは世界初の公募SRIファンドながら，規模は小さく，翌年の大恐慌の影響もあり，社会的影響は限定的であった［Sparkes, 2002, p. 48］．

　欧州では，1932年にスコットランド教会が欧州で最初の倫理的投資ファンドを設定した．また，英国教会も1948年に倫理的基準による投資を開始した．英国の動きに前後して，欧州各国の教会で倫理的投資が行われるようになった．さらに，1965年に欧州最古であり現在も存在する公募の倫理的投資ファンドであるAnsvar Aktiefond Sverigeが，スウェーデンの保険会社Aktie-Ansvarによって設定された．当ファンドの設定に

---

[11]　1968年にメソジスト監督教会などメソジスト各教派が統合し，合同メソジスト教会が誕生した．
[12]　検索日2014年2月8日．
　　http://www.wespath.com/search/?q=TheInvestorRationale

は，スウェーデン国内の複数の教会が深く関与した．また，1960年代には英国メソジスト教会が倫理的投資ファンドの設定に着手した [Kreander et al., 2003; Sparkes, 2002]．

このように，欧米のプロテスタント教会は，ネガティブ・スクリーニングによる倫理的投資を推進し，1900年代から1960年代の期間にSRIの基礎を作ったと言える．

3 SRIの原型形成期（1970年代～1980年代）

米国の社会問題に対するSRIの取り組み

1960年代の米国では，公民権，女性の権利，消費者運動，ベトナム戦争反対，環境保護などの社会運動，政治活動が活発に展開された．そして，1960年代に企業の社会的責任を求める株主行動が起こり，1970年代には公募SRIファンドの本格的な設定が見られた [Eurosif, 2012, pp. 8-9; Sparkes, 2002, pp. 48-51]．

その中で最も古い株主行動は，サウル・アリンスキー（Saul Alinsky）が率いる黒人活動家グループFIGHT（Freedom, Integration, God, Honor, Today）が，1965年にイーストマン・コダック社（Eastman Kodak）の年次株主総会に出席し，黒人労働者の雇用に関する質問を行ったことである．アリンスキーが取った株主行動は，SRIファンドに次ぐSRIの2番目の手法として認識されるようになった [Louche et al., 2011, p. 18; Sparkes, 2002, pp. 48-49]．

株主行動のもう1つの大きな動きとしては，ラルフ・ネーダー（Ralph Nader）と彼が率いる組織であるキャンペーンGM（Campaign GM）があげられる．彼は著書『どんなスピードでも自動車は危険だ』（*Unsafe at Any Speed*）の中で，米国製自動車の安全性に欠陥があることを取り上げた．ラルフ・ネーダーは，ゼネラルモーターズ（GM）の1970年年次株主総会に9つの株主提案を行った．そのうち，証券取引委員会（SEC）が妥当と認めた2つの提案が議案として取り上げられた [Sparkes, 2002, pp. 51-52]．結果としては，2案はともに否決されたものの，社会的注目を意識したGMは，黒人牧師のレオン・サリバン（Leon Sullivan）を取締役に

選任し，公共政策委員会を設置した［谷本，2003，12頁］．

　1970年前後の米国では，ベトナム戦争が南北戦争以来の米国を二分する深刻な問題となっていた．ベトナム反戦機運が高まる社会情勢のもと，1971年に，合同メソジスト教会の牧師であったルーサー・タイソン（Luther Tyson）とジャック・コルベット（Jack Corbett）が，軍需産業を投資対象から排除するミューチュアル・ファンドであるThe Pax World Fundを設定した．2人の牧師は，合同メソジスト教会からのミッションとして，平和に関する問題に取り組んでいた．彼らは，投資家が倫理的価値観に基づく投資を行うことと，企業が社会と環境に対する取り組みを改善することを望んだ．[13]

　The Pax World Fundが設定された翌年の1972年に，米国の大手運用会社The Dreyfus Groupは新たなタイプのミューチュアル・ファンドであるThe Third Century Fundを設定した．そのファンドは，環境と社会性（労働環境，雇用条件など）に焦点を当て，環境と社会性の要因を評価・順位づけする企業評価システムを採用した．また，その他の運用会社による個人向けSRIファンドの設定もあった．しかし，1970年代のSRIファンド拡大の動きはゆっくりとしたものであった［Sparkes, 2002, p. 51］．

　また，1970年代には，多様な社会問題に取り組む団体や調査機関が数多く設立された．例えば，米国のキリスト教諸教会は，1971年に株主行動を行う多くのグループを結集させ，1973年にICCR（The Interfaith Center on Corporate Responsibility）を設立した［Sparkes, 2002, p. 51］．ICCRは，信仰と社会変革のために，倫理的価値観に基づく投資行動を行うことを目的としている．[14] 1971年には，企業統治とCSRに関する公正な調査を行う目的で，IRRC（The Investor Responsibility Research Center）が設立された．[15]

13）　The Pax World Investmentのウェブサイトによる（検索日2014年2月15日）．
　　　http://www.paxworld.com/about-pax-world/history
14）　現在の会員は教会，CSR調査会社，資産運用会社など約300である．会員の保有する資産の総額は約1,000億米ドル（10兆円相当）である（検索日2014年6月25日）．
　　　http://www.iccr.org/

アパルトヘイト廃止の国際的連携に加わったSRI

1980年代になるとSRI投資家の重大な関心事は，南アフリカ共和国政府（南アフリカ）のアパルトヘイト政策となった．株主行動で多くの成果をあげた米国の人権運動家が南アフリカに関心を持ったのは自然な流れであった［Sparkes, 2002, p. 52］．

しかし，人権活動家よりも前に反アパルトヘイトの株主行動を起こしたのは，米国の教会であった．1970年代初頭，米国の主要なプロテスタント教会（教会員総数2,100万人）は，南アフリカで事業を展開する米国企業に，現地の黒人労働者の労働条件を改善するように圧力をかけた．1973年，The Church of Christは，モービル社（Mobile）の年次株主総会において南アフリカの黒人労働者の労働条件改善を求めた．1977年，ゼネラルモーターズ社（GM）の取締役となったレオン・サリバン牧師は，サリバン原則を発表し，南アフリカで操業する米国企業に対し人種差別の撤廃，公正な労働条件・労働環境などを求めた［Teoh, Welch, and Wazzan, 1998, p. 7］．

サリバン原則が公表された1977年に，カナダ政府はアパルトヘイトへの反対と南アフリカでの商業活動の抑制を公表した最初の政府となった．しかし，米国・英国の両政府は，南アフリカとの経済関係を重視する立場から対応は遅く，貿易禁止をはじめとする実効性のある経済制裁を発動したのは1980年代半ばであった［Teoh *et al.*, 1998, pp. 7-8］．

1982年，コネチカット州議会は，サリバン原則に従い，投資基準に社会性評価を取り入れた全米最初の州となった．翌1983年，マサチューセッツ州は，南アフリカで事業を展開する企業に州の資金を投資することを禁じた．さらに，1984年には，資産残高で全米最大規模の年金基金であるカリフォルニア州とニューヨーク市[16)]は，南アフリカに関する投資指針を設け，南アフリカ関連の株式から資金を引き揚げた［Sparkes, 2002,

---

15) IRRC Instituteのウェブサイトによる．2006年，IRRCの株式は議決権行使に関する調査会社ISS（Institutional Shareholder Services）に売却され，IRRCは現在のIRRC Instituteに名称を変更した（検索日2014年6月25日）．
   http://IRrcinstitute.org/about.php?page=history&nav=3

pp. 52-53]．1985年，これらの投資引き揚げにより，南アフリカは対外債務不履行を引き起こした．また，これを契機に，欧米の主要金融機関はSRIの存在を強く認識するようになった［Sparkes, 2002, p. 56］．1980年代を通じて，SRI投資家の投資引き揚げと欧米各国政府の制裁により，多くの欧米企業が南アフリカから撤退した［Teoh *et al.*, 1998, p. 9］．

　SRIファンドの動きとしては，1982年に米国のCalvert Investmentが南アフリカで事業を展開する企業を排除し，反アパルトヘイトを目的とする最初のミューチュアル・ファンドであるThe Calvert Social Investment Fundを設定した［Sparkes, 2002, p. 91］．1980年代に設定されたSRIファンドの多くは南アフリカ関連株式を投資対象から排除するものであった．1980年代に米国におけるSRIファンドの残高は著しく増加し，1984年の400億米ドルから1987年には10倍の4,000億米ドルに達した［Sparkes, 2002, p. 54］．

　一方，英国では，1984年に，英国初の公募による倫理的投資ファンドであり，クウェーカーが深くかかわったThe Friends Provident Stewardship Ethical Fundが設定された．英国では1960年代から倫理的投資ファンドを設定する動きがあったが，英国貿易経済省（The Department of Trade）は宗教的価値観が強いと投資収益が損なわれるという理由で，倫理的投資ファンドを認可しなかった［Mackenzie, 1997, p. 61］．そのため，設定時期で見れば，SRIファンドは米国が先行する結果となった．

　1980年代には，英国諸教会では南アフリカに関する株主行動が大きな議論となっていた．英国メソジスト教会では，非公式ながら投資の倫理に関する議論が何年も続き，さらに南アフリカ問題に関する激しい討論の結果，1983年に「中央財務理事会」（The Central Finance Board）に対して諮問を行う「投資倫理委員会」（Ethics of Investment Committee）の

---

16)　2012年末時点の年金基金の運用資産残高で見ると，カリフォルニア州は3,257億米ドルで全米最大であり，ニューヨーク市は1,501億米ドルで全米5番目である．データは，Pension & Investmentのウェブサイトに記載の"P&I/Towers Watson World 300: The largest retirement funds"による（検索日2014年7月23日）．
　　http://www.pionline.com/article/20130902/INTERACTIVE/130829875/pampitowers-watson-world-300-the-largest-retirement-funds#

設置を正式に決定した．その後，英国メソジスト教会は，南アフリカへの最大の石油供給者であるロイヤル・ダッチとシェルの両社の年次総会に毎年出席した．その結果，改善の見られなかったシェル社の株式を売却した [Sparkes, 2002, p. 55]．

英国のアパルトヘイトに反対する動きとしては，1973年にクウェーカーが中心となって設立した The Christian Concern for South Africa (CCSA) があげられる．また，1983年に，英国のメソジスト教会とクウェーカーが中心となって，南アフリカで事業展開する企業について情報収集する目的の調査会社 The Ethical Investment Research Service (EIRIS) を創設した．このように，英国では教会による反アパルトヘイトの活発な動きがあった [Kreander *et al.*, 2003, pp. 6-7]．

南アフリカのアパルトヘイト政策は，ネルソン・マンデラをはじめとする南アフリカ国民の不屈の努力と，それを支援した国際社会の連携により1990年に終了した．さらに，1994年の選挙でのマンデラ大統領の誕生により，南アフリカへの経済制裁は解除された．

1970年代～1980年代のSRIの活動

1960年代半ばまでは，教会がSRIのパイオニアであり中心的存在であった．しかし，1960年代末から米国の労働組合，人権団体，消費者団体などが株主行動という新しい手法でSRI投資家に加わったことは，SRIの歴史における大きな進展である．また，資産運用会社は，倫理的な基準に基づくネガティブ・スクリーニングを採用したSRIファンドを数多く設定した．1980年代の米国におけるSRIファンドの発展は，投資による企業と社会の変革を目的とするSRIが，米国の個人投資家の間に急速に広まったことを意味する．

1970年代から80年代にかけて，米国内で成果をあげた株主行動とSRIファンドは，国内問題から南アフリカのアパルトヘイト政策という国際的問題に取り組みの対象を広げた．また，SRIは，ネガティブ・スクリーニングに加えて，株主行動と投資引き揚げという新たな手段を身に付けた．さらに，巨大年金基金の株主行動は，資本市場に大きな衝撃を与えたとい

う点で意義があった.

　ところで，この時期に活発化し規模が拡大した株主行動と公募SRIファンドは，教会がリードしたという事実がある．さらに，米国・英国の両国において，教会が中心となって社会問題やCSRの調査機関を設立したことからも，教会とSRIの深いかかわりが見られる．ドミニ［2002］は，この時期にキリスト教信仰に基づく投資は広範な規範を含んで発展し現在のSRIを形成したと指摘している［ドミニ，訳書2002，46頁］．筆者も，この時期の英米両国では，キリスト教倫理に基づいた投資による企業と社会の改革が実践され，SRIの投資哲学が磨かれ，1990年代以降のSRI拡大の基盤ができたと考える．

4　SRIの拡大期（1990年以降）

　1990年代にはいると，環境問題，発展途上国の人権・労働問題が，より深刻かつ重大な世界的な問題となった．SRI投資家も，環境，人権，労働などの問題に大きな関心を持つようになった．また，1990年代は，一般の機関投資家がSRIのリターンに関心を持ち始めた時期である．さらに，1970年代から80年代にかけて米国を中心に発展したSRIが，1990年代になると欧州でも本格的な拡大を始めた［Eurosif, 2012］．

1990年代の米国SRI

　1990年代の初め，米国のジャーナリストの多くは，南アフリカのアパルトヘイト廃止によりSRIは終焉するものと見ていた．US SIFは，1993年後半にSRIに関する調査の実施を決定した．その調査は，南アフリカのアパルトヘイト廃止と投資引き揚げの終了がSRIに与えた影響と，その後のSRIの傾向を把握することが目的であった．1995年に発表された調査結果は，ジャーナリスト達の予想に反し，米国のSRI資産運用マネジャーの78％は，南アフリカからの投資引き揚げの終了後もSRIを継続していることが明らかになった［US SIF, 1995, pp. 5-6］．

地球環境問題

　地球環境問題は1990年代に世界的によりいっそう深刻な問題となった．1972年に，国連は，ストックホルムで国連人間環境会議（The United Nations Conference on Human and Environment）を開催し，地球環境問題に取り組む国連環境計画（The United Nations Environmental Programme: UNEP）の設立を決定した．[17]

　国連は，UNEPに環境変化の調査分析を委託した20年後の1992年に，ブラジル・リオデジャネイロで国連地球サミット（The Earth Summit）を開催した．会議では，地球環境問題を人類共通の課題と位置づけ，環境と開発の両立に関するリオ宣言を採択した[18]［Sparkes, 2002；水口, 2011］．

　その一方で，世界各地では深刻な環境汚染が数多く起こった．1979年の米国スリーマイル島の原子力発電所事故，1984年のインド・ボパールで起きた3,500人の死者と5万人に達する負傷者を出した化学工場の毒ガス流出事故，[19] 1986年のスイス・バーゼルの化学工場から流出した農薬と水銀によるライン川の汚染事故，同年のソ連チェルノブイリ原子力発電所爆発事故，と大規模な環境汚染・環境破壊が続いた［Sparkes, 2002, pp. 58-59］．

　1989年，石油メジャー・エクソン社（Exxon）の巨大タンカー・バルディーズ号がアラスカ沖で座礁し，バルディーズ号から1,100万ガロンの大量の原油が流出し，アラスカ沿岸を1,300マイル（約2,000キロメートル）にわたり覆った．原油流出の影響は長期間続き，23種類の野生生物の生態系に影響が見られた．バルディーズ号事件は，環境汚染として米国

17）　国連環境計画（UNEP）については，UNEP日本語サイトを参考にした（検索日2014年6月27日）．
　　　http://www.ourplanet.jp/
18）　正式名称はThe United Nations Conference on Environment and Developmentである（検索日2014年6月27日）．
　　　http://www.un.org/geninfo/bp/enviro.html
19）　2014年12月11日付『日本経済新聞』朝刊9面「ボパールの悲劇から30年　大事故の後遺症，今もなお」では，事故直後に約3,000人が死亡，現在までに，死者は20,000人を超え，約600,000人が後遺症に苦しむ，と報じている．

史上最悪の大惨事となった［Sparkes, 2002, pp. 60-61；Cannon, 1994, pp. 238-239］．

人権および労働問題

2000年のILO報告[20]では，先進国の靴，繊維，衣料の産業は，1998年までに生産拠点をアジアに移したと伝えている．中国，パキスタン，ベトナム，バングラデシュの平均賃金は時給0.45米ドルで，欧州の10.00米ドル，米国の6.00米ドルと比較して非常に低く，女性や児童の賃金はさらに低い，と報告している［Sparkes, 2002, p. 195; ILO, 2000, pp. 45-45］．

1990年代半ば，NGOとIRRCに属する米国の教会投資家は，スウェット・ショップ（長時間，低賃金，児童就労）問題に注目した．特に，労働条件をめぐって，IRRCに属する教会とウォル・マート社（Wal-Mart）の間に長期間にわたる戦いがあった．結局，2001年にウォル・マート社側が折れ，労働者の権利を守ることに合意した．同社は，雇用者の賃金，福利厚生，労働環境，結社の自由，その他の権利を守ることに加えて，サプライ・チェーンを通じて強制労働，服役囚労働，児童就労を行う製造業者あるいは労働者の権利を害する製造業者から製品を購入しないことを明言した［Sparkes, 2002, p. 198］．

ウォル・マート社が人権・労働問題で批判を受けた時期と同じ1990年代半ばに，ナイキ社（Nike）は，発展途上国のサプライ・チェーンで児童就労があることをマスメディアで批判され，消費者の不買運動に見舞われた．ナイキ社が享受していた高い価格プレミアムの源泉である企業名と製品のブランド力は，児童就労問題批判と不買運動によって大きく傷ついた［Sparkes, 2002；ボーゲル，訳書2007］．

[20) 報告名は"Labour Practices in the Footwear, Leather, Textiles and Clothing Industries"である（検索日2014年7月21日）．
　http://www.ilo.org/global/publications/ilo-bookstore/order-online/books/WCMS_PUBL_922112202_EN/lang--en/index.htm

図表6-1　国連グローバル・コンパクトの10原則

人　権	原則1	人権擁護の支持と尊重
	原則2	人権侵害への非加担
労　働	原則3	結社の自由と団体交渉権の承認
	原則4	強制労働の排除
	原則5	児童労働の実効的な廃止
	原則6	雇用と職業の差別撤廃
環　境	原則7	環境問題の予防的アプローチ
	原則8	環境に対する責任のイニシアティブ
	原則9	環境にやさしい技術の開発と普及
腐敗防止	原則10	強要や賄賂を含むあらゆる形態の腐敗防止の取組み

(出所)　グローバル・コンパクト・ネットワーク・ジャパンのウェブサイトに記載された10原則の和訳を使用した．

国連グローバル・コンパクトの制定

　本節で概観したように経済のグローバル化に伴い人権，労働，環境などの負の側面が大きくなり，国や国際機関は独自の努力だけでは問題を解決することができなくなった．そこで，国連のアナン事務総長（当時）は，グローバルな問題解決に企業の参画を求めた．1999年に国連は人権，労働，環境の3つの領域における9原則（後に腐敗防止が加わり，4領域10原則）からなる企業行動原則であるグローバル・コンパクトを提唱した．[21]

コーポレートガバナンス

　英国では，Coloroll社とPolly Peck社の企業不祥事を受けて，1991年にキャドバリー委員会（Cadbury Committee）が設立された．[22] 同委員会により上場企業に対するコーポレートガバナンスの枠組みが作られ，その後も証券市場の実態に沿うように見直しが行われた．1992年の「キャドバ

---

[21]　グローバル・コンパクト・ネットワーク・ジャパンのウェブサイトに記載の10原則の和訳を使用した（検索日2016年6月25日）．http://ungcjn.org/gc/index.html
　　　また，国連のウェブサイトを参考にした（検索日2016年6月25日）．
　　　http://www.unglobalcompact.org/what-is-gc/mission/principles
[22]　University of Cambridge Judge Business Schoolのウェブサイトを参考にした（検索日2014年6月29日）．
　　　http://www.ceres.org/about-us/our-history/ceres-principles

リー報告」では，企業が守るべき行動規範を示し，機関投資家の積極的な株主行動を奨励した．1995年の「グリーンバリー（Greenbury）報告」がキャドバリー報告を拡張し，1998年の「ハンペル（Hampel）報告」が統合規範の形にした［首藤，2004，23頁］．

　1999年の「ターンブル（Turnbull）報告」では，取締役の広範なリスク管理責任の明確化を勧告し，企業内部のガバナンス強化を求めた．また，企業価値と環境・社会・倫理の関係を包括的なリスク管理の面から説明した．その結果，機関投資家と企業のSRIに対する理解が深まった［首藤，2004，23-24頁］．

　このように，「キャドバリー報告」は，英国のコーポレートガバナンス改革の起点となっている．具体的には，キャドバリー報告は，1999年には企業の統合規範であるロンドン証券取引所の上場規則，2010年にはコーポレートガバナンス・コードおよびスチュワードシップ・コードへと受け継がれている．

　一方，米国では，2001年から2002年にかけてエンロン社，ワールドコム社などの企業不祥事（粉飾決算）による大規模な経営破綻が起こり，コーポレートガバナンスのあり方について社会的な関心が高まった．2002年7月にブッシュ政権は，米国企業改革法（The Public Company Accounting Reform and Investor Protection Act of 2002，通称サーベンス・オクスレー法：The Sarbanes-Oxley Act of 2002）を制定し，経営者の罰則強化，投資家や内部告発者の保護，監査法人への監視強化，企業情報開示の強化を定めた［谷本，2003，62-63頁］．

欧州におけるSRI市場拡大の動き

　1990年代にUBSなどのスイスの金融機関は，環境スクリーニングを持つSRIファンドの一種である環境効率[23]ファンドを設定した．環境効率ファンドは，伝統的な財務要因を中心とした銘柄選択の中に環境スクリー

---

23)　環境効率とは，Inovest社の環境効率モデルによれば，競合企業よりも低い環境リスクと資源投下量を実現することにより，より大きな株主価値を実現する能力と定義される［Sparkes, 2002, p. 288］．

図表6-2 英国における年金法改正前後の投資家別のSRI残高の変化

(単位：10億ポンド)

	1997年	1999年	2001年
教会資金	12.5	14.0	13.0
ユニット・トラスト	2.2	3.1	3.5
慈善団体	8.0	10.0	25.0
年金基金	0.0	25.0	80.0
保険会社	0.0	0.0	103.0
合　　計	22.7	52.2	224.5

(出所)　Sparkes [2002], p. 348, Table 13. 2.

ニングを位置づけるものであり，従来のSRIの概念に転換をもたらした．環境効率ファンドの登場を契機に，機関投資家がSRIのリターンに注目するようになった［水口，2005，13頁］．

しかし，欧州におけるSRI市場の飛躍的発展の契機は，2000年施行の英国年金法改正である．英国年金法改正では，年金基金のすべての運用責任者（トラスティ）に対し，投資の意思決定における投資対象企業の社会，環境，倫理の側面の考慮というSRIとしての運用方針と，議決権行使方針について，その有無も含めた情報開示を義務づけた．これは，年金基金にSRIを義務づけたものではなく，SRIの実施を強制したものではない［首藤，2004，22頁；Sparkes, 2002, p. 6］．しかし，この法改正は年金運用の世界の分岐点となった．世界で初めて，政府が年金基金に対して運用方針に社会および環境要因を考慮することを求めた点で画期的であった［Sparkes, 2002, p. 4］．

英国では年金法改正を契機に，図表6-2が示すように，SRIの中心は，教会から年金基金，保険会社などの機関投資家に移った．教会のSRI残高も増加はしたものの，SRI全体に占める割合は大きく低下した［Sparkes, 2002, pp. 348-349］．

他の欧州諸国でも英国と同様の年金法改正が行われた．スウェーデンでは2000年に年金法改正が成立し，2002年に施行された．2001年にはドイツで年金法改正が成立した．フランスでは，2001年に上場企業に対し環

境報告書と社会報告書の作成と開示を求める法律が成立した［谷本，2003, 19頁］．英国年金法改正後には，英国だけではなく欧州全体のSRI市場が急速に拡大した．

このように，英国年金法改正は欧州のSRIを牽引した．しかし，その準備の段階では必ずしも順調とは言えず，いくつかの障害があった．その1つは，「全英年金基金協会」（The National Association of Pension Funds: NAPF[24]）による反発であった．NAPFは，SRIの導入に伴う管理コストの上昇を理由に，年金法改正の政府案に反対を表明した．その結果，年金法改正をめぐる議論と政治的緊張が高まった［Sparkes, 2002, pp. 10-11］．

しかし，ブレア労働党政権が年金法改正の方針が固まっていたことと，年金法の議論を推進してきた超党派の議員団（All-Party Group on Socially Responsible Investment）が，1999年6月11日に年金法改正を支持したことにより，NAPFの政治キャンペーンは終息した［Sparkes, 2002, pp. 10-14］．

筆者は，英国年金法改正はこれをめぐる激しい議論を経て成立したからこそ，政府だけではなく年金基金にもSRIの投資哲学がさらに浸透したと考える．その結果，図表6-2に示されているように，英国SRI市場における大きな変化が起こったと考える．

責任投資原則

2006年に国際連合は，責任投資原則（Principles for Responsible Investment: UN-PRI）を公表した．UN-PRIの創設は，本節で概観した国連環境計画・金融イニシアティブと国連グローバル・コンパクトが中心となった．国連は，持続可能性に関する問題の解決に，グローバル・コンパクトを通じて企業の参画を期待した．それと同様に，UN-PRIでは市場経済に影響力のある機関投資家の参画を期待したと言える．

24） 2015年10月16日，NAPFはthe Pensions and Lifetime Savings Association（PLSA）に組織名を変更した（検索日2016年9月10日）．
　　http://www.plsa.co.uk/PressCentre/Press_releases/0485-Introducing-the-Pensions-and-Lifetime-Savings-Association.aspx

国連の持続可能性にかかわる懸念は，環境，社会，ガバナンスのESG要因に集約される．具体的には，水・食糧問題，天然資源に起因するエネルギー安全保障の問題，気候変動，人権問題，グローバルなサプライ・チェーンにおける労働基準，高齢化社会問題などの環境と社会に関する諸問題である．また，コーポレートガバナンスについても，企業価値に直接影響する深刻な問題であることが，2008年の世界的な金融危機を通じて広く認識されるようになった．現在では，経営の透明性，汚職，取締役会の構成，株主の権利，企業倫理，リスク管理，経営者報酬などが，投資家にとって重要なコーポレートガバナンスの問題となっている．[25]

　国連は，長期間にわたり健全かつ安定的な市場を維持するには，投資家がこのようなESG要因を投資の意思決定に際して考慮する必要があると考えた．そこで，UN-PRIは，投資家に6つの原則を提唱し，賛同と署名を求めた．[26]

　　原則1　ESG問題を投資の分析と意思決定のプロセスに組み込む
　　原則2　ESG問題を運用方針と実践に組み込む積極的な株主となる
　　原則3　投資対象企業のESG問題に関する適切な開示を探求する
　　原則4　投資業界におけるこの原則の受け入れと履行を促進する
　　原則5　この原則の実践が有効であるように一致協力する
　　原則6　この原則の実践に向けて活動状況と進展について報告する

　しかし，社会問題の解決を前面に押し出すと，受託者責任の違反を懸念する金融界の賛同は得られないことが予想された．そこで，UN-PRIは受託者責任の範囲でESG要因に取り組むことができるように，ESG要因はポートフォリオに影響を与えうると主張した．[27] つまり，リスクリターン

---

25) Principles for Responsible Investmentのウェブサイトによる（検索日2014年10月4日）．
　　http://www.unpri.org/introducing-responsible-investment/
26) Principles for Responsible Investmentのウェブサイトによる．6原則は筆者翻訳（検索日2014年6月29日）．
　　http://www.unpri.org/about-pri/the-six-principles/
27) Principles for Responsible Investmentのウェブサイトによる（検索日2014年10月4日）．
　　http://www.unpri.org/about-pri/the-six-principles/

の問題があるからESG要因を配慮する必要があるという考えを強調した［小崎・竹林，2011，9頁］．

UN-PRIの発表後，欧米の機関投資家を中心に賛同と署名[28]が広まった．また，図表6-3および図表6-4が示すように，UN-PRI発表後の欧米SRI市場は一段と拡大した．その背景には，ESG要因が運用ポートフォリオのパフォーマンスに影響するという考えが投資家の間で広まっていたという指摘がある［水口，2011，18頁］．

5　SRIの歴史のまとめ

SRIの歴史を概観して，SRIが対象とする社会的問題とその解決方法は時代によって異なっていたことがわかる．しかし，時代によってSRIのそのような外観は変わっても，その根底には，企業と社会を変革するというSRIの精神と哲学は貫かれていた．ただし，ESG投資を飛躍的に発展させたのは2006年に国連が提唱したUN-PRIであるが，10年目の2016年にUN-PRIはSRIと一線を画したように見える．それでも，筆者は，PRIが本来目指すところはESG要因の改善による持続可能な社会の実現であり，SRIとUN-PRIが最終的に目指すものは同じであると考える．

第3節　SRI・ESG投資の市場規模

欧米で生まれ発展した投資手法であるSRIは，現在では欧米以外の国や地域にも広がりつつある．Global Sustainable Investment Alliance (GSIA) は，7つの国と地域のSRI関連団体であるSustainable Investment Forum (SIF) との連携により，初めて世界のSRI市場に関する調査を実施し，その結果を"2012 Global Sustainable Investment Review"として発表し

---

[28]　現在，全世界で1,291の機関が署名を行っており，内訳は年金基金などのアセット・オーナー（最終投資家）282社，資産運用会社829社，調査機関等180社である．わが国の署名社数は31社である．内訳は，アセット・オーナー5社，資産運用会社21社，調査会社5社である（検索日2014年10月4日）．
　　http://www.unpri.org/signatories/signatories/

図表6-3 | 欧州におけるSRI市場残高の推移

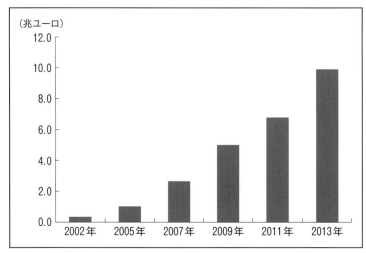

(図表注) Eurosif [2010, 2012, 2014] を参考に筆者作成.
各年末時点の残高を示している.

図表6-4 | 米国におけるSRI市場残高の推移

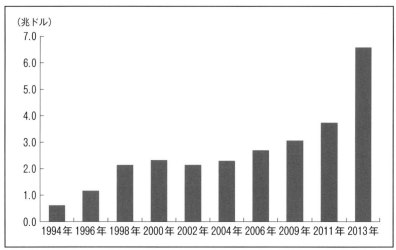

(図表注) USSIF [2014], p.19, Fig.1.3を参考に筆者作成.
各年末時点の残高を示している.

図表6-5 国・地域別のSRI市場残高（2011年12月31日現在）

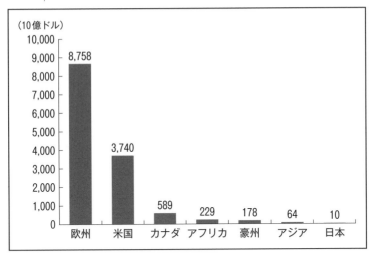

（図表注） GSIA［2012］, p. 9, Fig. 1を参考に筆者作成.

た.[29] GSIA［2012］が調査対象とした7つのSRI市場は，欧州，米国，カナダ，アフリカ，オーストラリア（豪州），アジア（除く日本），日本である.

その調査結果として，2011年12月31日時点[30]における世界の7つの国と地域のSRI市場残高は13兆5,680億米ドルであり，これらの国と地域の資産運用残高の21.8%を占めると報告している．また，図表6-5に示したSRI市場残高の国・地域別の内訳では，欧州が8兆7,580億米ドルで最も大きく，米国が3兆7,400億米ドルで2番目に大きい．欧州と米国のSRI市場残高を合わせると，SRI市場全体の92.1%を占める．欧州・米国以外で

---

29) GSIA会員の欧州，米国，カナダ，アジア，オーストラリア・ニュージーランドのSIFに，非会員のアフリカおよび日本のSIFを加えた，7つのSIFがSRI市場を調査し，その結果を公表した（検索日2014年7月1日）．
　　http://gsiareview2012.gsi-alliance.org/#/1/
30) GSIA［2012］における豪州のSRI市場残高は，2011年6月30日時点の数字である．一方，GSIA［2014］では，2011年12月末および2013年12月末の豪州・NZのSRI市場残高を掲載している．

図表6-6 | 国・地域別のSRI市場残高

(単位：10億ドル)

国・地域	2011年末	2013年末	成長率
欧　　　州	8,758	13,608	55%
米　　　国	3,740	6,572	76%
カ　ナ　ダ	589	945	60%
オーストラリア・ニュージーランド	134	180	34%
ア　ジ　ア	40	53	32%
合　　　計	13,261	21,358	61%

(図表注)　アジアの残高は日本を除く．
(出所)　GSIA [2014], p. 8, Table 2.

は，カナダが5,890億米ドル，アフリカが2,290億米ドル，オーストラリア[31]（豪州）が1,780億米ドル，アジア（除く日本）が640億米ドルである．わが国のSRI市場残高は，100億米ドルで7つの国と地域の中では最も規模の小さいSRI市場である［GSIA, 2012, pp. 9-10］．

さらに，GSIAでは，正会員である欧州，米国，カナダ，オーストラリア・ニュージーランド（豪州・NZ），アジアの5つのSIFと連携し，2013年12月31日時点のSRI市場に関する第2回調査を実施した．その結果を"2014 Global Sustainable Investment Review"として報告している．図表6-6が示すように，2013年12月末時点の5つの国・地域におけるSRI市場残高は21兆3,580億米ドルであった．その残高は，2011年12月末との比較で8兆970億米ドル増加しており，増加率は61%であった．これらのSRI市場は驚異的な伸びを示した．次に，国・地域別のSRI市場残高の増加率を見ると，米国の76%が最も高く，カナダの60%と欧州の55%が続いている［GSIA, 2014, pp. 7-8］．

また，5つの国・地域における資産運用市場の総額に占めるSRI市場残高の割合は全体では30.2%であり，2011年12月末時点の21.5%から大き

---

31) GSIA [2012] では，オーストラリア・ニュージーランドのSRI市場として表記されてはいるものの，報告内容とSRI残高はオーストラリアに限られ，ニュージーランドに関する記載はない．したがって，本章では，GSIA [2012] に関しては，オーストラリア・ニュージーランドをオーストラリア（豪州）として扱う．

く上昇した．個別に見ると欧州の58.8%が最も高く，カナダの31.3%が続き，米国は17.9%にとどまる［GSIA, 2014］．

第4節 SRI・ESG投資の手法

　世界のSRI市場で採用されているSRIの手法とその残高を，GSIA［2014］のFigure 3とTable 3を参考に図表6-7に示した．ただし，多くのSRI投資家は複数のSRI手法を採用するので，資産残高は重複して集計された結果となっている．以下，Eurosif［2014, pp. 10-30］およびGSIA［2014, p. 6］を参考に，SRIの各手法について説明する．

　図表6-7が示すように，世界のSRI市場で最も多く採用されているSRI手法は，ネガティブ・スクリーニング（Exclusions/Negative Screening）であり，2013年末の資産残高は14兆3,900億米ドルであった．ネガティブ・スクリーニングとは，アルコール，ギャンブル，軍需など特定の業種・企業を投資対象から排除する手法である．20世紀初頭に英米のキリスト教会が倫理的基準に基づいて株式投資を開始した際に採用した手法であり，最も伝統的な手法である．

　その次に残高が大きいのはインテグレーション（ESG Integration）であり，2013年末の資産残高は12兆8,540億米ドルである．インテグレーションとは，伝統的な財務分析に基づく投資対象の分析および投資の意思決定のプロセスに系統的にESG要因分析を組み入れる手法である．2011年末との比較では，インテグレーションを採用する資産残高は6兆9,190億米ドル増加し，その増加率は117%であった．このように近年では，欧米を中心にインテグレーションを採用するSRI投資家が急速に増えている．

　3番目に資産残高が大きい手法は株主行動（Engagement and Voting）であり，2013年末時点で7兆450億米ドルの資産残高がある．株主行動の具体的手法は，エンゲージメントと株主総会における提案や投票行動である．エンゲージメントとは，SRI投資家が株主として経営者との対話を通じて，企業にESG要因の改善を働きかけるものである．しかし，対話でESG要因の改善が見られない時には，SRI投資家は株主総会における提案

図表6-7　世界のSRI市場における手法別残高

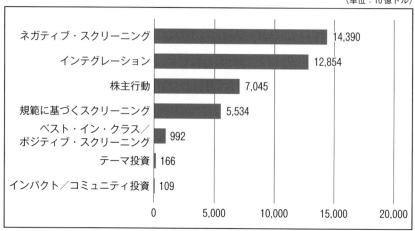

（単位：10億ドル）

（図表注）　GSIA [2014], p.9, Fig. 3, Table 3 を参考に筆者作成．
　　　　　2013年末時点の残高を示す．

や投票行動を行う場合もある．

　4番目は規範に基づくスクリーニング（Norms-Based Screening）であり，2013年末時点で5兆5,340億米ドルの資産残高がある．しかし，現時点でその手法の大規模な取り組みが見られるのは欧州だけである．規範に基づくスクリーニングでは，国連のグローバル・コンパクトなどが定める人権，労働，環境に関する国際的な企業行動規範を投資の基準とし，これらの基準に合わない企業を投資対象から排除する．

　ネガティブ・スクリーニングと規範に基づくスクリーニングは，ともに規範に基づくスクリーニングであると言える．しかし，ネガティブ・スクリーニングでは，特定の業種・企業であれば評価を行わずに投資対象から排除する．一方の，規範に基づくスクリーニングでは，評価を行ったうえで銘柄選択を行う．したがって，評価の有無が両者の主な相違点であると言えよう．

　5番目のSRI手法は，ポジティブ・スクリーニング（Best-in-Class/Positive Screening）であり，2013年末時点の資産残高は9,920億米ドルであ

る．ベスト・イン・クラスとは，各業種でESG評価の優れた企業群の中から，財務内容の優れた企業を選択する手法である．

6番目のSRI手法は，持続性テーマ投資（Sustainability Themed Investment）であり，資産残高は1,660億米ドルである．持続性テーマ投資は，持続的成長に直接影響する環境と社会問題に焦点を当てた投資手法である．再生可能エネルギー，環境技術（クリーン・テクノロジー），気候変動，水・森林資源などの環境問題を取り扱うケースが多い．

最も規模の小さいSRI手法はインパクト投資（Impact Investment）で，資産残高は1,090億米ドルである．主に非上場企業を対象とし，社会問題および環境問題の解決を図る投資がインパクト投資である．地域コミュニティを対象に小口金融を行うコミュニティ投資も含まれる．

なお，国連では，責任投資の主な手法をインテグレーションと株主行動としてとらえている．したがって，国連と，上記のすべての投資手法をSRI（サステナブル投資）の具体的手法としてとらえているEurosif, US SIF, GSIAとの間には認識の違いがある．

第5節 わが国のSRI市場

1　SRIファンドに偏ったSRI市場の歴史

GSIA［2012］は，2011年末時点のわが国のSRI市場残高を108億米ドルと報告している．しかし，JSIF[32]の四半期ごとの「日本のSRI市場残高推移（単位：億円）」によれば，その数字は2007年12月末時点のわが国のSRI市場残高と推測される．わが国のSRI市場残高は，2007年9月末に初めて1兆円を超え，1兆889億円となった．さらに，2007年12月末に1兆1,207億円のピークに達した後は減少に転じた．JSIFが発表した2007年12月末のSRI市場残高はSRIファンド（投資信託）の純資産の合計で

---

[32] 正式名称は日本サステナブル投資フォーラム（Japan Sustainable Investment Forum, JSIF，旧・社会的責任投資フォーラム，2016年9月1日に名称変更）である（検索日2016年9月2日）．http://www.jsif.jp.net/

図表6-8 わが国のSRIファンド残高とファンド数

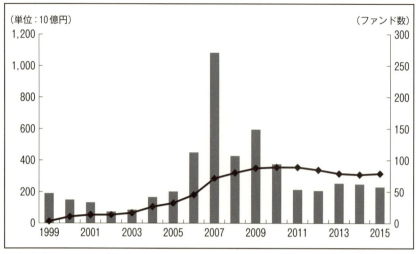

（図表注） JSIFのウェブサイトを参考に筆者作成．
各年末時点の残高とファンド数を示す．

ある．

　JSIFは，1999年9月以来，四半期ごとにわが国のSRIファンド残高を「日本のSRI市場残高」として報告してきた．その後，2008年3月から社会貢献型債券の発行残高を加えてSRI市場残高として報告を継続している．2010年以降，社会貢献型債券の発行残高は増加したものの，SRIファンド残高の減少によりSRI市場残高は8,000億円前後にとどまり，2007年12月末時点のSRIファンド残高には届かない状況が続いている．

　図表6-3および図表6-4が示すように，欧米をはじめとする海外のSRI市場と比較すると，わが国のSRI市場の規模は非常に小さい．また，わが国のSRIは，主に個人が購入するSRIファンドに偏っていた．加えて，大半のSRIファンドが採用する手法はベスト・イン・クラスであるので，わが国のSRI市場では欧米SRI市場で採用されている多様なSRI手法は見ることができない状態が続いた．

　わが国のSRI市場は，市場残高の低迷に加えて，主に個人を対象とするSRIファンドに偏っていたことが問題であると考える．つまり，SRIが導

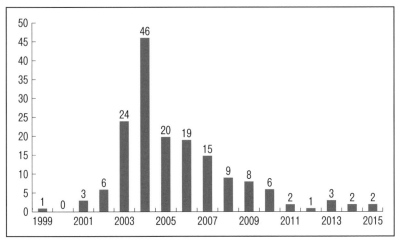

図表6-9 │ SRIに関する記事件数の推移

（図表注）　日経テレコンを用いて社会的責任投資とSRIのキーワードで『日本経済新聞』朝刊の記事を検索し，暦年ごとに記事件数をまとめ，筆者が作成した．

入されてから2015年9月にGPIFがUN-PRI署名を表明するまでの約16年間は，わが国のSRI市場は機関投資家不在の状態であった．また，わが国のSRIファンドの多くがベスト・イン・クラス（ポジティブ・スクリーニング）を採用しているので，世界で最も多く採用されているネガティブ・スクリーニングをはじめ，規範に基づくスクリーニング，インテグレーション，ESGの改善を直接企業に働きかけるエンゲージメントや株主提案・議決権行使を行う株主行動などの多様なSRIの手法をほとんど見ることはできなかった．このように，わが国のSRIは，市場規模が小さいだけではなく，投資家層と投資手法の多様性が見られなかったことも大きな問題であった．

図表6-9は，日経テレコンを用いて社会的責任投資とSRIのキーワードで『日本経済新聞』朝刊の記事を検索し，暦年ごとに記事件数をまとめたものである．その結果，SRIに関する記事件数は，2004年の46件をピークに以後減少を続け，2012年はわずかに1件，2013年も3件にとどまった．2012年末から株式市況が回復したにもかかわらず，SRIファンドの残高とファンド数が減少していることと合せて考えると，わが国のSRIは証券会

図表6-10　わが国の手法別サステナブル投資残高（2015年12月31日現在）

（単位：百万円）

インテグレーション	17,555,654
ポジティブ・スクリーニング	326,955
テーマ投資	785,785
インパクト投資	87,642
株主行動	11,709,822
ネガティブ・スクリーニング	4,573,384
規範に基づくスクリーニング	6,075,200

（図表注）　JSIFのサステナブル投資残高報告を参考に筆者作成．
　　　　　　http://japansif.com/160115.pdf

社の営業戦略に主導された一過性のブームで終わってしまったように見える．

2　機関投資家のSRI市場参入の動き

　2015年半ばまで，わが国のSRI市場は機関投資家不在の状態が続いていた．しかし，2015年9月，世界最大の年金基金[33]である年金積立金管理運用独立行政法人（GPIF）が国連・責任投資原則（UN-PRI）への署名を表明[34]したことにより，わが国のSRI市場は大きく動き始めた．GPIFによるUN-PRIへの署名は，資産運用業界に大きな衝撃を与えたものと考える．特に，GPIFの年金資産の受託者である運用マネジャーは，必然的にESG要因を考慮した投資を行わざるをえなくなったと言えよう．

　JSIFでは，このようなGPIFの動きに対応し，アセット・オーナーと運用マネジャーを合わせた59機関を対象に，2015年12月末時点の「サステナブル投資に関するアンケート調査」を実施した．その結果，28機関から回答があり，その28機関が運用する「サステナブル投資残高」は26兆6,873億円であることが明らかになった．

---

33)　Towers WatsonのThe World's 300 Largest Pension Funds – Year End 2014による（検索日2016年9月22日）．
　　　https://www.towerswatson.com/en/Insights/IC-Types/Survey-Research-Results/2015/09/The-worlds-300-largest-pension-funds-year-end-2014
34)　GPIFのウェブサイトによる（検索日2016年3月26日）．
　　　http://www.gpif.go.jp/topics/2015/pdf/0928_signatory_UN_PRI.pdf

JSIFの「サステナブル投資残高」の報告から，GPIFの受託者である運用マネジャーが急遽ESG要因に基づく投資を始めたと考えられる．また，海外年金基金などの海外アセット・オーナーが，国際分散投資の一環として，運用マネジャーを通じてわが国のSRI市場で運用している可能性も考えられる．その根拠は，図表6-10に示されるように，エンゲージメント，ネガティブ・スクリーニング，規範に基づくスクリーニングなどのわが国の投資家に浸透しているとは考えにくいSRI手法の残高が相当の割合を占めていることにある．特に，規範に基づくスクリーニングへの本格的な取り組みは，欧州SRI市場に限られているという報告がある［GSIA，2014, p. 8］．

　しかし，本章で述べた26兆円超の投資主体については筆者の推測にすぎないので，JSIFをはじめとする，わが国のSRI市場に関する今後の調査結果に期待したい．

第6節　わが国におけるESG投資の課題

　2015年9月にGPIFがUN-PRIへの署名を表明して以来，ESG投資が注目されるようになった．日経テレコンを使用してESG投資のキーワードで『日本経済新聞』朝刊の記事を検索した結果，ESG投資に関する記事件数は，2006年から2014年までの9年間で12件であったのに対し，2015年は年間27件となった．このように，ESG投資がメディアで取り上げられ，ESG投資が広く認識されることは，わが国のSRI・ESG投資の発展には欠かせないことである．しかし，かつてSRIファンドは，メディアで注目されながらも，証券会社主導の収益性と話題性が先行して一過性のブームで終わったように見える．それゆえに，ESG投資も一時的ブームで終わることが懸念される．

　ここで思い出されるのが，2000年の英国年金法改正をめぐる，ブレア労働党政権と全英年金基金協会（NAPF）の対立である．両者の間に高まる政治的緊張の中での大議論の末に，英国年金法は議会での承認により成立した．しかし，激しい議論があったことが，その後の英国と欧州におけ

るSRI市場の発展を支えたと考えられる．わが国においても，ESG投資について深く議論されることにより，健全なインベストメント・チェーン構築が実現に近づくと考える．

さらに，ESG投資をわが国の資産運用市場に根づかせるためには，ESG投資に関する議論とともに，年金基金のSRI・ESG投資に関する開示の義務化，高校・大学におけるSRI・ESG投資教育，複数の大学・研究機関の協働によるESG投資の実証研究などを進めることが有効である．しかし，他のいかなる施策よりも，世界最大の年金基金と言われ，証券市場に与える影響は非常に大きいGPIFが持続的にESG投資を推進することが，わが国のSRI・ESG投資市場の発展には最も有効であると考えられる．今後，GPIFがESG投資を推進するためには，特に2つの課題に取り組む必要がある．

第1は，GPIFが委託先の運用マネジャーを自ら評価する体制を構築することである．GPIFは，運用成果だけではなく，運用マネジャーがESG要因の分析結果を系統的に投資の意思決定に反映しているか，そのプロセスについても適切に評価する必要がある．換言すれば，GPIFのスタッフはESG要因の調査・分析能力を身に付ける必要がある．

そのためには，まず，運用スタッフを採用して，教育する必要がある．GPIFの従業員数は，管理部門の職員を含め，2016年9月1日時点で97名である．[35] 一方，米国最大規模の公的年金基金である，カリフォルニア州職員退職年金基金（California Public Employees' Retirement System: CalPERS）の運用部門の職員数は，2011年9月末時点で約270名が在籍している．[36] 単純な比較はできないものの，GPIFの運用スタッフの適正人員を検討する必要がある．

第2は，主体的な株主行動の取り組みである．2番目の課題に取り組む

---

35) GPIFのウェブサイトによる（検索日2016年9月2日）．
　　http://www.gpif.go.jp/about/organization.html
36) 平成26年11月10日付，厚生労働省年金局「諸外国の年金基金（運用組織）のガバナンスについて」による．厚生労働省ウェブサイトからのサイト内検索による（検索日2016年10月3日）．
　　http://www.mhlw.go.jp/

ためには，第1の課題で述べた，GPIFがESG要因の調査・分析機能を備えることが前提となる．その機能があれば，GPIFは，委託先の運用マネジャーにESG要因に問題がある企業の経営者と対話をさせ，ESG要因の改善を図ることが可能になる．また，現在は運用マネジャーの裁量に任せている議決権行使[37]についても，GPIFの意思が運用マネジャーを通じて議決権行使に反映されるようになると考える．その結果，GPIFの運用パフォーマンスが向上することが期待できよう．

これら2つの課題のうち，ESG要因を調査分析できる人材を育成するには，ESG投資教育を行う独立した機関が必要である．現在，そのような教育を行う機関はないものの，日本証券アナリスト協会が最も適した機関と言えよう．日本証券アナリスト協会では，米国のCFA協会（CFA Institute）のESG投資教育を参考に，早急にESG投資教育の体制を構築する必要がある．

もう1つの課題である株主行動については，特に運用マネジャーが企業経営者と直接対話を行い，企業価値向上のためにESG要因の改善を求めるエンゲージメントが重要である．エンゲージメントは，わが国の多くのアセット・オーナーおよび運用マネジャーにとって不慣れな手法と考えられるので，エンゲージメントの手法が浸透している欧米SRI市場から学ぶことは多い．欧米SRI市場におけるエンゲージメントについては第7章で概観する．

以下では，CFA協会におけるESG教育について考察する．

---

[37] GPIF「平成26年度業務概況書」（50頁）の株主議決権行使に関する説明の中で，管理運用法人「中期計画」においては，「企業経営に直接影響を与えるとの懸念を生じさせないよう株主議決権の行使は直接行わず，運用受託機関の判断に委ねる．」の記載がある．

第7節　CFAにおけるESG投資教育

1　CFA資格試験のカリキュラム[38]

　CFA協会のウェブサイトでは，「level 1～3のすべてのカリキュラムにおいて，ESGとSRIの重要性について論じる．例えば，ESGリスク分析，コーポレートガバナンスにおける企業価値評価との関連性，ネガティブ・スクリーニングあるいはポジティブ・スクリーニングのポートフォリオ運用への影響などにおいてである」と，その具体的内容を明記している．[39]

　CFA協会のウェブサイトでCFA資格試験カリキュラムにおけるESG要因に関する説明を見たうえで，2016年6月8日に日本CFA協会の東京事務所でCFA資格試験の教科書（level 1～3）の内容を見ることができた．その結果，ESG要因については，各レベルともCorporate Finance, Corporate Governance, Risk Managementの項目で1～2ページの記述があることを確認した．特に，level 2のCorporate Financeの教科書では16ページ（pp. 177-195）にわたり，SRI，規範倫理学，ビジネス倫理の実践に関する記述がある．

　CFA協会のCorporate Financeの教科書に記載された規範倫理学は，フリードマンの倫理的利己主義に始まり，ベンサムとミルの功利主義哲学，イマヌエル・カントの義務論，ジョン・ロールズの正義論に至る．これらについて，職業倫理（Ethical and Professional Standards）ではなく，Corporate Financeの教科書で多くのページを割いている．ただし，各レベルともに各所に倫理，SRI，ESG要因に関する解説はあるものの，ESG投資に関する独立した章としては扱ってはいなかった．

---

[38]　本調査の実施にあたり，日本CFA協会の協力に感謝申し上げる．
[39]　CFA Instituteのウェブサイトによる（検索日2016年6月1日）．
　　https://www.cfainstitute.org/learning/future/knowledge/Pages/ESG.aspx?PageName=searchresults&ResultsPage=1

図表6-11 | CFA eラーニング14項目と設問数

Module 1

①	ESG問題と実例（ESG Issues and Practical Examples）	13問
②	ESG投資手法（ESG Methods）	12問
③	受託者責任と財務パフォーマンス (Fiduciary Responsibility and Financial Performance)	8問

Module 2

④	資産クラスにかかわるESG問題（Issues across Asset Classes）	6問
⑤	ESG問題と従来型投資（ESG Issues and Traditional Investing）	6問
⑥	ESGの主要概念（Key ESG Concepts）	6問
⑦	環境と金融市場（The Environment and Financial Markets）	13問
⑧	ソーシャル・ファイナンスとインパクト投資 (Social Finance and Impact Investing)	10問

Module 3

⑨	SRIの歴史（History of SRI）	6問
⑩	企業のESG開示とCSR（Corporate ESG Disclosure and CSR）	9問
⑪	ESG手法の制約（Limitations of ESG Methodologies）	8問
⑫	国際的な協定，原則，規範（Conventions, Principles, and Standards）	11問
⑬	性別多様性（Gender Diversity）	6問
⑭	水資源のリスクと市場機会（Water Risks and Opportunities）	5問

（図表注） CFA協会のウェブサイトを参考に筆者作成（検索日2016年9月2日）．
https://www.cfainstitute.org/learning/future/knowledge/Pages/ESG.aspx?PageName=search results&ResultsPage=1

2　CFAの継続教育

　CFA資格試験・教科書におけるESG要因に関する記述は，必ずしも多いとは言えない．しかし，CFA協会は，CFA資格保持者に対するESG要因に関する継続教育の充実を図っている．同ウェブサイトの最初に，「すべての証券アナリストは，ESG要因のリスクと機会を知るべきである．CFA協会は，CFA協会会員の継続教育の一環として，教育プログラムとeラーニング（ESG100）を提供し，投資の専門家がESG要因の理解をより深めることを奨励する」と記述がある．また，CFA協会のウェブサイトには，ESG投資に関する主要な出版物4冊と，*CFA Institute Magazine*などに記載されたESG要因に関する記事など28件が紹介されている．その内訳は，ESG要因全般が13件，環境9件，社会1件，ガバナンス5件で

ある．[40]

　CFA資格試験の教科書では，ESG要因の説明は部分的な記述ながら，2016年6月1日にCFA協会のウェブサイトを閲覧したところ，"eラーニング・ESG100"の機能がありSRIとESG要因に関する基礎知識を問う問題が用意されている．その内容は，SRI・ESG投資に関する10項目各10問，合計100問で，四肢択一問題の形式であった．[41]

　しかし，2016年9月2日に再びCFA協会のウェブサイトを閲覧したところ，eラーニングの内容が改修されており，14項目にわたる全119問のテスト形式に変わっていた．改修後は，正誤問題，選択問題など多様な形式で出題が行われている．そして，各項目の最後には，ESG投資に関連したプレゼンテーションやインタビューがYouTubeで掲載されている．[42]

　このようなウェブサイトの整備は，会員に対する継続教育として，ESG投資教育を推進しようとするCFA協会の積極的姿勢の表れであると言えよう．

　日本証券アナリスト協会は，わが国の資産運用業界にモダン・ポートフォリオ理論を普及させたという大きな貢献がある．しかし，GPIFのUN-PRIへの署名により，わが国の資産運用業界は大きく変貌しており，ESG投資に関する実務家教育が喫緊の課題となっていると言えよう．先に述べたように，GPIFのスタッフはESG要因の調査・分析能力を身に付ける必要があり，GPIFの資産運用を受託した運用マネジャーのESG投資能力の向上が求められている．このような現状を鑑み，日本証券アナリスト協会は，CFA協会と同じく，資格試験のカリキュラムと継続教育のプログラムにESG投資教育を早急に組み込む必要があると考える．

---

40)　CFA Instituteのウェブサイトによる（検索日2016年6月1日）．
　　https://www.cfainstitute.org/learning/future/knowledge/Pages/ESG.aspx?PageName=searchresults&ResultsPage=1
41)　CFAInstituteのウェブサイトによる（検索日2016年6月1日）．
　　https://www.cfainstitute.org/learning/future/knowledge/Pages/ESG.aspx?PageName=searchresults&ResultsPage=1
42)　現時点では，登録をすれば，非会員であっても無料でウェブサイトの問題を解くことができるようである（検索日2016年9月2日）．
　　http://learningcontent.cfainstitute.org/ContentDetails.aspx?id=5AA6AD0E13AC448D9BC9F2E80EDE2A79

[参考文献]

ヴェーバー，M. 著／大塚久雄訳［1991］『プロテスタンティズムの倫理と資本主義の精神』岩波書店．

内海健寿［2003］『イギリス・メソジズムにおける倫理と経済』キリスト新聞社．

小方信幸［2016］『社会的責任投資の投資哲学とパフォーマンス——ESG投資の本質を歴史からたどる』同文舘出版．

北川哲雄［2015］『スチュワードシップとコーポレートガバナンス——2つのコードが変える日本の企業・経済・社会』東洋経済新報社．

北川哲雄・林順一［2014］「投資情報開示とインベストメント・チェーン——ケイ報告書の意義」『愛知学院大学論叢 商学研究』第54巻2-3号，155-178頁．

小崎亜依子・竹林正人［2011］「国内外におけるESG投資の現状と考察」『証券アナリストジャーナル』第49巻5号，8-18頁．

首藤惠［2004］「英国における社会的責任投資の展開：日本への示唆」『証券アナリストジャーナル』第42巻9号，20-32頁．

谷本寛治［2003］『SRI社会的責任投資入門——市場が企業に迫る新たな規律』日本経済新聞社．

ドミニ，A. 著／山本利明訳［2002］『社会的責任投資：投資の仕方で社会を変える』木鐸社．

ボーゲル，D. 著／小松由紀子・村上美智子・田村勝省訳［2007］『企業の社会的責任（CSR）の徹底研究：利益の追求と美徳のバランス——その事例による検証』一灯舎．

水口剛［2005］『社会的責任投資（SRI）の基礎知識』日本規格協会．

水口剛［2011］『環境と金融・投資の潮流』中央経済社．

Barber, Brad M. [2006] "Monitoring the Monitor: Evaluating CalPERS' Activism," University of California, Davis, Working Paper.

Cannon, T. [1994] *Corporate Responsibility*, London, Pitman Publishing.

Eurosif [2012] "European SRI Study 2012, The European Sustainable Investment Forum," retrieved January 3, 2014. from http://www.eurosif.org/research/eurosif-sri-study/sri-study-2012.

Eurosif [2014] "European SRI Study 2014, The European Sustainable Investment Forum," retrieved February 17, 2016. http://www.eurosif.org/wp-content/uploads/2014/09/Eurosif-SRI-Study-20142.pdf

GSIA（Global Sustainable Investment Alliance）[2012] "Global Sustainable Investment Review 2012," retrieved July 4, 2014. from http://gsiareview2012.gsi-alliance.org/

GSIA（Global Sustainable Investment Alliance）[2014] "Global Sustainable Investment Review 2014," retrieved February 17, 2016. http://www.gsi-alliance.org/wp-content/uploads/2015/02/GSIA_Review_download.pdf

ILO [2000] "Labour Practices in the Footwear, Leather, Textiles and Clothing

Industries. Report TMLFI/2000," retrieved July 21, 2014. from http://www.ilo.org/global/publications/ilo-bookstore/order-online/books/WCMS_PUBL_9221122026_EN/lang--en/index.htm

Kreander, N., Molyneaux, D. and K. McPhail [2003] "An Immanent Critique of UK ChurchEthical Investment, Department of Accounting & Finance," *University of Glasgow Working Paper Series*, January, pp. 1-36.

Louche, C. and S. Lydenberg [2011] *Dilemmas in Responsible Investment*. Sheffied, UK: Grren Leaf Publishing Limited.

Mackenzie, C. [1997] "Ethical Investment and the Challenge of Corporate Reform: A Critical assessment of the procedures and purposes of UK ethical unit trusts," Dissertation submitted for the degree of PhD of the University of Bath, pp. 1-235, retrieved December 1, 2013. from http://staff.bath.ac.uk/hssal/crm/phd/crm-phd.pdf

Marshall, A. [1920] *Principles of Economics*, London, UK, Macmillan and Co., Limited.

Schueth, S. [2003] "Socially Responsible Investing in the United States," *Journal of Business Ethics*, Vol. 43, No. 3, pp. 189-194.

Sparkes, R. [2002] *Socially Responsible Investment: A Global Revolution*, Chichester, UK, John Wiley & Sons.

Teoh, S. H, I. Welch and C. P. Wazzan [1998] "The Effect of Socially Activist Investment Policies on the Financial Markets: Evidence from the South African Boycott," *UCLA Working Paper #16-94*, pp. 1-58.

US SIF [1995] "After South Africa: The State of Socially Responsible Investing in the United States, Social Investment Forum," retrieved January 3, 2014. from http://www.ussif.org/files/Publications/95_trends_Report.pdf

US SIF [1999] "Report on Socially Responsible Investing Trends in the United States, Social Investment Forum," retrieved January 3, 2014. from http://www.ussif.org/files/Publications/99_Trends_Report.PDF

US SIF [2014] "Report on US Sustainable, Responsible and Impact Investing Trends 2014," Washington D.C. USA, Forum for Sustainable and Responsible Investment.

Wesley, J. [1760] *The Use of Money, The Standard Sermons of John Wesley*, pp. 309-327, published in 1961, London, UK, Epworth Press.

第7章 株主行動としてのエンゲージメントへの期待

第1節 株主行動の現状

1 エンゲージメントと投票行動

　株主行動については，エンゲージメントと株主総会での議案提案および投票行動の2つに分けることができる．そのうち，エンゲージメントとは，投資家が株主として経営者との対話を通じて，企業にESG問題の改善を働き掛けるものである．その結果として，企業の持続的成長と長期における高い投資リターンを実現しうるSRI手法である．

　しかし，ESG投資家が企業経営者との対話を行った後も，企業側にESG要因の改善が見られない場合がある．このようなとき，ESG投資家は投票行動，あるいは，当該企業の株式を自らのポートフォリオから売却するという，より強い行動をとることがある．その意味で，エンゲージメントは，ESG投資の中でも，インベストメント・チェーンの健全化に貢献する投資手段であると考えられる．

　また，日本版スチュワードシップ・コード[1]の原則1指針1-1には「機関投資家は，投資先企業やその事業環境に関する深い理解に基づく建設的な『目的を持った対話』（エンゲージメント）などを通じて，当該企業の企業価値向上やその持続的成長を促すことにより，顧客・受益者の中長期

的な投資リターンの拡大を図るべきである.」と記されている.そして,「目的を持った対話」とは「中長期視点から投資先企業の企業価値及び資本効率を高め,その持続的成長を促すことを目的とした対話(同原則4指針4-1)」を指す.このように,わが国の年金基金や資産運用マネジャーは,エンゲージメントと正面から向き合うことが求められている.

　前章第2節で示したとおり,2006年に国際連合が提唱した責任投資原則(UN-PRI)における6原則の2番目の原則に,「ESG問題を運用方針と実践に組み込む積極的な株主となる」[2) ことが明記されている.したがって,UN-PRIに署名をした年金積立金管理運用独立行政法人(GPIF)はエンゲージメントを推進する必要がある.

　本章では,GPIFがエンゲージメントを推進するうえで参考になると考えられる,欧米SRI市場における株主行動を最初に概観する.そこでは,GPIFと同様に,公的年金基金を管理運用するカリフォルニア州職員退職年金基金(California Public Employees' Retirement System: CalPERS)のエンゲージメントの取り組みについて概観する.合わせて,欧州で年金基金を管理運用する英国のHermesとスウェーデンのAP Fonden 1のエンゲージメントの取り組みについても概観する.これらの年金基金が所属する国には,いずれも先進的にエンゲージメントを含むSRIに積極的に取り組んできた歴史がある.これらの3つの年金基金の倫理指針,運用方針,運用体制を理解することにより,GPIFをはじめ,わが国の年金基金がエンゲージメントを推進する際の示唆が得られるものと考える.

2　欧州SRI市場における株主行動の現状

株主行動については,前章の図表6-7が示すように,世界のSRI・ESG

---

1) 平成26年2月26日付.日本版スチュワードシップ・コードに関する有識者検討会「『責任ある機関投資家』の諸原則《日本版スチュワードシップ・コード》～投資と対話を通じて企業の持続的成長を促すために～」による(検索日2016年9月22日).
　　http://www.fsa.go.jp/singi/stewardship/
2) Principles for Responsible Investmentのウェブサイトから第2原則を筆者が訳した(検索日2016年9月22日).
　　http://www.unpri.org/about-pri/the-six-principles/

図表7-1 欧州SRI市場における株主行動を伴う資産残高の推移
（2002年〜2013年）

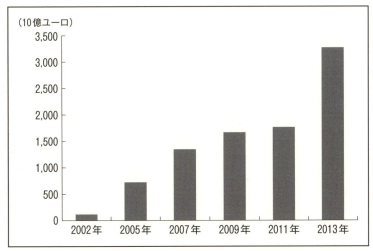

（図表注） Eurosif [2014], p. 19, Fig. 9を参考に筆者作成．各年末時点の残高を示している．

投資市場で3番目に利用されている手法である．しかし，欧州および米国のSRI市場では，多くのSRI投資家が株主行動と他のSRI手法を併用している [Eurosif, 2014；US SIF 2014]．

欧州SRI市場では，図表7-1に示すように，株主行動を伴うSRI資産残高は，前章の図表6-3に示した欧州におけるSRI市場残高の推移と同じく，著しい成長を見せている．株主行動を伴う資産残高は，2013年末時点で3兆2,760億ユーロである．同残高は2011年末から2013年末の2年間で，1兆5,130億ユーロ増加し，85.8%（年率36%）の急速な伸びを見せた．Eurosifでは，その増加には主に2つの要因があるという見方を示している [Eurosif, 2014, p. 19]．

第1に，資産運用を受託する運用マネジャーの間に，資産管理者としての説明責任を果たすべきという意識が高まっていることが株主行動を促進している，という見解である．第2に，スチュワードシップ・コードおよび欧州委員会が2014年に修正発効した株主主権に関する命令（The Revision of the Shareholder Rights Directive, Directive 2007/36/EC）などに

より，政策立案者やステークホルダーの間にも運用マネジャーに説明責任を求める考えが広まっているという見解を示している［Eurosif, 2014, p. 19］．

　2014年に欧州委員会が発効した株主主権に関する命令の主な目的は，ショート・ターミズムを排除した長期的な視点に立ち，欧州上場企業が長期的に競争力を備えることにある．この欧州委員会の命令には，運用マネジャーの短期的かつ過度なリスクテイクが過去の金融危機の原因の一端にあったとの反省がある．また，株主によるモニタリングとエンゲージメントが不十分であったことも金融危機を許した，という投資家に対する批判もある．そして，欧州委員会は株主主権に関する修正命令で，年金基金などのアセット・オーナーと運用マネジャーに，長期的な洞察と展望に基づく投資方針の開示などを求めている［Eurosif, 2014, p. 9］．

　このように，欧州委員会は，ショート・ターミズムの弊害を排除するために，投資家にエンゲージメントと投票行動の取り組み強化を求めていると言えよう．

　次に欧州SRI市場残高に占める株主行動を伴う資産残高を概観する．図表7-2が示すように，株主行動は欧州SRI市場では4番目に資産残高が大きいSRI手法である．しかし，国によって株主行動の取り組み姿勢には温度差が見られる．市場規模に厚みがありながらも，フランス，スイス，ドイツのSRI市場では，株主行動の資産残高の割合は非常に小さい．一方，英国，スウェーデン，オランダのSRI市場では，株主行動の規模の大きさとともにSRI市場に占める株主行動の資産残高の割合の高さが注目される．

　英国は，周知のとおり，世界のSRIを牽引してきた歴史があり，2000年にはSRIを推進する改正年金法を施工し，欧州SRI市場の飛躍的発展の契機を作った．また，スウェーデンも1965年に欧州最古のSRIファンドを生み出した国であり，英国に次いで2002年に改正年金法を施行するなど，SRI先進国の1つと言えよう．このように，SRI先進国の英国とスウェーデンの年金基金を考察することは，わが国の年金基金にとっても参考になると考えられる．[3]

図表7-2 欧州SRI市場に占める様々な手法別資産残高（2013年12月31日現在）

(単位：100万ユーロ)

国名	テーマ投資	ポジティブ・スクリーニング	規範に基づくスクリーニング	インテグレーション	株主行動	ネガティブ・スクリーニング	国別合計
オーストリア	82	4,575	5,467	986	2,060	26,983	26,983
ベルギー	816	17,132	20,235	89,720	38,006	226,026	226,026
フィンランド	220	310	64,667	46,075	50,565	95,248	131,540
フランス	4,392	173,213	1,119,040	2,265,000	55,304	472,660	1,728,880
ドイツ	4,127	15,813	10,177	10,990	11,736	893,685	897,945
イタリア	1,094	3,917	351,754	195,979	54,372	496,561	551,931
オランダ	20,163	15,232	746,125	629,236	649,198	1,068,769	1,244,576
ノルウェー	2,078	44,484	798,682	94,209	321,245	797,257	798,682
ポーランド	0	3	773	0	578	1,060	1,060
スペイン	82	1,961	14,247	7,551	9,103	92,421	93,202
スウェーデン	1,985	48,151	420,718	318,664	349,736	648,348	648,965
スイス	11,061	25,428	10,454	19,910	16,563	1,561,974	1,562,027
英国	12,860	3,335	71,456	1,553,800	1,717,461	472,963	1,973,148
手法別合計	58,961	353,555	3,633,794	5,232,120	3,275,930	6,853,954	9,884,966

（図表注） Eurosif [2014], p. 21, "European Data Table" を参考に筆者作成。

3　米国SRI市場における株主行動の現状

　米国においても，欧州と同じく，SRIと株主行動の歴史と実践の積み重ねが見られる．US SIF [2014] によれば，2013年12月末時点の米国におけるSRI市場の資産残高6兆5,722億米ドルのうち，株主行動を伴う資産残高は1兆7,165億米ドルを占める．したがって，米国では，株主行動を伴う資産残高がSRI市場残高全体の約26%を占めることになる．ただし，米国のSRI・ESG投資家は，株主行動とネガティブ・スクリーニング，インテグレーションなど他のSRI手法を併用するケースが多いので，株主行動を伴う資産残高1兆7,165億米ドルのうち1兆3,445億米ドルはダブル・カウントされている [US SIF, 2014, pp. 66-67]．

　図表7-3は米国SRI市場における株主行動を伴う資産残高の推移を示し

3） 図表7-2の欧州SRI市場における手法別資産残高の合計と国別の合計が一致しないのは，SRI投資では複数のSRI手法が採用されているためである．6つの手法別残高は重複して集計されている．一方，国別合計では各手法別資産残高の重複は調整されている．

図表7-3　米国SRI市場における株主行動を伴う資産残高の推移（1994年～2013年）

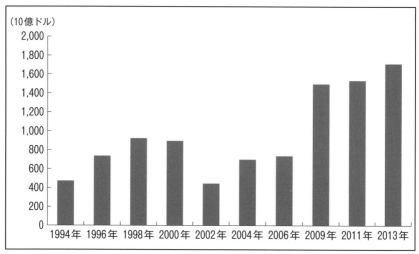

（図表注）　US SIF [2014], p. 19, Fig. 1. 2を参考に筆者作成．各年末時点の残高を示している．

たものである．米国SRI市場における株主行動を伴う資産残高の著しい動きとしては2006年末の7,390億米ドルから2009年末の1兆4,970億米ドルへと7,580億米ドル増加したことである．この3年間で倍増以上の伸びを示した［US SIF, 2014, p. 19］．また図表7-3が示すように，2009年末以降は高い資産残高を維持している米国の株主行動である．しかし，2002年末の残高を見ると4,480億米ドルに留まる．2000年末の8,970億米ドルから4,490億米ドル減少しており，2年間で半減したことになる．この原因は，2000年末から2002年末までの期間，カリフォルニア州職員退職年金基金（CalPERS）が1件も株主提案を行わなかったことによる［US SIF, 2003, p. 13］．

図表7-4に，2012年から2014年の3年間に，実際に米国内で行われた環境および社会問題に関する株主提案の項目と件数を示した．この期間で最も多い株主提案は政治献金に関するもので，気候変動と環境問題が次に多い株主提案であった［US SIF, 2014, p. 76］．

US SIF [2014] は，最近の株主行動について，多くのSRI投資家は，

図表7-4 米国における環境・社会問題に関する株主提案数（2012年〜2014年）

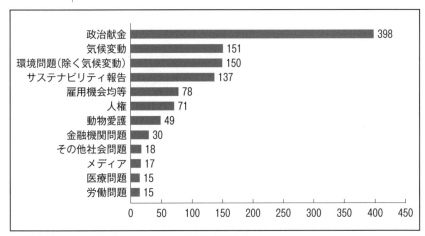

（図表注） US SIF [2014], p. 76, Fig. 4. 4を参考に筆者作成。
株主提案数は2012年から2014年までの合計である。

企業経営者との対話によってESG問題を解決しようとする傾向にあり，対話で解決しない場合に株主提案や投票行動を行う傾向が強いと報告している．実際に，SRI投資家による環境と社会問題に関する株主提案については，その賛成票獲得率は年々上昇の傾向にあるものの，過半数を超えるケースは非常に少ない［US SIF, 2014, p. 66］．

株主総会において，SRI投資家が提案した環境と社会問題に関する議案の賛成票獲得率は，2007年から2009年までの3年間の平均は16.1％であった．一方，2010年以降は，2012年の23％を除くと，賛成票獲得率は30％前後に上昇した．しかし，2012年から2014年に株主が提案した環境と社会問題に関する議案540件のうち，50％以上の賛成票を獲得したのは10件だけであった［US SIF, 2014, pp. 77-78］．

次に，図表7-5は，2012年から2014年までの3年間に行われた株主提案の件数を，投資家別にパーセンテージで示した．図表7-5で目立つのは，SRI投資家の中では資産残高が相対的に小さい宗教団体が，最も活発に株主提案を行っていることである［US SIF, 2014, p. 74］．

図表7-5　米国における投資家別株主提案数の割合（2012年〜2014年）

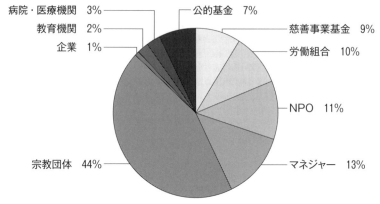

（図表注）　US SIF [2014], p. 74, Fig. 4. 2を参考に筆者作成.

　宗教団体の中では，The Interfaith Center on Corporate Responsibility（ICCR）が，共同エンゲージメントを含めて，積極的に株主行動に取り組んでいる．1973年，米国のキリスト教諸教会は，株主行動を行う多くの宗教団体を結集させ，ICCRを設立した [Sparkes, 2002, p. 51]．ICCRは，信仰と社会変革のために，倫理的価値観に基づく投資行動を行うことを目的とし，共同エンゲージメントを推進している．現在のICCRは，宗教団体のほかに，SRI運用マネジャー，労働組合，年金基金，大学基金など約300機関が会員として活動している．それらの会員が管理する資産額を合計すると1,000億米ドル（約10兆円）となる．[4]

　ICCRは，創立以来，積極的な共同エンゲージメントを展開している．2013年4月のバングラデシュのラナ・プラザ・ビルの崩壊により，衣服工場従業員1,500人以上が死亡する事故が起こった．それに対して，ICCRによる共同エンゲージメントの動きが見られた．ICCRは会員であるBoston Asset Managementとともに，企業に対しバングラデシュの服飾産業におけるサプライ・チェーンの構造的問題の解決に，前向きに取り組むよ

---

[4]　ICCRのウェブサイトによる（検索日2016年9月22日）．
　　http://www.iccr.org/about-iccr

うに呼びかけた．その結果，欧州主導で制定されたバングラデシュの建物と火災に関する合意（the European-led Bangladesh Accord on Building and Fire）に，130社以上の米国企業が参加した［US SIF, 2014, p. 70］．米国においては，ICCRをはじめ，現在も教会を中心に宗教団体が，株主行動における大きな影響力を持っている．

　水口［2011］は，エンゲージメントに積極的に取り組む欧米年金基金として，米国のCalPERS，英国のHermes，スウェーデンのAP Fonden 1の3基金に着目し，エンゲージメントの手法に焦点を当てて分析を行っている．先に述べたように，米国と英国に次いでスウェーデンもSRI推進のパイオニアである．本書においても，これらのSRI先進国における年金基金のエンゲージメントを考察することは意義があると考える．次節以降では，3つの年金基金の組織，規模，投資方針に加え倫理規範に注目したい．

第2節　CalPERSのSRI市場における投資手法

1　CalPERS年金基金の概要

　CalPERS（California Public Employees' Retirement System，カリフォルニア州職員退職年金基金）は，1932年にState Employee's Retirement Systemとして設立され，そして1992年に現在のCalPERSの名称になった．[5] 従業員数は，"2014-15 Comprehensive Annual Report"によれば，2,872名と記載がある．ただし，その人数は，採用の上限枠であり，実際の職員数は不明である．運用部門（Investment Office）の担当者数も不明ながら，厚生労働省は2011年9月末時点で約270人と報告している．[6] 2014年末時点の運用資産残高は2,967億米ドルで，年金資産の規模として

5）　CalPERSのウェブサイトによる（検索日2016年9月22日）．
　　https://www.calpers.ca.gov/page/about/organization/calpers-story
6）　平成26年11月10日付厚生労働省年金局「諸外国の年金基金（運用組織）のガバナンスについて」による．なお，同資料は同省ウェブサイトのサイト内検索で入手した（検索日2016年10月2日）．
　　http://www.mhlw.go.jp/

は，世界第6位，全米第2位である．[7]

　また，CalPERSはUN-PRIの設立署名者であり，ESG投資の推進者である．2016年3月には日本版スチュワードシップ・コードにも署名した．その理由として，同コードが，投資家が上場企業との建設的な対話とエンゲージメントを通じて，長期投資のリターンを高めようとする狙いがあることをあげている．さらに，同コードは，コーポレートガバナンスの強化を目指すものであり，それがCalPERSの投資信条（Investment Blief）に完全に沿ったものであることも，署名の理由としてあげている．[8]

　さらに，CalPERSは，従来からCarbon Disclosure Project（CDP），Coalition for Environmentally Responsible Economics（CERES）などの数多くの国際協定に参加しており，企業のESG要因向上にかかわってきた長い歴史がある．[9]

2　CalPERSのターゲット・リスト

　現在はターゲット・リスト（CalPERS Focus ListまたはTarget List）として知られる，CalPERSがコーポレートガバナンス改革のために行ってきた企業選定は1980年代後半に始まった．1987年，CalPERSは，業績が低迷しかつ買収防衛策を導入した企業を株主行動のターゲットとした．そのターゲットにはジレット社（Gillette），アルコア社（Alcoa），テキサコ社（Texaco）が含まれていた．当初，CalPERSは毎年8社程度の企業をターゲット・リストに加えていった．また，企業経営者に対して書面で対話を求める一方で，株主提案を提出していた．そして，対話により企業にガバナンス改善の動きが見られると，株主提案を取り下げていた．しか

7）　Towers WatsonのThe World's 300 Largest Pension Funds - Year End 2014による（検索日2016年9月22日）．
　　https://www.towerswatson.com/en/Insights/IC-Types/Survey-Research-Results/2015/09/The-Worlds-300-Largest-Pension-Funds-Year-End-2014
8）　CalPERSのウェブサイトによる（検索日2016年9月22日）．
　　https://www.calpers.ca.gov/page/newsroom/calpers-news/2016/calpers-signs-japan-investor-stewardship-code
9）　CalPERSのウェブサイトの（Partnership Advocacyによる（検索日2016年9月22日）．
　　https://www.calpers.ca.gov/page/investments/governance/partnership-advocacy

し，多くの上場企業の株主総会でCalPERSが株主提案を行っていることがメディアで取り上げられ，CalPERSの株主行動は広く知られるようになった［Smythe et al., 2015, p. 643］.

　1988年からは，CalPERSは株価が低迷する企業についてもターゲット・リストに加えるようになった．1992年には，ターゲット・リストの公表を開始した．しかし，ターゲット・リストへの掲載が公表されても，CalPERSの働きかけに応じない企業も存在する．さらに，2001年から2002年にかけては，ターゲット・リストに加えモニタリング・リストを導入した．モニタリング・リストに掲載された企業にはガバナンスの改善を求めている．なお，ターゲット・リストは公表されるものの，モニタリング・リストは極秘扱いとなっている［Smythe et al., 2015, p. 643］.このように，現在も続くターゲット・リストとエンゲージメントの基礎が作られていった．

3　CalPERSの基本方針

　CalPERSは，証券市場では「物言う投資家」あるいは，「アクティビスト」と呼ばれることが多い．本項では，そのように証券市場で注目されるCalPERSがよりどころとする，エンゲージメントを含む投資の基本方針を概観する．

　CalPERSの投資方針（CalPERS Total Fund Investment Policy）の17～18ページには，連邦法に反する人権侵害が確認された時などは，例外的に投資引き揚げ（divestment）と追加投資の抑制が認められている．しかし，投資引き揚げでは，株式売却コストが発生することと，特定の銘柄を排除することにより投資戦略が複雑になる，つまり，ポートフォリオの分散投資効果が弱くなり，リスクが上昇する可能性についても明記されている．したがって，CalPERSの投資方針では，投資引き揚げを避けて，エンゲージメントを優先することが明記されている．さらに，投資引き揚げを実行すると，ESG要因に問題のある企業の行動をエンゲージメントを通して是正をするという目的が果たせないことになる．そのような理由から，CalPERSにおいては，原則として，エンゲージメントによって企

業のESG要因を改善させる方針を明確に打ち出している．

　ところが，エンゲージメントを優先するCalPERSも，南アフリカ共和国がアパルトヘイト政策により世界的に非難され経済制裁を加えられていた時期には，投資引き揚げを実施した歴史がある．1986年，カリフォルニア州議会でSocial Investment Guidelines concerning South Africa法案が可決されると，南アフリカ関連企業に対し総額60億米ドルの投資引き揚げを実行した［Sparkes, 2002, pp. 53-56］．

　Barber［2006］も，CalPERSが実際に行った投資引き揚げの事例を取り上げている．その1つは，CalPERSによるタバコ会社株式の売却である．2000年にCalPERS理事会は7対5でポートフォリオに保有するタバコ会社の株式を売却することを決定した．その売却総額は3億6,500万米ドルであった．当時は，タバコ会社の株価が低迷を続けていた時期である．しかし，2000年から2006年の6年間は，S&Pで見た市場価格が下落したにもかかわらず，タバコ会社の株価は上昇し，CalPERSは6億5,000万米ドルの利益を逸したと分析している［Barber, 2006, p. 17］．

　このように，CalPERSは実際に投資引き揚げを経験し，その失敗を踏まえて，企業経営者との対話によりESG要因の改善を働きかけるエンゲージメントに力を注いでいるものと考える．

4　CalPERSによるエンゲージメントの取り組み

　次に，CalPERSによるエンゲージメント対象先企業の絞り込みについて考察する．CalPERSのエンゲージメントの取り組みについては，ウェブサイトに明記されている．1987年以来，CalPERSは"Focus List Program"に基づいて企業数を絞ってエンゲージメントを行ってきた．その目的は，企業のガバナンスを改善し，株式のパフォーマンスを向上させることであった．

　しかし，2014年にCalPERSは"Focus List Program"を見直し，自らのポートフォリオでウェートの高い銘柄の企業に絞り，企業のグローバルな活動を監視する方針に変更した．エンゲージメントは，持続可能性にかかわる次の企業行動に焦点を当てることになった．

① 取締役会の構成，リーダーシップ，経営能力，独立性
② ESGの実践，企業戦略，資本の成長に関する報告の透明性
③ 投資家の権利である投票権，取締役の任期
④ 環境問題と社会問題に関するリスク・マネジメント
⑤ 株主の視点に適う経営者報酬

なお，CalPERSのコンサルタントであるウィルシャー・インベストメント社（Wilshire Investment）は，1999年から2013年秋までの期間に，CalPERSがエンゲージメントの対象とした188社の株価パフォーマンスに関する分析を行った．その結果は2014年9月に公表され，2014年8月時点で，Russell 1000 Indexを15.27%上回り，Russell 1000 Sector Indicesを11.90%上回ったとエンゲージメントの効果を報告している．[10]

第3節 Hermes Investment ManagementのSRI市場における投資手法[11]

1 HermesとBT Pension Schemeの概要

英国のHermes Investment Management（Hermes）について考察をする以前に，HermesのアセットオーナーであるBT Pension Schemeについて概観する．タワーズ・ワトソン社（Towers Watson）のP&I/TW 300の資産残高ランクによれば，同基金は2014年12月末時点で680億米ドルの資産があり，世界第44位であった．また，同基金の年次報告書である"BT Pension Scheme Report and Accounts for the Year End 30 June 2015"（2015 Annual Report）によれば，年金資産は2014年6月末の403億ポンドから約27億ポンド増えて，2015年6月末には431億ポンドとなった．2015年6月末時点の運用資産の内訳については，株式32.6%，

---

10) CalPERSのウェブサイトによる（検索日2016年8月31日）．
https://www.calpers.ca.gov/page/investments/governance/corporate-engagements/focus-list-prog
11) Hermes Investment Managementについては，Hermes EOS上級顧問・荒井勝氏から貴重な情報とご助言をいただいた．感謝を申し上げる．

不動産10.5%，代替投資10.8%，債券16.9%，インフレ・リンク資産25.9%，現金3.3%で，ほぼフル・インベストメントの状態である．なお，代替投資とインフレ・リンク資産がポートフォリオの3分の1以上を占めていることが特徴的である．

Hermesは，2011年にBT Pension Schemeにより100％出資のインハウス・マネジャーとして設立された．その前身である運用会社は，1983年に設立されている．現在，Hermesは，BT Pension Scheme以外の投資家も顧客としており，世界22の国・地域で330機関に対し運用マネジャーおよびアドバイザリーのサービスを提供している．Hermesの従業員数は375名である．運用資産（Asset under Management, AUM）残高は260億ポンド，投資アドバイザリー資産（Asset under Advisory, AUA）残高は1,888億ポンドである．なお，AUAの1,888億ポンドは，HermesグループのHermes Equity Ownership Services Limited（Hermes EOS）が助言するものである．[12]

Hermes EOSは，2004年に設立され，世界最大のスチュワードシップの情報源であることを自称し，その組織は，コーポレートガバナンスや気候変動の専門家，弁護士などで，担当各国の言語や知識をもつ26名とアドバイザー4名によって構成されている．このような専門家によるエンゲージメントと議決権行使の情報と助言が，顧客である欧州，北米，オセアニア，東南アジア，日本の42の年金基金等に提供されている．

2　Hermesの運用方針と運用体制

次にHermesの運用方針について概観する．Hermesのウェブサイトには，最初に投資責任の3原則が明示されている．

原則1　投資対象企業の財務分析は長期投資の視点で行うものである．
原則2　ESG要因の考慮は，投資チームへの強制ではなく，ESGリス

---

12) Hermesのウェブサイトによる（検索日2016年9月19日）．
　　https://www.hermes-investment.com/about-us/
　　ただし，従業員数はFT電子版の記事による（検索日2016年9月28日）．
　　http://www.ft.com/cms/0/07a691de-c3-11e21b93-0144feab7de.html#axzz4LYXRY2Iv

クを投資の意思決定に組み入れるためである．

原則3　議決権行使およびエンゲージメントによる株主行動は，株主の長期的利益の向上に資するべきものである．

　Hermesでは，原則2に示された投資チームへのESG情報を提供するために，インハウスのESG Dashboard というESG投資のためのシステムを開発した．ESG要因の情報はサステナビリティ調査の専門機関であるTruscoとSustainabilityの2社から提供される．エンゲージメント情報については，グループのHermes EOSから提供される．このような情報を統合したデータベースとして，ESG Dashboardは運用チームに提供されている．運用チームはESG Dashboardを通じてESG情報を入手して，ESG要因を投資の意思決定に組み込むことになる．[13]

　次に，BT Pension Schemeとそのエンゲージメントを実際に行うHermes EOSによるエンゲージメントについて概観する．Hermes EOSの"2015 Annual Voting and Engagement Report BT Pension Scheme"によれば，2014年7月から2015年6月までに，EOSがエンゲージメントとして対話を行った企業は308社であった．

　Hermes EOSは，株主として企業と対話を行うエンゲージメントの進捗状況を適切に把握するため，独自のマイルストーン・システムを採用している．エンゲージメントの進み具合は，対象企業により，また，テーマによって大きく変わる．まず，EOSのマイルストーンに注目する．

マイルストーン0　　目標設定
マイルストーン1　　企業に問題点を提示する
マイルストーン2　　企業と問題点を確認し，企業から同意を得る
マイルストーン3　　企業からの信頼性のある戦略または問題解決策の提示
マイルストーン4　　完了（目標達成）または打切りによるリストからの除外

---

[13] Hermesのウェブサイトによる（検索日2016年9月19日）．
　　https://www.hermes-investment.com/wp-content/uploads/2015/10/HermESGlobal-Equities-ESG-Dashboard.pdf

図表7-6 Hermes EOSによるエンゲージメントの進捗状況（2014年7月～2015年6月）

テーマ	全対象企業数	進捗状況				終　了	
		レベル0 目標設定	レベル1 企業への問題提起	レベル2 企業側の確認・同意	レベル3 企業からの解決策提示	レベル4 完了	打切り
環　境	99	3	12	39	31	6	8
社会・倫理	128	8	12	31	49	21	7
ガバナンス	243	7	57	69	64	38	8
戦略・リスク	105	7	19	28	36	10	5
スチュワードシップ	22	0	8	7	4	3	0
合　計	597	25	108	174	184	78	28

（図表注）2015 Annual Voting and Engagement Report BT Pension Scheme, p. 6の図表（Milestone Status of Engagement）を参考に筆者作成．

　図表7-6は，2015年6月末時点でHermes EOSがエンゲージメントの対象としている企業と，その問題解決の進捗状況を示している．Hermes EOSがエンゲージメントに取り組む会社数は597社で，テーマ別に内訳を見るとガバナンスの243社が最も多い．2番目に多いのは社会・倫理の128社で，以下は戦略・リスクの105社，スチュワードシップの22社となっている．また，図表7-6からも，Hermes EOSでは系統的な対話が行われていることが推測される．

第4節　AP Fonden 1（Första AP-Fonden）のSRI市場における投資手法

1　AP Fonden 1の概要

　Första AP-Fonden（AP Fonden 1）は，スウェーデン議会から国民年金の運用を委託されている年金基金の1つである．2016年2月19日時点で，2,902億スウェーデン・クローネの年金資産を有し，株式，債券，不動産を含む代替投資，プライベート・エクイティ，ヘッジファンドで構成されるグローバル・ポートフォリオを運用している．[14]

　Towers Watson社のP&I/TW 300 Rankingでは，2014年12月末時点

でAP Fonden 1の年金資産は360億米ドルで世界第105位の規模である．同じくスウェーデンの他の公的年金基金の残高と世界順位を見ると，AP Fonden 3は407億米ドルで第95位，AP Fonden 4は371億米ドルで第102位，AP Fonden 2は370億米ドルで第103位であった．これら4つのAP Fondenの運用残高合計は1,508億米ドルで，2014年末時点のP&I/TW 300 Rankingで上位20位以内にはいる資産規模である．

2　AP Fonden 1の基本方針と倫理規定

次に，AP Fonden 1のウェブサイトに記載されている基金の概要を見ると，まず，長期投資家として，そしてアクティブ・オーナーとして，企業にESG要因に関する高い要求を行うことが明記されている．また，年金基金として年金制度加入者の利益を可能な範囲で最大化することが求められている．その目的のために，AP Fonden 1はリスクを低減しつつ長期投資による高いリターンを追求することがウェブサイトに明記されている．[15]

次に，「基本的価値観と倫理指針（Core Value and Ethical Policy）」のウェブサイトでは，AP Fonden 1の使命は年金の受託者として最終受益者のために最大限の利益をもたらすことであると明記されている．また，国民の信頼を得るためには，バランスよくリスクを取りつつ高いリターンを得ることが不可欠であるとも記されている．さらに，AP Fonden 1の業務は，高い倫理基準，長期的アプローチ，職業専門家意識（professionalism），エンゲージメントによって性格づけられるとの記載がある．[16]　このように，AP Fonden 1では，高い倫理性が求められており，同年金基金の投資に対する基本的な姿勢を理解することができよう．

---

[14]　AP Fonden 1のウェブサイトによる（検索日2016年9月28日）．
　　　http://www.ap1.se/en/About-AP1/
[15]　AP Fonden 1の概要を記載したウェブサイトによる（検索日2016年9月30日）．
　　　http://www.ap1.se/en/About-AP1/
[16]　AP Fonden 1の「基本的価値観と倫理指針」のウェブサイトによる（検索日2016年9月30日）．
　　　http://www.ap1.se/en/About-AP1/Core-Values-and-Ethics-Policy/

3 　AP Fonden 1の運用体制[17]

"Första AP-Fonden Annual Report 2015"によれば，AP Fonden 1は，集中投資の株式ポートフォリオをインハウスで運用しており，独自のリサーチによって投資対象とする株式を絞り込み，投資した株式は長期運用することを基本としている．集中投資ポートフォリオでの保有銘柄は，スウェーデンと先進国の株式市場に上場されている大型株と中型株である．現在，ファンド運用のスタッフは55名である．また，AP Fonden 1では，集中投資ポートフォリオ以外の株式ポートフォリオも管理・運用している．AP Fonden 1の株式ポートフォリオ全体の69%はインハウス運用が占めており，残りの31%は外部の運用マネジャー15社に運用を委託している．このように，AP Fonden 1ではインハウスでの株式運用の割合が高いことが特徴である．

AP Fonden 1は，かつては，外部運用マネジャーをインハウス運用の補完と位置づけていた．しかし，現在では，外部マネジャーがエマージング・マーケットと先進国の中小型株式の運用を行っており，インハウス運用と棲み分けがなされている．

2015年末時点のAP Fonden 1の資産構成は，株式が32.9%を占めている．その内訳を，AP Fonden 1のポートフォリオ全体に占める割合で見ると，スウェーデン国内株式12.1%，先進国株式13.1%，エマージング・マーケット株式7.7%である．債券の割合は27.9%で，株式に次ぐ構成比である．キャッシュは1.6%である．残りの37.5%は不動産，ヘッジファンド，プライベート・エクイティなどが占める．

4 　AP Fonden 1のエンゲージメント

AP Fonden 1は，サステナビリティ戦略に基づき，株主として積極的に企業と対話を行い，また，株主総会で議決権行使を行う．対話に関して

---

17) AP Fonden 1のウェブサイト上の"Första AP-Fonden Annual Report 2015"による（検索日2016年9月30日）．
　　http://www.ap1.se/en/Financial-information-and-press/Reports/

は，スウェーデンが批准した下記の国際協定に違反した企業が対象となる．換言すれば，AP Fonden 1はESG要因に問題のある企業と対話を行うことになる．

 UN-PRI
 CDP（Carbon Disclosure Project）
 EITI（Extractive Industries Transparency Initiative）
 Institutional Ownership Association
 ICGN（International Corporate Governance Network）

　企業との対話において，ガバナンス要因に問題がある場合には，他の株主と連携して対話を行う．一方，環境要因と社会要因に問題がある場合には，他のステークホルダーと連携して共同でエンゲージメントを行う．[18]
　さらに，AP Fonden 1は，他のAP Fonden 2, 3, 4とEthical Councilを組成し，国際協定に違反した企業に対し下記の取り組みを行う．
① スウェーデン国外企業の環境と倫理・規範に関するモニタリングを共同で行う
② 事件についての分析
③ 企業との対話（共同エンゲージメント）
④ 積極的な取り組み（Proactive Initiatives）

　このような働きかけをしても，ESG要因に改善が見られない場合には，Ethical Councilは各AP Fondenにその企業の株式を投資対象から除外するように勧告する．現在，AP Fonden 1の除外リストには19社が掲載されている．[19]

---

18)　AP Fonden 1のウェブサイト上のSustainable Value Creationによる（検索日2016年9月30日）．
 http://www.ap1.se/en/Corporate-governance/ESG/
19)　AP Fonden 1のウェブサイト上のExclusion Listによる（検索日2016年9月30日）．
 http://www.ap1.se/en/Asset-management/Exclusion-list/

第5節　海外年金基金のエンゲージメント

　CalPERSのように，巨額の資産を管理・運用する年金基金では，ESG要因に問題がある企業であっても，株式資産を売却すれば分散投資効果を弱めることになる．そこで，大手年金基金では，企業経営者との対話を通じてESG要因の改善を図ることにより，パフォーマンスの向上を目指すことになる．CalPERSの4倍の運用資産を持つGPIFにとっても，ESG要因に基づくエンゲージメントへの取り組みは，パフォーマンス向上の観点から喫緊の課題と言える．

　しかし，GPIFなどのわが国のアセット・オーナーにとっては，CalPERSなどのエンゲージメントの手法に焦点を当てるだけではなく，彼らが現在の投資手法を身に付けるまでの歴史を知ることも重要である．また，アセット・オーナーに限らず，運用マネジャーを含めた，わが国のESG投資家は，欧米SRIの歴史からESG投資の本質を考えるべきである．

　欧米のSRI投資家が実践してきた投資を通じた企業行動の改善という考え方は，キリスト教と欧米の文化によって形成されたと考えられる．経済学者アルフレッド・マーシャルは「世界史は宗教と経済によって作られた．……時として，宗教的動機は経済的動機よりも鮮烈である」と論じている［Marshall, 1920, p. 1］．わが国のESG投資家は，1970年代から80年代にかけて，欧米のSRI投資家がベトナム反戦，反アパルトヘイト政策などの社会運動と連携したこと，そして2000年の英国年金法改正が激しい議論を経て成立したこと，そして，それらの上に現在のSRI・ESG投資の発展があることを認識する必要がある．また，欧米SRIの発展を支えた投資を通じた企業と社会の変革というSRI投資哲学の根底には，キリスト教倫理があったことも認識するべきである．

　それでは，キリスト教徒が人口の1%にも満たないうえに，実質的に無宗教の人間が大半を占めるわが国では，SRIもESG投資も根づかないのであろうか．否，そのようなことはないと筆者は考える．それではどうすればESG投資が根づくのであろうか．

CalPERSの"2014-15 Comprehensive Annual Report"の10ページには，10項目の投資信条（Investment Blief）がある．それに続く「基本的価値観と行動指針」（Core Value and Guiding Behaviors）の4番目の項目として，次の3つの指針が記されている．
1. 何事にも，専門家の流儀で正直かつ倫理的な心で，最善の努力を惜しむな
2. 誠実な言動と行いを心がけよ
3. 発言に責任を持ち，約束を守り，信頼を築け

　この指針の見出しは高潔（Integrity）である．これこそがまさに，わが国のアセット・オーナーと運用マネジャーに求められている基本姿勢である．政府が決めたのだから，あるいは世の中がESG投資のブームであるから，適当にESG要因を扱うのであれば，わが国のESG投資はけっして発展しないであろう．最終受益者に代わって，全身全霊をもってESG投資に打ち込めば，宗教と文化で形成された欧米のSRIに負けない，わが国のSRI・ESG投資の文化が形成されると考える．

結論

　本章では，ESG投資を推進するアセット・オーナーおよび運用マネジャーの喫緊の課題である，株主行動について概観した．特に，株主行動のなかでも，ESG投資家が株主として企業経営者にESG要因の改善を直接働きかける，エンゲージメントに焦点を当てた．エンゲージメントでは，対象企業数は限定されるものの，企業のESG要因の改善ならびに健全なインベストメント・チェーン構築の有効な手段になりうると考える．
　しかし，エンゲージメントはわが国の投資家にはなじみのないSRI手法である．そこで，本章では，この手法を積極的に活用する欧米の3つの年金基金について考察した．その結果，いずれの公的年金基金も系統的なエンゲージメントを実践していることが明らかになった．それ以上に，いずれも受託者としての専門性に加え高い倫理観を持つことが要求されていることに注目したい．

GPIFをはじめ，わが国のアセット・オーナーと運用マネジャーが今最も求められているのは，まさに後者の倫理性ではないであろうか．高潔さ（Integrity）をもって最終受益者を最優先にESG投資，特にエンゲージメントに真摯に取り組む必要性があると考える．それは，プロフェッショナルとしての高い心意気，高い志と換言できるであろう．そのような投資家の意気込みがあれば，わが国においてもエンゲージメントを積極的に実践するESG投資が深く根付き，健全かつ効率的なインベストメント・チェーン構築が実現すると考える．

[参考文献]

小方信幸 [2016]『社会的責任投資の投資哲学とパフォーマンス──ESG投資の本質を歴史からたどる』同文舘出版．

北川哲雄・林順一 [2014]「投資情報開示とインベストメント・チェーン──ケイ報告書の意義」『愛知学院大学論叢 商学研究』第54巻2-3号，155-178頁．

北川哲雄 [2015]『スチュワードシップとコーポレートガバナンス──2つのコードが変える日本の企業・経済・社会』東洋経済新報社．

水口剛 [2011]『環境と金融・投資の潮流』中央経済社．

Barber, Brad M. [2006] "Monitoring the Monitor: Evaluating CalPERS' Activism," *University of California, Davis, Working Paper*.

Eurosif [2012] "European SRI Study 2012, The European Sustainable Investment Forum," retrieved January 3, 2014. from http://www.eurosif.org/research/eurosif-sri-study/sri-study-2012

Eurosif [2014] "European SRI Study 2014, The European Sustainable Investment Forum," retrieved February 17, 2016. from http://www.eurosif.org/wp-content/uploads/2014/09/Eurosif-SRI-Study-20142.pdf

Global Sustainable Investment Alliance [2014] "Global Sustainable Investment Review 2014," retrieved February 17, 2016. from http://www.gsi-alliance.org/wp-content/uploads/2015/02/GSIA_Review_download.pdf

Smythe, Thomas I., McNeil, Chris R., and English II, Philip C. [2015] "When Does CalPERS' Activism Add Value?" *Journal of Economics and Finance*, Vol. 39, pp. 641-660.

Sparkes, R. [2002] *Socially Responsible Investment: A Global Revolution*, Chichester, UK, John Wiley & Sons.

Marshall, A. [1920] *Principles of Economics*, London, UK, Macmillan and Co., Limited.

US SIF [1999] "Report on Socially Responsible Investing Trend in the United States, Social Investment Forum," retrieved January 3, 2014. from http://www.ussif.org/files/files/Publications/99_Trends_Report.PDF

US SIF [2003] "2003 Report on Socially Responsible Investing Trends in the United States," retrieved January 3, 2014. from http://www.ussif.org/files/files/Publications/03_Trends_Report.PDF

US SIF [2012] "Report on Sustainable and Responsible Investing Trends in the United States 2012," Washington, D.C., USA, Forum for Sustainable and Responsible Investment.

US SIF [2014] "Report on US Sustainable, Responsible and Impact Investing Trends 2014," Washington, D.C., USA, Forum for Sustainable and Responsible Investment.

第8章

ユニバーサル・オーナーシップ理論の展開と課題
年金基金への適用を中心に

はじめに

　近年，責任投資[1]を行う年金基金などのアセット・オーナーの間でユニバーサル・オーナーシップの考え方が，にわかに注目されはじめている．ユニバーサル・オーナーシップとは，巨大な運用資産を，長期的な視座に立ち，広範な資産や有価証券に分散投資を行っている投資家が，企業活動に伴う外部性などによる市場の失敗の解消に向けて，投資先の企業や産業全体，さらには政策・規制当局にまで積極的に直接的な働きかけを行うことを指す．

　筆者が遡れるかぎりにおいて調べたところ，年金基金がユニバーサル・オーナーシップについて論じた最も古い事例として，英国の高等教育機関の職員向け年金基金Universities Superannuation Scheme（USS）の委託により作成，2001年に公表されたディスカッション・ペーパー「Climate Change: A Risk Management Challenge for Institutional Investors」が得られた．この論文は，あくまで機関投資家による議論の喚起を目的とした

---

[1] 本章では，水口［2013］にならい社会的責任投資（SRI: Socially Responsible Investment）と呼称されているもののほか，SRIとは目的や考え方などの点で一線を画すことを示す意図からサステナビリティ投資やESG投資などと呼ばれているものをすべて総称して，責任投資と表記している（ESGとは，環境・社会・ガバナンスの英単語の頭文字をつなげて作られた造語である）．

ものであり，USSの公式見解を示したものではないが，経済全体に長期的に影響を及ぼす気候変動問題を投資家の立場から検討することは，ユニバーサル・オーナーシップの試金石になるであろうと論じている．また，カリフォルニア州職員退職年金基金（CalPERS）が2001年に新興国投資に関する基準を策定した際，政治的安定，報道の自由，労働基準，透明性などに関する投資基準を掲げ［Hebb, 2008］，かつ実際に投資行動に反映させた事例がユニバーサル・オーナーシップの萌芽の1つと指摘されている［Hawley and Williams, 2002］．

　直近では，水口［2016a］が，英国およびオランダの合計43のアセット・オーナーが責任投資を行う動機について，各アセット・オーナーが掲げる責任投資方針の分析を行っている．[2] その結果，アセット・オーナーによる責任投資の動機には，①財務的動機，②倫理的動機，③ユニバーサル・オーナーとしての動機，という3つの動機が見出されており，[3] 本稿が関心を置くユニバーサル・オーナーとしての動機は，英国のUSSとブリティッシュテレコム企業年金基金，オランダ公務員年金基金（ABP），オランダ厚生福祉年金基金（PFZW）の傘下投資顧問会社PGGMにおいて確認されている．さらに水口［2016a］は，英国環境保護庁年金基金では，責任投資方針とは別に策定された気候変動に対する取り組み方針「Policy to Address the Impacts of Climate Change」において，ユニバーサル・オーナーとして行動する考えが示されていることを指摘している．英国およびオランダ以外の年金基金に関しては，Urwin［2011］が，ユニバーサル・オーナーシップに関連したステートメントを公表している例として，ノルウェー政府年金基金，カリフォルニア州職員退職年金基金

2）　調査結果のうち，英国のアセット・オーナーについては，水口［2016b］でも紹介されている．
3）　水口［2016b, 38頁］は各動機分類の定義について，財務的動機は「ESGの考慮は投資価値に関わるとする考え方」，倫理的動機は「財務的利益以前に守るべきものがあるとする姿勢を示すもの」，ユニバーサル・オーナーとしての動機は「健全で持続可能な環境や社会の存在がポートフォリオ全体としての投資パフォーマンスに影響すると考える立場」としている．なお，水口［2016a］は，倫理的動機を非財務的動機と表記しているが，本稿では倫理的動機と表記する．

(CalPERS),カナダ国民年金投資委員会(CPPIB),フランス公務員退職年金補完基金(ERAPF),ニュージーランド退職年金基金の名前をあげている。また日本においては,年金積立金管理運用独立行政法人(GPIF)がESG要因を考慮した株価指数を検討する目的として「ユニバーサル・オーナー(広範な資産を持つ大規模な投資家)として負の外部性(環境,社会問題等)を最小化し長期的なリターンを最大化(する)」と述べている[年金積立金管理運用独立行政法人(GPIF), 2016, 20頁]。

水口[2016a]の分析結果は,責任投資について複数の動機を同時に持つ場合があることを明らかにしており,その重複関係を示したものが図表8-1である。ここで見られる特徴は,ユニバーサル・オーナーとしての動機を有するすべてのアセット・オーナーは財務的動機も同時にあわせ持っているという点である。他方,倫理的動機により責任投資を行うアセット・オーナーも存在するが,ユニバーサル・オーナーとしての動機と倫理的動機のみを同時にあわせ持つという組み合わせは見あたらない。同調査が英国およびオランダという特定地域のアセット・オーナーを対象とした調査であること,ならびに水口自身も指摘しているように,動機の分類にあたっては,分析者による一定の主観的判断が伴う点には留意が必要だが,ユニバーサル・オーナーとしての動機は,あくまで「広い意味では財務的な動機」[水口, 2016a]なのである。それでもなお,財務的動機の中で特別に区別してとらえられるのには理由がある。その1つは,今日一般的に用いられている伝統的な企業価値分析に基づく投資家行動とは一線を画し,政策的な視点から投資家行動が行われる点にある。ユニバーサル・オーナーシップに懐疑的な立場からは,それは政府の仕事であって投資家の仕事ではない旨の疑問が呈されることがある[水口, 2013]ように,財務的動機の中では異質であり,特殊である。ユニバーサル・オーナーとしての動機に基づくと見られる最近の投資家行動の例をあげると,アセット・オーナーを含む130の機関投資家が「パリ協定」の早期締結を求め,G20首脳宛に書簡[4]を送付した事例や,年金基金や保険会社を含む多数の

---

4) 書簡全文は次のURLで参照することができる。http://investorsonclimatechange.org/wp-content/uploads/2016/08/FinalWebInvestorG20Letter24Aug1223pm.pdf

図表8-1　財務的動機，倫理的動機，ユニバーサル・オーナーとしての動機，の3つの重複関係

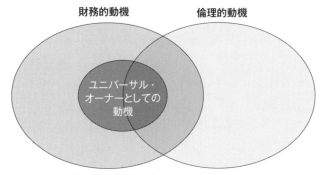

（出所）水口［2016a; 2016b］を基にして筆者作成.

　アセット・オーナーが石炭火力発電に関連する企業からの投資引き揚げ（divestment）を宣言した事例,[5] 取締役会に占める女性の割合を高めることを目指す非営利組織にGPIFなど複数のアセット・オーナーが加盟している事例などがある.

　1990年代後半に，このような新しいタイプの投資家行動をモンクス（Robert A. G. Monks）とミノウ（Nell Minow）が指摘して以来，こうした投資家をユニバーサル・オーナーと表現し,[6] その投資家行動が生まれるメカニズムを論理的に説明づける理論として「ユニバーサル・オーナーシップ理論」（Universal Ownership Theory）の構築を行ったのが米国セント・メリーズ・カレッジ・オブ・カリフォルニアのホーリー（James P. Hawley）とウィリアムズ（Andrew T. Williams）である.

　本章は，このユニバーサル・オーナーシップ理論に焦点を当て，同理論に関する先行研究をレビューするとともに，年金基金への適用を念頭に置きながら同理論に残された課題を整理することを目的としている．ユニバーサル・オーナーシップ理論は，年金基金を念頭に論じられることが少な

5）　石炭火力発電に関連する企業などからの投資引き揚げを宣言または実行した機関投資家の一覧はgofossilfree.orgのホームページにおいて参照することができる.
6）　ユニバーサル・オーナーは，ユニバーサル・インベスターと表記される場合もある.

くないが，年金基金に限らず一定の条件を満たすすべての投資家において，ユニバーサル・オーナーとしての動機がやがて芽生えることを予想する理論である.[7] 以下，本章の構成は次のとおりである.

まず第1節では，あくまで年金基金とは切り離して，ユニバーサル・オーナーシップ理論が成立するための投資家に関する前提条件と外部性の内部化に関する仮定，ならびに同理論から導かれる投資家行動を一般化して整理する．そのうえで，第2節では，ユニバーサル・オーナーシップ理論の前提条件と今日の年金基金が置かれている状況との関係について考察する．最後に第3節では，年金基金を念頭に置きながら，ユニバーサル・オーナーシップ理論に残された課題と展望を整理する.

第1節 ユニバーサル・オーナーシップ理論の前提条件・投資家行動・外部性の内部化に関する仮定

1 ユニバーサル・オーナーシップ理論が成立するための3つの前提条件

ユニバーサル・オーナーシップ理論は，財務的動機に駆られている投資家が，投資先の企業活動や企業が提供する製品などが引き起こす環境汚染などの外部性の把握に努め（「ユニバーサル・モニタリング」[Hawley and Williams, 2002, p. 287]），経済社会の持続的な成長を志向し，正または負の外部性などによる市場の失敗の解消に向けて，社会的な変革を促す投資家行動を採るメカニズムを説明づける理論である．同時に，ユニバーサル・オーナーシップ理論自体が，そうした投資家行動をとることを正当化する論拠（rationale）にもなっている [Mansley and Dlugolecki, 2001, p. 35 ; Hawley and Williams, 2007, p. 416].[8]

---

7) 例えばRichardson and Peihani [2015] は，ユニバーサル・オーナーの候補として，年金基金のほかに，保険会社，ミューチュアル・ファンド，ソブリン・ウエルス・ファンドをあげている.
8) ノルウェー政府年金基金―グローバルの運用を担当するノルウェー中央銀行投資管理部門（NBIM）のコーポレートガバナンス・ヘッドらが執筆した論文 [Gjessing and Syse, 2007] は，ユニバーサル・オーナーシップの考え方が，NBIMのような機関投資家にとって，合理的なシェアホルダー・アクティビズム（積極的株主行動）に関する戦略を検討する過程で，いかに有益であるかを論じている.

ユニバーサル・オーナーに特徴的な投資家行動を初めて取り上げたのは，モンクスとミノウによる著作というのが通説である．[9] 同氏らによる複数の著作で関連の記述が見られるが，最も古いものでは1996年に刊行された *Watching the Watchers: Corporate Governance for the 21st Century* で以下の記述が見られる．

　　「政治的かつ投資上の理由から，年金基金の株式ポートフォリオは次第に"インデックス化（株価指数化）"してきている．これにより，年金基金は全体的（ユニバーサル）かつ永続的な株主になる．ポートフォリオがきわめて分散されているため，年金基金は，特定の業界や企業ではなく，産業（さらには経済全体）の所有者（オーナーシップ）として振る舞う動機を持つ．このことは，必然的に，公共の利益に即した幅広い関心を年金基金に持たせる．例えば，年金基金は，職業訓練・環境汚染・再教育に関心を払う可能性があるのに対し，特定の企業や業界だけに注目する株主は，競争上の問題からこれらを歓迎し難い出費とみなすであろう．」[Monks and Minow, 1996, pp. 120-121]（筆者仮訳）

　モンクスとミノウによるこの指摘以降，学術研究の世界では，主にホーリーとウイリアムズによって，ユニバーサル・オーナーシップ理論の展開が行われてきた [Hawley and Williams, 1997; 2000a; 2000b; 2002; 2007]．

　彼らによる研究，ならびにその他の関連研究[10]を総括すると，投資家がユニバーサル・オーナーとしての動機を持つに至るためには，投資家に関して図表8-2にあげる3つの前提条件を満たすことが必要になる．[11]

---

9) このことはユニバーサル・オーナーシップ理論について論じている多数の文献で指摘されている．例えば，Hawley and Williams [2000a; 2000b] を参照．
10) ユニバーサル・オーナーシップ理論に関する先行研究は必ずしも豊富ではないが，ホーリーとウイリアムズ以外が著した研究として，*Corporate Governance: An International Review* 誌が2007年に組んだユニバーサル・オーナーシップについての特集号（Volume 15, Issue 3）に掲載された各論文のほか，同特集号の基になったカンファレンス・レポート [Saint Mary's College of California, 2006] や，Urwin [2011], Richardson and Peihani [2015] のほか，国連環境計画金融イニシアティブ（UNEP-FI）と国連責任投資原則（PRI）が2011年に発表したレポート「Universal Ownership: Why Environmental Externalities Matter to Institutional Investors」を本章はレビューした．

図表8-2　ユニバーサル・オーナーシップ理論が成立するための投資家に関する3つの前提条件

前提条件1	投資判断の時間軸が長期である
前提条件2	運用資産が巨額すぎるがゆえに，株式の売却に制約が生じ，インデックス運用またはそれに準じる市場全体に広範に分散させたポートフォリオにより運用を行わざるをえなくなっている
前提条件3	運用資産の効率的な最大化を目的に投資を行い，かつ絶対リターンを追求している

（出所）　筆者作成.

　第1の前提条件は投資判断の時間軸についてである．ここでいう「長期の時間軸」とは，様々な時点で行われる投資判断において，短期的に企業価値に影響しうる要因だけでなく，中・長期的に企業価値に影響しうる要因も十分に考慮するという意味である．

　第2の前提条件は運用資産の規模についてである．ホーリーとウイリアムズによる一連の研究は，いくら以上をもって「巨額」に相当するのかを具体的に提示しているわけではないが，規模が大きくなるにつれて，流動性の低い株式の売買に制約が生じるとともに，自分自身による株式の売買が株価にインパクトを与え，運用成績にマイナスに作用するようになる[12]ことから，やがてインデックス運用に切り替える，あるいは明示的にインデックス運用を行わない場合であっても，その保有銘柄構成が実質的にインデックス運用へと近づき，株式市場の「代表標本」[Hawley and Williams, 2007, p. 45]を所有している状態に近づいていくとされる．

　第3の前提条件は投資目的についてである．ユニバーサル・オーナーは，あくまで金銭的なリターンを効率的に最大化することを目的として活

---

11)　本稿では，ホーリーらのとらえ方にならい，3つの前提条件を満たす投資家をユニバーサル・オーナーと表記する．なお，Urwin [2011] はこれらの条件を満たすことに加え，その置かれている状況を自ら認識し，利用して効果的に投資を行おうとする投資家と定義したほうが良いという見解を述べており，使用者によっては若干定義が異なる点に留意が必要である．
12)　上場株式に投資するミューチュアル・ファンドにおいて，運用資産規模が大きくなると運用成績が低下することを示す実証研究は多数報告されている．最近の例としてBeckers and Vaughan [2001], Chen et al. [2004], Yan [2008], Chan et al. [2009], がある．

動する投資家である．同時に，市場ベンチマークに対する超過リターンの獲得が最終的な目的ではなく，絶対リターンの獲得を目的とした投資家である．

　市場全体に広範に分散したポートフォリオを持つということは，事実上，株式市場，ひいては経済全体の一片（「スライス」[Saint Mary's College of California, 2006, p. 6；Urwin, 2011, p. 26]）を所有することにつながり，そのうえで長期的な視座に立って絶対リターンの獲得を狙う投資家にとっては，個別企業のパフォーマンスよりも，経済全体の持続的な成長，生産性・健全性の向上のほうがより重要になる．そのため，準公的（quasi-public）な視点を持つようになり，企業活動に伴う正または負の外部性などによる市場の失敗の解消に向けて行動を起こすようになる．

　これを基本的な現代ポートフォリオ理論の枠組みで解釈すると，分散投資では除去することができないシステマティック・リスクとリターンの改善にユニバーサル・オーナーは強い関心を注いでいるととらえることができる．市場ベンチマークを上回る超過リターンを獲得することのみを目的とする投資家は，ユニバーサル・オーナーとしての動機を持ちえないのである［Gjessing and Syse, 2007］．

2　ユニバーサル・オーナーとしての動機に基づく投資家行動

　では，システマティック・リスクとリターンに対して，ユニバーサル・オーナーはどのようにアプローチするのだろうか．第2の前提条件で述べたように，ユニバーサル・オーナーは株式売却の制約に直面している．そのため，投資先企業に不満を感じた際にユニバーサル・オーナーに残された選択肢は，何もせずに放っておく，もしくは，売却以外の手段で企業に対して働きかけて改善を企図する，のいずれかとなる．この選択において，長期的な視座に立って絶対リターンを追求するユニバーサル・オーナーは後者を選択するほうが合理的であるとするのがユニバーサル・オーナーシップ理論である．

　これは，アルバート・ハーシュマン（Albert O. Hirschman）が，その著作 *Exit, Voice, and Loyalty: Responses to Decline in Firms, Organiza-*

tions, and States』(『離脱・発言・忠誠——企業・組織・国家における衰退への反応』)で論じた枠組みで理解することができる．すなわち，経済主体の「取り返しのつく過失」(ユニバーサル・オーナーシップ理論の場合は，市場の失敗を引き起こす環境汚染などの企業行動) に対して，「離脱」(売却) という選択肢が制限される中，「忠誠」(何もせずに放っておく) という選択肢ではなく，「発言」(直接働きかける) が選択される状況にあるということである．さらに，ハーシュマンは，「発言が重要なメカニズムとしてもっとも機能する可能性が高いのは，購入者の数がきわめて少ない市場，あるいはわずかな購入者が総売上げのかなりの部分を占める市場である．なぜなら，購入者は数が多いより少ないほうが一致団結した行動をとりやすいし，また単純に考えて，それぞれが市況を左右するほど大きな購入者であれば，集団行動をとらなくても，おそらくかなりの力をふるえる」[邦訳，44頁] と指摘している．ユニバーサル・オーナーは，単に売却ができないからという消極的な理由に加えて，巨大な運用資産を有する投資家であるがゆえに，企業や政策・規制当局に対する直接的な働きかけが影響力を持ちやすいことも「忠誠」より「発言」を志向する方向に作用しているものと考えられる．

　ユニバーサル・オーナーによる「発言」行動の具体的アプローチについて，Hawley and Williams [2000a; 2000b] は，特定の課題について投資家としての考え方を明文化して公開すること，当該の考え方に照らしてポートフォリオ内の企業の調査や評価を行いその結果を公開すること，個別企業や複数の企業グループに対して直接働きかけを行うこと，などをあげている．また，Urwin [2011] は，ユニバーサル・オーナーが経済社会に影響を及ぼす経路として，ボトムアップにより個別企業に影響を及ぼすという経路，トップダウンにより産業全体に影響を及ぼすという経路，政策や規制に対して影響を及ぼすという経路の3つを指摘している．前述した石炭火力発電に関連する企業からの投資引き揚げの宣言は産業全体に影響を及ぼそうとする行為であり，[13] G20首脳宛のパリ協定締結を求める書簡

---

13) ただし，投資引き揚げを大々的に宣言することで政策的関心を喚起し，政策や規制に影響を及ぼす可能性もある．

送付は政策や規制に影響を及ぼそうとする行為である，とそれぞれ解釈することができよう．

　ここで，ユニバーサル・オーナーに特有の「発言」行動の特殊性を理解するために，いわゆるシェアホルダー・アクティビズム（積極的株主行動）や，「日本版スチュワードシップ・コード」[14]に位置づけられている企業価値の向上や持続的成長を促す建設的な「目的を持った対話」との関係について整理を行っておきたい．なぜならば，これらはすべてが，ハーシュマンが言うところの「発言」行動の一種とみなせるからである．

　まず，シェアホルダー・アクティビズムについては，学問領域横断的に網羅的な文献レビューを行ったウィスコンシン大学ミルウォーキー校のゴラノヴァ（Maria Goranova）とサンディエゴ州立大学のライアン（Lori V. Ryan）は，

　　「株式所有や売買行動の背後にある暗黙の潜在的な株主の意図ではなく，企業の方針や活動内容に影響を及ぼそうとする明確な意図を伴った株主による行動」［Goranova and Ryan, 2014, p. 1232］（筆者仮訳）

と定義している．この定義に照らせば，「目的を持った対話」はシェアホルダー・アクティビズムにすべて包含されると考えられる．ただし，「目的を持った対話」はあくまで財務的動機であるのに対して，投資家の中には倫理的動機から企業に対して「発言」する場合もあると考えられることから，両者は必ずしも同義ではない．

　また，「目的を持った対話」とユニバーサル・オーナーとしての動機に基づく「発言」行動を比べると，両者ともに財務的動機である点は共通しているが，後者は企業活動に伴う環境汚染などの負の外部性や，独占・寡占などによって生じる市場の失敗の解消[15]を目的としたものであることから，「目的を持った対話」よりもさらに狭い概念ととらえることができる．

14）　正式名称は「『責任ある機関投資家』の諸原則《日本版スチュワードシップ・コード》～投資と対話を通じて企業の持続的成長を促すために～」日本版スチュワードシップ・コードに関する有識者検討会（平成26年2月26日付）．

図表8-3　シェアホルダー・アクティビズム,「目的を持った対話」,ユニバーサル・オーナーとしての動機に基づく「発言」行動の概念整理

区分	財務的動機	市場の失敗解消の動機
シェアホルダー・アクティビズム	有り,または無し	有り,または無し
「目的を持った対話」	有り	有り,または無し
ユニバーサル・オーナーとしての動機に基づく「発言」行動	有り	有り

(出所)　筆者作成.

　以上を図示したものが図表8-3である．繰り返しになるが，ユニバーサル・オーナーとしての動機に基づく「発言」行動は，シェアホルダー・アクティビズムや「目的を持った対話」とは一対一に対応する概念ではなく，財務的動機かつ市場の失敗解消の動機が必ず備わっている点に特徴があると言える．

3　ユニバーサル・オーナーシップ理論における外部性の内部化に関する仮定

　第1節1ではユニバーサル・オーナーシップ理論が成立するための投資家についての3つの前提条件を確認した．さらに第1節2では，これらの前提条件を満たす投資家において予想される市場の失敗の解消を目指した投資家行動について確認したが，特に市場の失敗の原因となる外部性に関してユニバーサル・オーナーシップ理論は1つの重要な仮定を置いている（それは同理論が妥当性を持つために肝となる重要な仮定である）．企業活動によって生み出される正または負の外部性の全部または一部は，株式市場に広範に投資しているユニバーサル・オーナーのポートフォリオ全体の運用成績において内部化される，すなわちポートフォリオ全体のパフォーマンスに影響する，という仮定である．

　外部性については様々なとらえ方があるが，[16)] タワーズ・ワトソンのロ

---

15)　ユニバーサル・オーナーシップ理論を主に発展させたホーリーとウイリアムズによる一連の先行研究はあくまで外部性による市場の失敗に焦点を当てているが，独占・寡占による市場の失敗にも同理論は適用できると考えられる．例えばLippman, Rosan, and Seitchik [2007] は米国の薬価高騰問題について論じている．

16)　外部性の概念発展の系譜については，倉阪 [1998]，張 [2015] などを参照．

ジャー・アーウィンは「他の企業や社会など無関係の第三者に対して，市場を介さずにコストや便益をもたらす生産または消費の波及効果」[Urwin, 2011, p. 32] と定義したうえでユニバーサル・オーナーシップに関する議論を展開している．また，元イノベストCEOのマシュー・キアナンは，外部性について，企業個社のレベルを超えて，産業や国全体に影響する課題であり，概して金銭的指標ではとらえきれないものであると述べたうえで，以下を例としてあげている [Kiernan, 2007, p. 481]．

- 大気，土壌，水の汚染や気候変動
- グローバルまたは地域的な貧困
- 予防措置や医薬品へのアクセスを含むヘルスケアの質とアクセシビリティ
- リテラシー，教育，訓練の水準
- 人権，契約上の義務，私有財産権の保護に関する法的担保の仕組み

また，UNEP-FIとPRIは，環境問題に伴う負の外部性に焦点を当て，ユニバーサル・オーナーとしてどのように対処していくべきかについて問題提起を行っている [UNEP-FI and PRI, 2011]．

こうした企業活動に伴う外部性を，投資家はどのように評価するのだろうか．これに関して，Hawley and Williams [2002] は，ユニバーサル・オーナーとそれ以外の投資家で評価が異なる可能性を指摘している．具体的には，株式の売却に特別の制約がない通常の投資家にとっては，負の外部性を発生させながら儲けている企業は，そのコストを他の企業や社会に転化していることを意味しており，当該企業の業績のみに着目するかぎりにおいては，ポジティブに評価される可能性がある．しかし，ユニバーサル・オーナーの立場からは，ある投資先企業が生じさせる負の外部性がポートフォリオに含まれる他の企業活動に悪影響を及ぼす場合，トータルとしてポジティブに評価できないケースが出てこよう．一方，企業が行う教育やトレーニングへの投資は，他の企業への波及効果，すなわち正の外部性を伴うが，個々の企業が自主的に決定する投資水準は経済全体にとって最適な水準を下回ってしまう，というのが一般的な経済学の示唆である．

通常の投資家は，企業にさらなる投資を求めようとはしないが，ユニバーサル・オーナーは，経済全体にとって最適な水準に達するまで，個々の企業に負荷を求めるほうが望ましいと考えるであろう．

こうしたことから，ユニバーサル・オーナーとしての動機に基づく投資家行動を初めて指摘したモンクスも，2001年に発表した著書において「グローバルに株式を保有する株主にとって外部（性）はない」（nothing is external to a global shareowner）［Monks, 2001, p. 105］と表現している．

第2節　年金基金とユニバーサル・オーナーシップ理論の関係

ユニバーサル・オーナー特有の投資家行動は，前節で述べた3つの前提条件と外部性の内部化に関する仮定の下では，あらゆる機関投資家で観察される可能性があるが，ホーリーとウイリアムズは，特に，巨大な公的年金基金や企業年金基金がユニバーサル・オーナーの典型例だと指摘している［Hawley and Williams, 2000b］．本節では以下，年金基金が置かれている状況とユニバーサル・オーナーシップ理論との関係について述べる．

第1の前提条件である投資判断の時間軸に関しては，個々の年金基金によって時間軸は当然異なると考えられるが，一般的に年金資産は，将来にわたって支払われる年金などの財源に充てるために積み立てられ，運用されているものであり，投資判断にあたっての時間軸は相対的に長いことが想定される．事実，年金基金は長期投資家とみなされることが多い（例えばWorld Economic Forum［2011］）．

第2の前提条件である運用資産規模に関して，もちろん年金基金によって規模は様々だが，Urwin［2011］は，資産規模が100億ドル（1ドル＝100円で日本円に換算すると1兆円）を上回る大規模な年金基金が世界に約300存在する[17]ことを指摘したうえで，これらのうち，自らをユニバーサル・オーナーと称する年金基金は少ないが，将来的にはより多くの年金基金にユニバーサル・オーナーとしての動機が芽生える可能性があると

---

17) この数字はTowers Watson［2010］の調査時点での数字である．

指摘している．

OECD加盟諸国の多くで，年金資産総額の対GDP比率には増加傾向が見られており，2014年時点で対GDP比で40％を上回る国は12カ国となっている（図表8-4）．この傾向が続くとすれば，巨大な年金基金の存在感はますます強まってくることが予想される．

なお，米国上場企業の株主に占める年金基金の割合の拡大と，それがもたらす経済・社会・政治的影響については，経営学者として有名なドラッカー（Peter F. Drucker）が，1976年の時点でこれを「見えざる革命」と称して論じている［Drucker, 1976］．[18] さらに，この著作の発表から15年を経て，ドラッカーは，米国において，資産規模で上位20の年金基金が米国全上場株式の1割を保有するほどに年金基金は存在感を強め，「見えざる革命」は誰の目から見ても明らかになったと指摘している［Drucker, 1991］．同時に，「投資家とは定義のうえでは持ち株を売却できる者である」［同，p. 107］と述べたうえで，中規模以上の年金基金は，保有株式を売却しようにも，それを市場がすべて吸収するには巨額になりすぎてしまい，他の大規模な機関投資家が買い手として現れないかぎり，売却できなくなってきたことに気づきつつあると指摘している．[19]

さらに，株式売却の制約に関してHawley and William［1997］は，受託者責任の主要な要素であるプルーデント・パーソン・ルールが徹底されることによって，年金基金が「思慮深くない」とみなされることを避けようとするために，保守的な行動を促し，インデックス運用の採用を加速させていると指摘している．

米国の場合，1974年従業員退職所得保障法（エリサ法：Employee Retirement Income Security Act of 1974），1990年に採択され1992年に公

---

18) 類似の指摘として，より初期のものにHarbrecht［1959］がある．また，米国だけでなく，英国，カナダ，オーストラリアなども含めて年金基金の存在感が強まっていることによる影響などを論じたものとしてClark［2000］がある．
19) 同様の指摘として，Taylor［1990］は，ニューヨーク州職員退職年金基金，ニューヨーク市年金基金，ニューヨーク州教職員退職年金基金の運用について，資産規模の巨大化が，継続的に市場をアウト・パフォームする運用利回りを上げることを難しくさせ，インデックスに連動したバイ・アンド・ホールド戦略へと仕向けていることを指摘している．

図表8-4 各国の年金資産総額の対GDP比率の推移（1980年〜2014年）

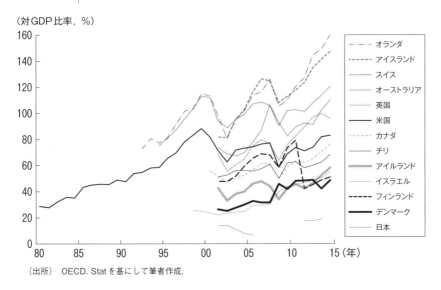

（出所）OECD. Statを基にして筆者作成．

刊された信託法第三次リステイトメント，および1994年に採択された統一プルーデント・インベスター法（Uniform Prudent Investor Act）では，分散投資をしないほうが合理的である（思慮深い）と判断される時には分散投資義務を負わないことが規定されており，[20] 理屈上は分散投資以外が認められていないわけではない．米国の受託者責任について論じた関西学院大学の木村仁教授も，「投資家が割安株や割高株を探し出して，市場平均以上のパフォーマンスを上げることは不可能ではないと思われる．しかしながら，それは，受託者が常に分散投資をせずに，積極的に最適価格より低い価格の証券を探し出して，市場を打ち負かす努力をしなければならないとの結論が導かれるわけではない，……アクティブな投資運用が功を奏するためには，他者を凌駕する情報収集を行い，心理学的な検討を加えたうえで，広範囲かつ創造的な分析を行う必要がある．受託者はこのような分析コストを勘案したうえで，投資プランを策定しなければならな

---

20) 具体的な条文は，エリサ法404条(c)，信託法第三次リステイトメント227条(b)，および統一プルーデント・インベスター法3条である．

いが，……コスト負担が大きいことを考えると，少なくとも一定の割合は，パッシブで幅広い分散投資を行うことが賢明である」［木村，2012，555-556頁］と指摘している．

　年金基金に対する分散投資義務は米国に限った話ではない．国連環境計画金融イニシアティブ（UNEP-FI）が，フレッシュフィールズ・ブルックハウス・デリンガー法律事務所に委託して作成した，世界の主要9カ国の受託者責任について調査した報告書によれば，米国や英国[21]のようなコモン・ローの国のほか，ドイツや日本などのシビル・ローの国においても，分散投資の有用性を説く現代ポートフォリオ理論に基づいてポートフォリオを構築する義務（すなわち，分散投資義務）がおおむね共通して課せられていることが指摘されている［UNEP-FI，2005］．

　なお，日本では，例えば厚生年金の運用については「積立金の管理及び運用が長期的な観点から安全かつ効率的に行われるようにするための基本的な指針」（平成26年7月3日総務省，財務省，文部科学省，厚生労働省告示第1号）において「分散投資による運用管理を行うこと」が明記されている．確定給付型企業年金の運用についても，「確定給付企業年金に係る資産運用関係者の役割及び責任に関するガイドラインについて」（平成14年3月29日年発第0329009号厚生労働省年金局長通知）において，分散投資を基本とする旨が示されている．

　第3の前提条件に関しては，年金資産が将来にわたって支払われる年金などの財源に充てるために積み立てられ，運用されていることに鑑みれば，一般的な年金基金においては，市場インデックスに勝った・負けたということに加えて，絶対リターンの水準は無視することのできない重要なものであると考えられる．

　以上の考察から，ユニバーサル・オーナーシップ理論によれば，わが国も含めて，年金基金，中でもとりわけ資産規模の大きい公的年金基金はユニバーサル・オーナーとしての動機を持つに至る可能性が高いことが予想されるのである．

---

21) 英国における分散投資義務を含む受託者責任の生成過程については川村［2015］に詳しい．

第3節 ユニバーサル・オーナーシップ理論の課題
──年金基金を念頭に

　ユニバーサル・オーナーシップ理論は，第1節で述べた投資家に関する3つの前提条件を満たすすべての投資家において，やがて市場の失敗の解消を目指したユニバーサル・オーナー特有の投資家行動に目覚めることを予想する理論である．しかし，「ユニバーサル・オーナーの哲学を積極的に推進しているアセット・オーナーは比較的少ない．世界の主要ファンドの投資方針において，明示的に言及している例はあまりない」［Urwin, 2011, p. 27］のが実際のところである．同論文が指摘しているように，資産規模が100億ドルを上回る大規模な年金基金が世界には約300も存在するにもかかわらずである．

　本節ではこの理由を考察するため，先行研究において指摘されているユニバーサル・オーナーシップ理論を取り巻く課題について整理を行う．

1　ショート・ターミズム（短期主義）の影響の可能性

　ユニバーサル・オーナーシップの普及が緩やかなものにとどまっている要因の1つとして，3つの前提条件をすべて満たす年金基金が想像以上に少ない可能性が考えられる．中でもとりわけ第1の前提条件（投資判断の時間軸が長期である）が，近年特に問題視されているショート・ターミズムの影響[22]により満たされていない可能性である．

　アーウィンは，「アセット・オーナーは，この業界に蔓延する短期の運用成績に対するプレッシャー（担当者のキャリア構築上のリスクも含む）により，短期の目標を重視する傾向がある」［Urwin, 2011, p. 27］ことを，ユニバーサル・オーナーシップが広まらない理由の1つとしてあげて

22）　年金基金に限定したものではないが，株式市場に蔓延していると見られるショート・ターミズムを政策課題ととらえ，その是正政策を提言している最近の例として，英国の「ケイ報告」（The Kay Review of UK Equity Markets and Long Term Decision Making（2012年7月））や，日本のいわゆる「伊藤レポート」（『『持続的成長への競争力とインセンティブ〜企業と投資家の望ましい関係構築〜』プロジェクト最終報告書」2014年8月）がある．

いる．事実，年金基金に限定した分析ではないものの，今日の株式市場にショート・ターミズムが実際に存在していることを報告する実証研究結果も蓄積されつつある．[23]

仮に年金基金自身が過度なショート・ターミズムに陥っているのだとすれば，これが克服されないかぎり，ユニバーサル・オーナーとしての動機を持つに至る年金基金は少数派であり続けるだろう．

2　外部性の内部化に関する仮定の成立が不十分な可能性

考えられる第2の可能性は，ユニバーサル・オーナーシップ理論が仮定する外部性の内部化が，必ずしも十分に行われない可能性である．

ユニバーサル・オーナーであることを自称する年金基金の1つであるノルウェー政府年金基金—グローバルについて，基金を所管するノルウェー財務省が国会報告の中で，

> 「地球環境にコストを転嫁している企業は，それによって利益を上げるかもしれないが，ポートフォリオに含まれる他の企業にネガティブな影響を及ぼす可能性がある．結果，ポートフォリオ全体ではマイナスになる可能性があり，特にユニバーサル・オーナーにとって，この影響は顕著である」[Norwegian Ministry of Finance, 2009, p. 47]（筆者仮訳）

と述べているように，外部性の影響がポートフォリオ全体で見るとマイナスになるというのがユニバーサル・オーナーシップ理論の基本的考え方である．しかし，ユニバーサル・オーナーの広範に分散させたポートフォリオであっても，実際には，ポートフォリオ全体の運用成績が依存する市場や経済圏には偏りがあり，外部性が運用成績に影響する度合いも，ユニバーサル・オーナーによって異なる可能性がある．[24] 例えばRichardson and Peihani [2015] は，カナダの株式市場は，同国の中核産業の1つである鉱業や石油・ガス業を営む大企業のシェアが大きいことを指摘している（こうした業界は一般的には環境への負荷（負の外部性）が大きい業界で

---

23) 例えば，米英の株式市場について実証研究を行ったものとして Davies *et al.* [2014] が，日本の株式市場については林・小崎 [2013] が報告されている．

あり，むしろ負の外部性を抑制しないほうが，カナダ市場全体でもプラスの可能性がある）．

このことが示唆するのは，ユニバーサル・オーナーは，自分自身のポートフォリオにとって外部性の影響がトータルでプラスか，マイナスかを見きわめる力が必要になるということである．

3　年金基金における実務上の課題

外部性による影響の見きわめは，時として困難が予想される．それは，外部性がポートフォリオ全体に及ぼす影響についての評価が多くの場合に困難だということに由来する．影響を金銭的な指標に換算することは難しくとも，影響の有無やおおよその程度なら認識できる場合もあるだろうが，その場合であっても，どの外部性から優先的に対処すべきなのか，その判断に困難が伴う場合があるだろう．[25]

上場企業がもたらす環境影響のコストを推計したUNEP-FI and PRI [2011] のように定量的な評価を試みている例もあるが，分野ごとに異なる集計方法によって社会的コストを計算して合算したものであるために不確実性が大きく，かつ分析対象となった資源もデータの制約から一部のみにとどまっている ［水口，2013，126頁］．[26]

外部性の内容によって評価の方法は様々に異なると推察されるが，この点については方法論の開発や影響を評価するためのデータ整備などがいっそう求められると言えよう．

ユニバーサル・オーナーシップの費用対効果の分析にかかる課題

ユニバーサル・オーナーとしての動機に基づく「発言」行動の成果は，

---

24) Gjessing and Syse [2007] は例示として，遠く離れた自給自足を営む貧しいコミュニティの農業生産性を低下させてしまうような環境汚染は，倫理上または国際政治上の論争の的にはなるかもしれないが，豊かな経済圏に位置する典型的な機関投資家にとっての金銭的な影響はないかもしれない，と述べている．
25) Gjessing and Syse [2007] はノルウェー政府年金基金—グローバルの運用に関して，実務上の優先順位づけの難しさを指摘している．
26) Thomas, Repetto, and Dias [2007] も，投資家に対して環境コストの評価方法について提案を行っている．

ポートフォリオ全体の運用成績への影響として現れることが予想される．しかし，「発言」行動を行う場合と行わない場合とで，どの程度結果が違ってくるのかを比較・検証することは必ずしも容易でない．さらに，投資規模の多寡によっても，ユニバーサル・オーナーとしての動機に基づく「発言」行動の費用対効果は変わってくると考えられる［Urwin, 2011］．

Urwin［2011］は，経済性の観点からユニバーサル・オーナーシップの必要性を主張し立証することは困難だ，と多くのアセット・オーナーは感じており，このことがユニバーサル・オーナーシップが広まらない理由の1つだと指摘している．

この課題に対しては，シミュレーションやシナリオ分析などの将来予測手法を活用しながら，未来志向で徹底的に議論するよりほかないと考えられる．ユニバーサル・オーナーシップの費用対効果を論じたものではないが，参考になる例として，ケンブリッジ大学サステナビリティ・リーダーシップ・インスティテュートでは，地球温暖化に伴う複数の気温上昇シナリオが投資家心理に与える影響が，世界の投資ポートフォリオに与える短期的影響について，経済モデルを用いたシミュレーションを行っている［University of Cambridge, Institute for Sustainability Leadership, 2015］．

あくまでシミュレーションであるため，前提条件やモデルの選択などによって結果が変わってしまう場合があることや，「発言」行動の有無ではなく，「発言」行動によって，企業行動や政策に変化を起こさせたと仮定した場合との比較になるが，「発言」行動の必要性や重要性に関する議論を深める有力な材料になるだろう．今後，こうした手法の発展に加えて，一部の研究者でなくても手軽に利用できる分析環境が求められるだろう．

フリーライダーの問題

企業や産業全体，さらには政策・規制当局に対する働きかけを行うためには，そうした実務を担う担当者が必要となる．つまり，投資家の側に相応の費用負担が求められる．同時にユニバーサル・オーナーによる働きかけの効果は，他のユニバーサル・オーナーにも便益をもたらしうるものであるため，自らが費用負荷してまで行動する必要はなく，他の誰かにまか

せておけばよい，という考えが生まれやすい．すなわち，フリーライダーの問題が生じる［Hawley and Williams, 2000a; 2000b］．

　フリーライダーの問題をできるだけ回避し，かつコストを分担する仕組みとして，目的と利害関係を同じくする年金基金による協業が可能性を秘めている［Thamotheram and Wildsmith, 2007］．ユニバーサル・オーナーになりうる年金基金は世界に多数存在すると考えられるとはいえ，Urwin［2011］の指摘に基づくならば，その数はたかだか数百程度であり，Hirschman［1970］の主張[27]に照らせば，「発言」行動に向けた協業は相対的に実現が容易だと考えられる．

　事実，世界の様々な地域で，環境問題から社会的問題に至る多様な課題に関して，投資家によるネットワーク組織や共同イニシアティブが形成・発展してきており，[28] ユニバーサル・オーナーによる集団的行動（コレクティブ・アクション）が今後広がっていく可能性がある．

企業とユニバーサル・オーナーがウィン・ウィンの関係になれない可能性

　ユニバーサル・オーナー側が投資先企業に働きかけを行う動機は，あくまでポートフォリオ全体のパフォーマンスを改善するためである．その一方で当該企業にしてみれば，利益をより高める選択肢がありながらも，一定程度それを諦める格好になる可能性がある．理論上は，負の外部性のコストを負担していない企業に，負の外部性の低減を求めることは短期的にはコスト増加になるからである．したがって，企業とユニバーサル・オーナーは必ずしもウィン・ウィンの関係になることができない可能性があり，そのことがユニバーサル・オーナーにとって投資先企業の変革を促す

---

[27] 「発言が重要なメカニズムとしてもっとも機能する可能性が高いのは，購入者の数がきわめて少ない市場……である．……なぜなら，購入者は数が少ない方が一致団結した行動をとりやすい」［Hirschman, 1970, 邦訳44頁］．
[28] 例えば，気候変動問題に関しては，欧州で2001年に発足した「気候変動に関する機関投資家団体」（IIGCC: The Institutional Investors Group on Climate Change）や，米国で2003年に発足した「気候リスクに関する投資家ネットワーク」（INCR: Investor Network on Climate Risk）などが知られており，多くの公的年金基金が加盟している．気候変動に関する投資家ネットワークやイニシアティブの動向は，物江［2016］に詳しい．

ことをより困難なものにさせる可能性がある．

　Gjessing and Syse［2007］は，負の外部性の抑制に関して，企業側に倫理的観点や社会的責任の観点から関心がない場合には，ユニバーサル・オーナーによる働きかけが徒労に終わってしまう懸念や，負の外部性を引き起こすコア・ビジネスは温存したままに，社会的な操業許可（license to operate）を得るために，コア・ビジネス以外のところで贖罪的に負の外部性を抑制する取り組みを行う企業が現れうることを指摘したうえで，ユニバーサル・オーナーが，その目的を実現するためには，政策・規制当局への働きかけが不可欠だと述べている．

　ただし，経済社会の持続可能性に対する社会全体の懸念は高まっており，負の外部性を内部化するための規制を導入する動きは拡大傾向にある．地球温暖化対策を例に取れば，温室効果ガス排出に価格を付け，排出削減に向けたインセンティブを与える炭素税（気候変動税）や排出量取引制度などのカーボン・プライシングの導入が世界的に広がっている［World Bank Group and ECOFYS, 2016］．負の外部性を内部化する適切な政策がひとたび導入されれば，個々の企業とユニバーサル・オーナーの利害関係の不一致は解消されるであろうから，ユニバーサル・オーナーは常に公共政策の視点も持ちながら，政策・規制当局も含めてより効果的な先に働きかけを行っていくスタンスが求められるだろう．

おわりに

　本章では，ユニバーサル・オーナーシップ理論に焦点を当て，過去約20年の間に報告された先行研究をレビューすることにより，ユニバーサル・オーナーシップ理論が成立するための3つの前提条件と外部性の内部化に関する仮定，ならびに同理論から導かれる投資家行動について整理を行った．同時に，これらの3つの前提条件と今日の年金基金の置かれている状況を照らし合わせることによって，ユニバーサル・オーナーシップ理論と年金基金の親和性の高さを確認した．

　一方で，ユニバーサル・オーナーシップ理論の予想に反して，ユニバーサル・オーナーシップに目覚める年金基金は一部に限られている．この理

由を考察するため，先行研究において指摘されているユニバーサル・オーナーシップ理論を取り巻く課題について整理を行った．その結果，年金基金がショート・ターミズムに陥っている可能性のほか，外部性の内部化に関する仮定が十分に成立しない可能性，ユニバーサル・オーナーとしての動機に基づく「発言」行動の費用対効果分析の難しさ，フリーライダー問題，企業とユニバーサル・オーナーがウィン・ウィンの関係になれない可能性，といった実務上の課題が影響している可能性が浮かび上がった．

このような様々な課題が考えられるものの，ユニバーサル・オーナーの最大の特徴である産業全体や政策・規制当局に対する市場の失敗の解消を目指した直接的働きかけは，個別株式の超過リターン（アルファ）の獲得を目指して行われる個別企業に対する働きかけと対比させて，ベータ・エンゲージメント，あるいはベータ・アクティビズムとも呼ばれ，持続可能な社会の構築を後押しする力の一つとして期待する声が出てきている．本章のレビューが，今後の建設的な議論の土台の1つになれば幸いである．

[参考文献]

川村行論 [2015]「年金と信託——受託者責任を中心とした日英比較法研究」北海道大学大学院法学研究科博士（法学）学位申請論文．

木村仁 [2012]「投資運用に関する信託行為の定めと受託者の注意義務——アメリカ法における受託者の分散投資義務を中心に」『法と政治』第63巻第2号，1-94頁．

金融庁 [2014]「『責任ある機関投資家』の諸原則《日本版スチュワードシップ・コード》〜投資と対話を通じて企業の持続的成長を促すために〜」．

倉阪秀史 [1998]「『環境』に係る外部性の特徴と外部性プロセスの考え方（上）」『千葉大学経済研究』第13巻第2号，291-324頁．

経済産業省 [2014]「『持続的成長への競争力とインセンティブ〜企業と投資家の望ましい関係構築〜』プロジェクト（伊藤レポート）最終報告書」．

張鍾允 [2015]「外部性理論に基づいた自動車交通混雑と新エネルギー自動車に関する総合的研究——中国の事例と国際比較を中心に」愛知大学大学院中国研究科博士後期卒業論文．

年金積立金管理運用独立行政法人（GPIF）[2016]「2015（平成27）年度 業務概況書 会見」．

林寿和・小崎亜依子 [2013]「日本の株式市場におけるショート・ターミズム（短

期主義)の実証分析」『証券アナリストジャーナル』第51巻第12号,106-117頁.

水口剛［2013］『責任ある投資——資金の流れで未来を変える』岩波書店.

水口剛［2016a］「なぜ責任投資をするのか——英国とオランダの比較から」2016年3月31日ESGコラム，QUICK ESG研究所.

水口剛［2016b］「イギリス機関投資家にみる環境・社会に配慮した投資行動の研究」『産業研究（高崎経済大学地域科学研究所紀要)』第51巻第1・2号.

物江陽子［2016］「気候変動に関する機関投資家動向 ダイベストメント，エンゲージメントの拡大」大和総研.

Beckers, S. E. and Vaughan, G. [2001] "Small Is beautiful," *Journal of Portfolio Management*, Vol. 27, No. 4, pp. 9-17.

Chan, H. W., Faff, R. W., Gallagher, D. R., and Looi, A. [2009] "Fund Size, Transaction Costs and Performance: Size Matters!," *Australian Journal of Management*, Vol. 34, No. 1, pp. 73-96.

Chen, J., Hong, H., Huang, M., and Kubik, J. D. [2004] "Does Fund Size Erode Mutual Fund Performance? The Role of Liquidity and Organization," *American Economic Review*, Vol. 94, No. 5, pp. 1276-1302.

Clark, G. [2000] *Pension Fund Capitalism*, Oxford University Press.

Davies, R., Haldane, A. G., Nielsen, M., and Pezzini, S. [2014] "Measuring the Costs of Short-termism," *Journal of Financial Stability*, Vol. 12, pp. 16-25.

Drucker, P. F. [1976] *The Unseen Revolution: How Pension Fund Socialism Came to America*, Harper and Row（上田惇生訳『見えざる革命——年金が経済を支配する』ダイヤモンド社，1996年).

Drucker, P. F. [1991] "Reckoning with the Pension Fund Revolution," *Harvard Business Review*, Vol. 69, No. 2, pp. 106-114.

Environmental Agency Pension Fund [2015] "Policy to Address the Impacts of Climate Change."

Gjessing, O. P. K. and Syse, H. [2007] "Norwegian Petroleum Wealth and Universal Ownership," *Corporate Governance: An International Review*, Vol. 15, No. 3, pp. 427-437.

Goranova, M. and Ryan, L. V. [2014] "Shareholder Activism: A Multidisciplinary Review," *Journal of Management*, Vol. 40, No. 5, pp. 1230-1268.

Harbrecht, P. P. [1959] *Pension Funds and Economic Power*, New York: Twentieth Century Fund.

Hawley, J. P. [1995] "Political Voice, Fiduciary Activism, and the Institutional Ownership of US Corporations: The Role of Public and Noncorporate Pension Funds," *Sociological Perspectives*, Vol. 38, No. 3, pp. 415-435.

Hawley, J. P. and Williams, A. T. [1997] "The Emergence of Fiduciary Capitalism," *Corporate Governance: An International Review*, Vol. 5, No. 4, pp. 206-213.

Hawley, J. P. and Williams, A. T. [2000a] *The Rise of Fiduciary Capitalism: How*

Institutional Investors can Make Corporate America more Democratic, University of Pennsylvania Press.

Hawley, J. P. and Williams, A. T. [2000b] "The Emergence of Universal Owners: Some Implications of Institutional Equity Ownership," *Challenge*, Vol. 43, No. 4, pp. 43-61.

Hawley, J. P. and Williams, A. T. [2002] "The Universal Owner's Role in Sustainable Economic Development," *Corporate Environmental Strategy*, Vol. 9, No. 3, pp. 284-291.

Hawley, J. P. and Williams, A. T. [2007] "Universal Owners: Challenges and Opportunities," *Corporate Governance: An International Review*, Vol. 15, Issue 3, pp. 415-420.

Hebb, T. [2008] *No Small Change: Pension Funds and Corporate Engagement*, Cornell University Press.

Hirschman, A. O. [1970] *Exit, Voice, and Loyalty: Responses to Decline in Firms, Organizations, and States*, Harvard University Press(矢野修一訳『離脱・発言・忠誠——企業・組織・国家における衰退への反応』ミネルヴァ書房, 2005年).

Kay, J. [2012] *The Kay Review of UK Equity Markets and Long-term Decision Making: Final Report*.

Kiernan, M. J. [2007] "Universal Owners and ESG: Leaving Money on the Table?" *Corporate Governance: An International Review*, Vol. 15, No. 3, pp. 478-485.

Lippman, S., Rosan, D. E., and Seitchik, A. [2007] "Why Lower Drug Prices Benefit Institutional Investors: An Application of Universal Ownership Theory," *Corporate Governance: An International Review*, Vol. 15, No. 3, pp. 455-466.

Mansley, M. and Dlugolecki, A. [2001] "Climate Change: A Risk Management Challenge for Institutional Investors," Universities Superannuation Scheme.

Monks, R. A. G. and Minow, N. [1996] *Watching the Watchers: Corporate Governance for the 21st Century*, Blackwel Publishers.

Monks, R. A. G. [2001] *The New Global Investors: How Shareowners can Unlock Sustainable Prosperity Worldwide*, Capstone Publication.

Norwegian Ministry of Finance [2009] "On the Management of the Government Pension Fund in 2008, Report No. 20 (2008-2009) to the Storting."

Richardson, B. J. and Peihani, M. [2015] "Universal Investors and Socially Responsible Finance: A Critique of a Premature Theory," *Banking & Finance Law Review*, Vol. 30, No. 3, pp. 405-455.

Saint Mary's College of California [2006] "Universal Ownership: Exploring. Opportunities and Challenges: Conference Report."

Taylor, W. C. [1990] "Can Big Owners Make a Big Difference?" *Harvard Business Review*, Vol. 68, No. 5, pp. 70-82.

Thamotheram, R. and Wildsmith, H. [2007] "Increasing Long-Term Market Returns: Realising the Potential of Collective Pension Fund Action," *Corporate Governance: An International Review*, Vol. 15, No. 3, pp. 438-454.

Thomas, S., Repetto, R., and Dias, D. [2007] "Integrated Environmental and Financial Performance Metrics for Investment Analysis and Portfolio Management," *Corporate Governance: An International Review*, Vol. 15, No. 3, pp. 421-426.

Towers Watson [2010] "P&I & TW Top 300 Pension Funds: Analysis as at 2010 Year End."

UNEP-FI [2005] "A Legal Framework for the Integration of Environmental, Social and Governance Issues into Institutional Investment."

UNEP-FI and PRI [2011] "Universal Ownership: Why Environmental Externalities Matter to Institutional Investors."

University of Cambridge, Institute for Sustainability Leadership [2015] "Unhedgeable Risk: How Climate Change Sentiment Impacts Investment."

Urwin, R. [2011] "Pension Funds as Universal Owners: Opportunity Beckons and Leadership Calls," *Rotman International Journal of Pension Management*, Vol. 4, No. 1, pp. 26-33(邦訳：「ユニバーサル・オーナーとしての年金基金——好機の到来とリーダーシップの必要性」『NRI国際年金研究シリーズ』Vol. 6, 20-29頁).

World Bank Group and ECOFYS [2016] "Carbon Pricing Watch 2016."

World Economic Forum [2011] "The Future of Long-term Investing."

Yan, X. [2008] "Liquidity, Investment Style, and the Relation between Fund Size and Fund Performance," *Journal of Financial and Quantitative Analysis*, Vol. 43, No. 3, pp. 741-768.

第9章

社外取締役の活用と
コーポレートガバナンス
日米での議論の歴史

第1節　社外取締役とわが国のコーポレートガバナンス議論の歴史

1　日本における問題の所在

わが国のコーポレートガバナンスは，不正行為の防止（適法性確保）と企業の収益性・競争力の向上（効率性改善）の2つの観点から議論がなされてきた．最近では前者を「守りのガバナンス」，後者を「攻めのガバナンス」と言うことが多い．[1] 歴史的に見ると，戦後のわが国の議論では「守りのガバナンス」の議論が先行し，企業不祥事に対応して監査役の権限強化が進められてきた．1990年代中旬からは，外国人機関投資家の日本株式への投資増大（外国人持株比率の上昇）を背景として，外国人機関投資家から社外取締役の活用によるコーポレートガバナンスの強化が求められるようになった．これは「守りのガバナンス」と「攻めのガバナンス」の両方の意味を持つ．そのころの外国人機関投資家の代表例としてカリフォルニア州職員退職年金基金（California Public Employees' Retirement System: CalPERS），外国人機関投資家の要請に最初に本格的に対応した企業としてソニーをあげることができる．それらの主張・対応は，20

---

1)　神田［2015］, 24-25頁.

年を経過した現在においても，けっして陳腐化していない．

その後，米国経済・企業業績の復活と日本経済・企業業績の低迷の中，その原因の1つにコーポレートガバナンスの違いがあるのではないかとの考えが広まり，2002年の商法改正に際して，社外取締役の設置義務化（米国型コーポレートガバナンスの導入）が本格的に議論された．その段階では，経団連などの経済界の強い反対により義務化が見送られた．その後も日本経済・企業業績・株式市場の低迷が続く中，外国人機関投資家などの要請を背景として，2008年から2009年にかけて金融庁・経済産業省・東証が本格的に社外取締役の設置義務化の議論を進めた．最終的には安倍内閣の成長戦略（「攻めのガバナンス」を指向）と共鳴し，2014年の改正会社法で社外取締役の事実上の設置強制（上場企業が対象），2015年のコーポレートガバナンス・コードで社外取締役複数名の事実上の設置強制（市場第一部，第二部上場企業が対象）がなされたと言える．CalPERSの問題提起から20年余の年月と繰り返された意見対立・議論を経て，社外取締役の活用によるコーポレートガバナンス強化の議論は，社外取締役の設置義務化という観点からは，一応の決着を見たのである．以下ではこれらの経緯を概観する．

2　CalPERSの事例
外国人機関投資家からの要請の端緒

長年にわたり外国人機関投資家は日本企業に対して，社外取締役の活用によるコーポレートガバナンスの強化を求めてきた．ここでは外国人機関投資家の代表的存在であるCalPERSの事例を検討する．CalPERSは1932年に設立された米国最大の公的年金基金であり，米国においても長年にわたり「物言う株主」として，会社に対してコーポレートガバナンスの改善を通じて株主重視の経営を行うように強く働きかけてきたことで知られる．CalPERSのように巨額の株式運用を行っている場合には，株主重視の経営を行っていない会社の株式を「ウォールストリート・ルール」（投資先企業の経営に関して不満があれば，その企業の株式を売却する）に基づいて売却することが容易ではないことから，コーポレートガバナンスの改善を通じて会社に株主重視の経営を行うよう働きかけることになる．実

際，CalPERSなどの働きかけで，1992年から1993年にかけて，米国を代表する6社（ゼネラルモーターズ社，アメリカン・エキスプレス社，ウェスティングハウス社，IBM社，イーストマン・コダック社，ボーデン社）のCEOが，株主重視の経営を行わず，企業業績が不振であったことなどを理由として退陣に追い込まれた．

CalPERSは1988年から外国株投資を始め，1992年には日本株を37億ドル保有していた．[2] 一方で日本株の株価は1989年末をピークに下落しており，日本株の投資パフォーマンスは芳しいものではなかった．このような背景の下，1993年5月にCalPERSのウィリアム・D・クリスト理事長が来日し，経団連の海外事業活動関連協議会で講演した．その際に株主重視経営を求める観点から，日本企業に対して以下の5項目の要望事項を示した．

第1に，取締役会は主として社外取締役で構成され，かつ取締役数は多くとも10名〜15名であること．第2に，企業の成長余力が乏しい場合には，余剰資金を株主に配当すること．第3に，財務内容の開示の強化．第4に，IR部門の強化．第5に，議決権行使を容易にすること（定時株主総会開催日の分散等）であった．[3]

このうち第1の要望事項の後半部分および第2から第5の要望事項については，日本企業は相応の対応を進めてきたが，第1の要望事項の前半部分については経団連を中心とする経済界の抵抗が強く，最後まで残る課題となった．

CalPERSは海外資産の規模が増大したことを背景として，米国内向けのガバナンス原則に加え，米国外の経営者に株主重視の経営を求める観点から，1996年に「国際コーポレートガバナンスの基本原則」を策定し，1997年に英国とフランスで，1998年に日本で，それぞれの国情に適合した各国別のコーポレートガバナンス原則を公表した．CalPERSは，この原則（CalPERSの対日コーポレートガバナンス原則[4]）に基づき，株主利益の重視，社外取締役の選任，ならびに投資家への情報提供などを日本企

2） Jacoby [2007a], p. 6.
3） Jacoby [2007b], p. 260.
4） 翻訳は，例えば『商事法務』No. 1488，30-32頁に掲載されている．

業に求めた．

　CalPERSではこのようなマクロ・レベルのアプローチと並行させて，個別企業に対するミクロ・レベルのアプローチも進めた．個別企業に対しては，議決権行使や個別企業との対話を通じて，株主重視の経営や株主へのリターンの拡大（株価上昇，株主還元の拡充）を強く求めていった．そしてこの個別企業へのアプローチは，CalPERSに数多くの利益をもたらしたと言われる．[5] このようにしてCalPERSは，1990年代中旬から日本企業に対して，外国人機関投資家の株主重視の考え方を理解させていった．

3　ソニーの事例
日本企業の対応の端緒

　外国人機関投資家の要請に対応して，最初に大規模な経営機構の改革を実施したのはソニーであった．[6] ソニーは1997年6月に取締役会改革と執行役員制度導入を柱とする経営機構改革（ソニー改革）を行ったが，改革の主な特徴は以下の3点にまとめることができる．

　第1は，取締役会の構成員数の適正化（取締役数の削減）である．米国企業の事例を参考に，取締役会の議論を活性化させる観点から，取締役数を従来の38名から10名に削減した．第2は，社外取締役の増強による監督機能の強化である．従来から2名の社外取締役を置いていたが，これを3名に増員して監督機能の強化を図った．第3は，執行役員制度の導入である．当時の商法の枠内で米国企業が実施している監督と執行の分離を実現するために，主に監督機能を担う取締役と業務を執行する者とを分離し，後者を執行役員と位置づけた．

　このソニーの取り組みは，コーポレートガバナンスに関する日本企業の関心の高まりを背景に大きな話題となり，ソニー改革から1年後には100

---

5)　Jacoby［2007a］, p. 13.
6)　ソニーは1970年にニューヨーク証券取引所に上場するなど海外からの資金調達に熱心であり，このころには外国人持株比率も40％程度になっていた．また海外での事業展開の経験を通じて，米国のコーポレートガバナンスの考え方に関する知識の蓄積も進んでいた．経営者がCalPERSを頻繁に訪問するなど経営者も米国のコーポレートガバナンスの考え方を十分に理解していた．これらのことがソニーの経営機構改革の背景にあったと考えることができる．

社以上が執行役員制度を導入，2年後には導入または導入を決めた企業数が179社になった．ただし，これらの会社がソニー改革のすべての考え方を受け入れたわけではない．具体的には，ソニー改革のうち，第1の取締役数削減と（それと表裏の関係にある）第3の執行役員制度の導入に関しては多くの会社で受け入れられたが，第2の社外取締役の導入・拡充については必ずしも十分には受け入れられなかった．[7] これは，当時の日本の大企業の経営者は，経営者を監督するために外部の者を社外取締役として招聘することに対して，強い抵抗感を持っていたからである．

なお，ソニーに追随して経営機構を改革した代表的な事例として，東芝の事例があげられる．東芝は1998年6月にソニーの取り組みを参考として，[8] 執行役員制度の導入を含む大規模な経営改革を行った．改革の背景には，外国人持株比率の増大を踏まえて，外国人機関投資家などに株主重視の姿勢を示す必要があったこと，ならびに収益力の低下を踏まえて，経営のスピードを向上させる必要が高まったこと[9] などがあげられる．具体的な経営改革として，取締役数を34名から12名に大幅削減し，また執行役員制を導入して業務執行は執行役員が行う体制とした．社外取締役は従前からの1名を維持し増員は行わなかった．

4 2002年の商法改正
社外取締役設置義務化検討と委員会等設置会社制度の導入

1997年6月のソニー改革に続き，2000年ごろからは会社法制の見直しによってコーポレートガバナンスを強化しようとする動きが活発化した．そこでは，社外取締役の導入・拡充によって取締役会の監督機能を強化しようという論点が正面から議論された．

それまでの商法（現在の会社法）におけるコーポレートガバナンスの議論の力点は，企業不祥事の防止にあり，その観点から監査役制度の見直し

7）　東京弁護士会が2000年2月に全国証券取引所上場企業に対して実施したアンケート調査（回答社数946社）では，執行役員制度導入企業（121社）のうち取締役数を削減した企業は87社（71.9%），社外取締役の登用・増員を行った企業は9社（7.4%）であった［東京弁護士会会社法部，2001，98頁，表39］．
8）　西室［1999］，31頁．
9）　西室［1999］，30頁．

が進められてきたが，2000年ごろには商法学者の間にも「世界的にも，景気の良い国も含めて，制度の国際競争力みたいなものを意識した中で，コーポレートガバナンスの議論がされるようになって」[10]いるという認識があった．法務大臣の諮問機関である法制審議会では，2000年9月に法制審議会商法部会を開催し，企業統治の実効性の確保などを含む4項目について検討を行うこととした．企業統治の実効性の確保などに関しては，企業統治の実効性を確保し企業競争力を向上させる観点から，会社機関のあり方や会社情報開示のあり方が検討されることになった．

　法制審議会での検討を踏まえて，2001年4月に「商法等の一部を改定する法律案要綱中間試案」(中間試案)が公表された．その中で，本章の論旨に関係して重要な点は，第1に商法特例法上の大会社に社外取締役1名以上の選任を義務づけること，第2に委員会等設置会社(現在の指名委員会等設置会社)を選択的に導入することができる(その場合，各委員会を構成する取締役は3名以上で，そのうち過半数は社外取締役でなければならない)ことが提案された点である．このうち第1の社外取締役選任義務が提案された理由として，法務省民事局参事官室の解説では，「現在の取締役会の問題点の1つとして，取締役が代表取締役の支配下にあり，十分な監督ができていないとの指摘がなされていることから，この問題に対処するため，大会社に1人以上の社外取締役の選任を義務づけようとするものである」[11]と説明された．

　この社外取締役選任を商法で義務化するという案については，賛否が大きく分かれた．例えば経団連は，2001年4月に意見書(「会社機関の見直しに関する考え方」)を公表し，大会社における社外取締役の設置義務化について，「大会社に対する社外取締役の設置強制は，経済界が支持してきた監査役(会)機能の強化が議員立法で進められている中，これを考慮しない提案である．また，現実的にも供給源が限られていることから，適切な人材の確保が困難である」として強く反対した．法務省民事局参事官

---

10) 前田ほか［2000］，11頁〔神田発言部分〕．
11) 『商事法務』No. 1593, 17頁．

室は2001年6月を期限として各界の意見を取りまとめたが，[12] その中で賛成意見を述べたのは，東証，米国政府などであり，反対意見を述べたのは，経団連，経済同友会，日本鉄鋼連盟，全銀協などの業界団体などであった．反対の理由として，経済団体の多くは，それらは会社の自治に委ねるべき問題であるとした．大会社に対する社外取締役1名の設置強制案は，経団連が強く反対したことなどから，2001年12月の会社法部会の議論で取り下げられた．

　中間試案の第2の論点として，委員会等設置会社の選択的導入が提案された背景について，法務省民事局参事官室は，「現状の取締役会制度については，理念的には，業務執行を監督すべき者が，同時に業務の執行を行っていることに問題があるとの指摘があり，現象面では，取締役の人数が増えすぎて機動性を欠くこと，従業員兼務取締役が大半となったため，代表取締役の実質的な支配下に置かれていること等の問題点が指摘されている」[13] と解説している．これらの問題点を解決する新しい経営管理機構として提案されたのが，業務執行（経営）と監督の分離を図る米国型の経営管理機構（モニタリング・モデル）である委員会等設置会社であった．[14]

　この委員会等設置会社の選択的導入案については，賛成意見が多数を占めた．在日米国商工会議所や米国政府などがこの案に賛成した．経団連，経済同友会，日本鉄鋼連盟，全銀協などの業界団体は，委員会等設置会社の選択的導入に肯定的な意見を示したうえで，各種委員会を一体として導入する選択肢しかないのは硬直的であるので，企業に部分的な選択を認めるべきであるという意見を提出した．[15] この委員会等設置会社の選択的導入については，強い反対意見がなかったことから，「商法等の一部を改正する法律」（2002年改正商法）に盛り込まれることになり，2002年改正商法は2002年5月に成立・公布され，2003年4月から施行された．

　主要企業の中では，2003年1月にコニカとミノルタが，2003年8月の経

---

12) 原田ほか［2001］，14-15頁．
13) 『商事法務』No. 1593, 18頁．
14) 森本［2003］，149頁．
15) 原田ほか［2001］，20-21頁．

営統合にあたって委員会等設置会社に移行すると発表し，次いでソニーが2003年6月に移行する方針を明らかにした．その後東芝,[16)]日立製作所，オリックス，三菱電機などが相次いで移行を表明した．

しかしこの委員会等設置会社は普及しなかった．その理由として，経営者は人事権および報酬決定権を社外取締役中心の委員会に委ねることに対して強い抵抗感を有していることがあげられる．すなわち経営者は，経営者が事実上保有し経営者の権力の源でもある人事権や各役員の個別報酬決定権を手放すことに強い抵抗感があり,[17)] また社内の事情に詳しいとは言えない外部の社外取締役にそれらの権限を委ねた場合，十分に機能するのかについて強い疑問を有していたため,[18)] 委員会等設置会社が普及しなかったと考えることができる．

5 2008年から2009年にかけての動き

2006年から2008年にかけては，日米・日欧の政府間協議において欧米諸国から東京の株式市場の投資環境改善に関する要望が提示された．その中で日本企業は独立役員[19)]を置いていないので投資判断がしにくく，コーポレートガバナンスの改善が課題であると指摘されていた．[20)] また2008年5月にACGA[21)] がCalPERSや英国のHermesといった欧米の有力年金

---

16) 加護野は，東芝が日本企業にはなじまない委員会等設置会社に移行したことが，東芝の不正会計問題の遠因であるとする［加護野，2016，36頁］．
17) 始関［2002］，26-27頁，注68．
18) 御手洗［2008］，16頁．
19) 社外取締役と社外監査役を総称して社外役員，独立した社外取締役と独立した社外監査役を総称して独立役員と言う．独立性を論じる場合，本来は何からの独立性か（経営者からの独立性を言うのか，支配株主からの独立性を含めるのかなど）を明確に意識して検討する必要がある．しかしながら本章では，社内取締役と（それ以外の）社外取締役のコーポレートガバナンスにおける差異を検討することを主眼としているので，特に明示した場合を除き，独立性の詳細に立ち入ることはしない．なお，米国においても独立性の定義は一様ではない［Clarke, 2007］．
20) 神田［2010］，22頁．
21) ACGA（Asian Corporate Governance Association）は，1999年にアジア企業のガバナンスを長期的視点から改善することを目指す独立した非営利の組織として設立された．CalPERS, Hermes等，欧米アジアの年金基金や運用会社等100余の会員を擁する団体である．

基金や運用会社と共同で「日本のコーポレートガバナンス白書」を公表し，最低3名の独立した社外取締役の導入などを要望[22]するなど，外国人機関投資家などから社外取締役・監査役の独立性の問題や社外取締役の導入促進についての提言がなされていた．これらに対応するため，経済産業省は2008年12月に経済産業政策局長の研究会として企業統治研究会を設置し，金融庁は金融審議会の「我が国金融・資本市場の国際化に関するスタディグループ」の中で，社外取締役の義務化や独立性などに関する議論を行った．これらの議論を踏まえて，東証は2009年12月に有価証券上場規程などを改正（上場企業に対する独立役員1名以上の義務づけ）した．以下ではこれらの議論の内容を概観する．

経済産業省の企業統治研究会（座長：神田秀樹東京大学教授）は2008年12月に設置され，5回にわたる会合での審議を経て，2009年6月に報告書を公表した．第1回の研究会では，事務局（経済産業省産業組織課）から，社外役員の独立性および社外取締役の人数（一定数以上の社外取締役の設置義務化）などを主要論点とすること，ならびに在日米国商工会議所提言（2008年7月）やACGA白書（2008年5月）などを例示したうえで，欧米との政府間協議の場や機関投資家からわが国の企業統治の改善について問題提起がなされたことが，研究会で議論を行う背景にあることが説明された．研究会では，在日米国商工会議所，ACGAおよび企業年金連合会などの投資家サイドの意見も聴取しながら議論が行われた．この中で在日米国商工会議所からは，取引所の上場規則に取締役の少なくとも3分の1は独立社外取締役とする旨規定すること，ならびに「独立」の定義をニューヨーク証券取引所などの基準を含む国際的なベスト・プラクティスに沿った基準に基づいて定めることが提案された．ACGAからは，経営者や主要な株主などから独立した取締役を最低3名設置することなどが提案された．また企業年金連合会からは，経営者，親会社，および主要株主などから独立した一定数の独立取締役の設置を，上場会社のルールとして制度化することなどが提案された．

---

22) ACGA [2008].

これに対して経団連は，2009年4月に「より良いコーポレートガバナンスをめざして【主要論点の中間整理】」を公表し，社外取締役設置の義務化や社外性要件の独立性要件への見直しに強く反対した．経団連は社外取締役設置の義務化に関しては，ガバナンスのあり方は各企業の自主的な選択が認められるべきであり，取締役の質については開示情報に基づいて判断されるべきものであること，社外役員の独立性に関しては，形式的要件を厳格化するのではなく多様性が認められるべきであり，充実した開示によって株主の判断に委ねるべきであることなどを主張した．

　これらの相反する主張を踏まえて，最終報告書が取りまとめられた．社外取締役の設置義務化については，一般株主保護のため，独立役員（取締役または監査役）の導入を求めることとした．独立取締役の設置ではなく独立役員（独立性の高い社外監査役を含む．なお社外監査役は会社法の規定により，監査役会設置会社には少なくとも2名存在する）の設置を求めたのは，外国人機関投資家などと経団連の意見の両方をある程度は踏まえつつ，現状の枠組みを大きく変えずに対応が可能な形態を提示したものと考えることができる．最終報告書の結論を踏まえて，取引所において枠組みを定めることとされた．[23]

　金融庁金融審議会の「我が国金融・資本市場の国際化に関するスタディグループ」（座長：池尾和人慶應義塾大学教授）は，2008年10月から8回にわたる会合での審議を経て，2009年6月に報告書を公表した．経済産業省の企業統治研究会とほぼ同時期に審議が進められたスタディグループでは，市場における資金調達などをめぐる問題，ガバナンス機構をめぐる問題，投資者による議決権行使などをめぐる問題，ならびに上場会社などのコーポレートガバナンスに係る規律づけの手法などの幅広い論点について議論がなされた．会合では在日米国商工会議所などからの意見開陳や企業年金連合会からの報告（報告資料の中では，ACGA白書についての言及がなされた）なども行われた．

　社外取締役のあり方と独立性確保については，ガバナンス機構をめぐる

23）　神田［2010］，24-25頁．

問題の中で議論がなされた．最終的に報告書では，社外取締役のあり方について，独立性の高い社外取締役を1名ないし複数名を選任して監査役会などと連携を図っていく形態を1つの望ましいモデルとしたうえで，取引所が株主・投資家などからの信任を確保していくうえでふさわしいと考えるコーポレートガバナンスのモデルを提示することを提案した．

東証では，企業統治研究会報告や金融審議会スタディグループの報告を受けて，2009年9月に「上場制度整備の実行計画2009」を策定，2009年12月に有価証券上場規程，同施行規則を改定した．この中で，上場会社に対して独立役員を1名以上確保することを求め，また独立役員に関する一定の内容を記載した「独立役員届出書」を東証に提出することを義務づけた．独立性に関する判断基準については，一般株主と利益相反の生じるおそれのないものを確保することを義務づけ，親会社や主要取引先の役職員を独立性のない者とした．

この東証の対応は，上場会社に対して独立役員の設置を義務づけたという点，ならびに一般株主の立場を尊重し，経営者からの独立性に加えて大株主などからの独立性も求めた（社外役員より厳しい判断基準となった）点で外国人機関投資家などの意見を反映させたものである．一方で独立取締役だけでなく独立監査役でも基準を満たすとした点で，経済界の主張に配慮したものであるとも言える．

6　2014年の会社法改正
社外取締役設置義務化検討と監査等委員会設置会社制度の導入

2010年2月に法務大臣から法制審議会に諮問がなされてから4年以上の年月を経て，難産の末に，「会社法の一部を改正する法律」（2014年改正会社法）が2014年6月に国会において可決，成立した．2014年改正会社法は，2005年会社法では実現できなかった社外取締役の義務づけなどの取締役会制度の改革に本格的に取り組み，戦後の会社法立法の最終的な総決算という側面を有するものであった．[24]

今回の会社法見直しの背景には，金融庁，経済産業省，東証などの間

24）　岩原［2012］，12-13頁．

に，日本企業のコーポレートガバナンスが他国に劣後していることが，日本経済や日本企業の競争力低下・低収益性の一因である[25]という懸念があり，またそれが外国人機関投資家からの批判（株主軽視経営）を招き，日本の証券市場・資本市場が低迷しているという危機感があった[26]と言える．

2014年改正会社法は，経団連に代表される経済界が長年の間反対していた社外取締役の義務化に関して，社外取締役の事実上の設置強制を意味するものであった．[27] 以下では，社外取締役の義務化の議論を中心に，2014年改正会社法成立に至る経緯を概観する．

2010年2月の法制審議会第162回会議において，法務大臣から会社法制の見直しに関する諮問第91号が発せられ，同諮問を受けて法制審議会会社法制部会（部会長：岩原紳作東京大学教授）が設置された．2010年4月の第1回会議以降16回にわたって審議がなされ，2011年12月に法制審議会会社法部会において「会社法制の見直しに関する中間試案」（中間試案）が取りまとめられ，法務省民事局参事官室から「会社法制の見直しに関する中間試案の補足説明」が公表された．中間試案については，2012年1月を期限として，パブリック・コメント手続きが行われた．

中間試案では，企業統治のあり方や親子会社に関する規律などに関する見直しが提案されたが，その中で取締役会の監督機能の強化策として，第1に社外取締役の選任の義務づけ，第2に監査・監督委員会設置会社制度の導入，第3に社外取締役などの要件の厳格化が提案された．第1の社外取締役の義務づけについては，【A案】【B案】【C案】の3案が呈示された．【A案】【B案】は義務づけの案（【A案】【B案】では規律の及ぶ対象

---

[25] この点に関して江頭は，日本の企業・資本市場の衰退の主因は経営者の人材不足であり，監督体制の欠陥は周辺事情にすぎないとする［江頭，2014，60頁］．また三輪・Ramseyerは，社外取締役の設置強制が日本企業の「活力」「稼ぐ力」や日本経済の「活性化」に大きく貢献するとの主張は，その論拠と証拠のいずれもが決定的に不足しているとする［三輪・Ramseyer，2015，80頁］．

[26] 岩原［2012］，13-15頁；岩原［2014］，11頁．

[27] 江頭［2014］，61頁．

範囲が異なる）で，【C案】は現行どおり義務づけしないという案である．中間試案において複数の案が提示されたのは，会社法部会において社外取締役の選任の義務づけについて意見が分かれたためである．経団連は，2010年7月に意見書（「企業の競争力強化に資する会社法制の実現を求める」）を公表し，(1)諸外国の制度の安易な移植は避けるべきであり，わが国では多くの企業で経営者と従業員が一体感を持って企業価値の向上に努めているという，わが国の社会・企業風土を踏まえた会社法制とすべきであること，(2)会社のガバナンス機構のあり方について一律に形式的なルールを導入するのではなく，実質を重視した各企業の自主的な判断に委ねるべきであることなどを主張し，社外取締役の義務づけに強く反対した．[28]

中間試案に対するパブリック・コメントでも，第1の社外取締役の選任義務づけの案については，賛否が大きく分かれた．法務省民事局参事官室は2012年1月を期限として各界の意見を取りまとめたが，[29] その中で賛成意見を述べたのは，東証，ACGA，ISS，海外機関投資家などであり，反対意見を述べたのは，経団連，経済同友会,[30] 日本鉄鋼連盟，全銀協などの業界団体であった．反対意見として，会社法において社外取締役の選任を義務づけると，各企業において最適なガバナンスを構築する余地を奪う可能性があること，会社法ではなく取引所の上場規則で検討するのが妥当であることなどが示された．第2の監査・監督委員会設置会社制度の創設については，賛成意見が多数を占めた．また第3の社外取締役などの要件の厳格化については，意見は分かれたが，社外取締役の要件に，親会社の取締役などでないものを追加するといった厳格化意見に賛成する意見が多数であった．

これらの意見を踏まえて，法制審議会会社法制部会においてはさらに8回にわたって審議がなされ，2012年9月に「会社法制の見直しに関する要

---

28) 阿部・和田［2010］．
29) 坂本ほか［2012］．
30) 経済同友会は1996年の第12回「企業白書」で社外取締役の導入を提言して以降，社外取締役導入には積極的であったが，その義務化には反対した．

綱案」(要綱案)が決定された．そこでは，最大の論点であった第1の社外取締役の選任義務づけについて，反対意見に配慮して義務づけそのものは断念したが，一定の会社（監査役会設置会社で有価証券報告書の提出義務を負う会社）が社外取締役を置いていない場合には，社外取締役を置くことが相当ではない理由を事業報告の内容とすることが盛り込まれた．またあわせて，取引所規則において，上場会社に取締役である独立役員を1人以上確保するように努める旨の規律を設ける必要があるなどとする附帯決議もなされた．第2の監査・監督委員会設置会社制度の創設については試案と同様のもの，第3の社外取締役などの要件については厳格化を求める案が要綱に盛り込まれた．

　法制審議会の答申を受けて法務省民事局が法案提出の準備を進めたが，法案提出までの間に，「日本再興戦略」が2013年6月に閣議決定され，そこに「会社法を改正し，外部の視点から，社内のしがらみや利害関係に縛られず監督できる社外取締役の導入を促進する．【次期国会に提出】」と記載された．そして改正法案の国会提出に先立つ自由民主党政務調査会法務部会での議論を踏まえ，法案に「社外取締役を置くことが相当でない理由」の株主総会での説明義務が追加された．また東証の有価証券上場規程が改定され，「取締役である独立役員を少なくとも1名以上確保するよう努めなければならない」とする内容が盛り込まれた（2014年2月施行）．[31]要綱では新たに設ける委員会の名称を「監査・監督委員会」としていたが，当該委員会が「取締役の職務の執行の監督」という取締役会の監督機能全般を担うわけではないことから，政府内における検討の結果，「監査等委員会」として法案が提出された．[32]

　法案は2014年6月に参議院本会議において賛成多数により可決・成立のうえ公布され，2015年5月から施行された．2014年改正会社法によって，わが国において長年にわたり議論がなされてきた社外取締役設置の義務化については，事実上の設置強制という形で決着したと言える．経団連を中

---

31) 坂本ほか［2014a］，29-30頁．
32) 坂本ほか［2014b］，20頁．

心とする経済界の強い反対によって，社外取締役設置の義務化そのものは法律には盛り込まれなかったものの，社外取締役を設置していない場合の説明義務が煩雑・困難であり，新たに社外取締役を設置する場合のコストを大幅に上回ることから，従来は社外取締役を設置していなかった上場会社も，社外取締役を設置するようになった．東証一部上場企業で見ると，図表9-1に示されるように，社外取締役を選任していた企業の比率は，会社法制の見直しが法制審議会に諮問された2010年には50％未満であったのに対して，改正会社法が施行された2015年には90％を超えるまでに増加した（2016年6月時点では98.8％）．また，経団連の会長を過去輩出し，社外取締役設置に否定的な態度をとっていたトヨタ，キヤノン，新日鉄住金が，それぞれ2013年6月，2014年3月，6月に社外取締役を設置した．特に長年にわたり社外取締役不要論を主張してきたキヤノンまでが，社外取締役を設置したことが注目される．この背景として，2013年3月の株主総会において，御手洗会長兼社長の取締役選任議案の賛成比率が低水準であったこと（ISS[33]の議決権行使助言などに基づき外国人機関投資家の多くが再任に賛成しなかったと推察される）が影響していると考えることができる．なお，社外監査役の社外取締役への移行によって，社外取締役の複数選任要件の達成を可能とする監査等委員会設置会社制度が導入された

---

33) ISS（Institutional Shareholder Services）は，米国労働省の企業年金を管轄する部門のトップを退任したボブ・モンクスによって，1985年に設立された．当初は機関投資家に対する企業統治のコンサルティングを行っていたが，1988年に米国労働省から「エイボン・レター」が出され，年金基金は受託者の義務として議決権行使を行うことが必須となったことを受けて，ISSは会社が株主総会に提出する議案の分析ならびに年金基金などに対する議決権行使助言の業務を開始した．これは年金基金の投資先が多岐にわたっており，年金基金自らがすべての会社の議案を分析することは事実上困難であるので，ISSのような議決権行使助言会社へのアウトソーシングを必要としたからである．ISSは1993年に日本企業の調査を開始し，2001年には東京にISSジャパンを設立して，日本企業に対する調査や議決権行使助言業務を拡大した．外国人機関投資家は日本企業の個々の議案を詳しく分析する時間的・金銭的余裕がないことが多いので，議決権行使に際してはISSの助言に従う傾向にある．したがってISSの助言の内容は，外国人機関投資家の議決権行使に多大な影響を及ぼすことになった．ISSジャパンは2012年の議決権行使基準において，2013年からは，社外取締役が未設置の会社の経営トップの取締役選任議案への反対を推奨することを表明した．また，2015年には2016年から社外取締役が2名未満の会社の経営トップの取締役選任議案への反対を推奨することを表明した．

図表9-1 政府・審議会等の動向と企業の対応状況

	政府・審議会等の動向			企業の対応	
				a	b
2009年 6月 6月 12月	金融審議会 報告書 企業統治研究会 報告書 東証が独立役員制度導入			46.3%	n.a.
2010年 2月	法務大臣からの諮問(会社法制見直し)			48.5%	12.9%
2011年12月	会社法制見直しに関する中間試案公表			51.4%	15.0%
2012年 9月 12月	会社法制見直しに関する要綱案答申 安倍政権誕生			55.4%	16.7%
2013年 6月 11月	日本再興戦略 閣議決定 改正会社法案 国会提出	6月	トヨタが3名の 社外取締役選任	62.3%	18.0%
2014年 2月 6月 6月 8月	日本版スチュワードシップ・コード公表 改正会社法成立 日本再興戦略 改訂2014 閣議決定 伊藤レポート公表	3月 6月	キヤノンが2名の 社外取締役選任 新日鉄住金が2名 の社外取締役選任	74.3%	21.5%
2015年 3月 5月 6月 6月	コーポレートガバナンス・コード原案公表 改正会社法施行 コーポレートガバナンス・コード施行 日本再興戦略 改訂2015 閣議決定			94.3%	48.4%
2016年 6月	日本再興戦略2016 閣議決定			98.8%	79.7%

(注) a:社外取締役選任上場会社(市場第一部)の比率.
　　 b:独立社外取締役を2名以上選任する上場会社(市場第一部)の比率.
(出所) 各種資料により筆者作成.比率は東証ホームページによる.

意義などについては,第10章第1節で検討する.

　社外取締役の設置義務化の議論に関して,2002年の商法改正時とほぼ同様の議論をたどりながら,最終的には事実上の設置強制となり,多くの会社が社外取締役を設置するようになった要因として,以下の3点を指摘することができる.第1は,外国人機関投資家からの圧力が引き続き強かった点である.第2は,金融庁・経済産業省・東証が,日本経済・日本企業の競争力向上,証券市場の活性化のために,コーポレートガバナンス改革を強力に推進した点である.第3は,安倍内閣の日本再興戦略の影響である.日本再興戦略は2014年改正会社法における社外取締役設置の事実上の義務化を最終局面で後押しした.なお,この日本再興戦略に基づく諸施策によって,コーポレートガバナンス・コードの制定などが実施され,同コードと2014年改正会社法の相乗効果により日本企業の社外取締役の

設置が進展したと言える．以下では，コーポレートガバナンス・コードの制定に至る経緯とその内容について概観する．

7 コーポレートガバナンス・コードの制定

コーポレートガバナンス・コード制定に至る経緯

　安倍内閣の成長戦略の1つの柱として，日本経済再生本部の中間提言を受け，日本再興戦略が2013年6月に閣議決定された．そこでは，機関投資家が，対話を通じて企業の中長期的な成長を促すなど，受託者責任を果たすための原則（日本版スチュワードシップ・コード）について検討し，年内に取りまとめることとされた．この閣議決定を受け，金融庁内に「日本版スチュワードシップ・コードに関する有識者検討会」（座長：神作裕之東京大学教授）が設置され，2013年8月から6回にわたる検討会およびパブリック・コメント手続きを経て，2014年2月に「『責任ある機関投資家』の諸原則《日本版スチュワードシップ・コード》〜投資と対話を通じて企業の持続的成長を促すために〜」（日本版スチュワードシップ・コード）が制定された．

　この日本版スチュワードシップ・コードは英国のスチュワードシップ・コードを参考にして作成されたものであり，[34] 機関投資家の規律づけに多大な影響を与えた．加えて，わが国のコーポレートガバナンス・コード制定に際しての「地ならし」的な意義も有していた．具体的には，(1)プリンシプルベース・アプローチ（原則主義）とコンプライ・オア・エクスプレイン（原則を実施するか，実施しない場合には，その理由を説明するか）の概念を導入して，コードというものに対する理解を広めたこと，(2)株主に対する規律を先行させることによって，上場会社サイドの規律受け入れの抵抗感を低減したこと，が指摘できる．[35] また，(3)海外では，コーポレートガバナンス・コードが制定された後にスチュワードシップ・コードが制定されるのが通常であることから，わが国でスチュワードシップ・コー

---

34)　神作［2014］, 13頁．
35)　油布［2015］, 12頁．民間企業の意識改革に投資家を利用したとも言える．

ドが制定されたことにより，次は当然コーポレートガバナンス・コードが制定されるであろうという雰囲気が，企業と投資家双方に醸成されたことも指摘できよう.[36]

　2014年6月には，日本経済再生本部の日本再生ビジョンを受け，「日本再興戦略（改訂2014）」が閣議決定された．そこでは，日本の「稼ぐ力」を取り戻す施策の1つとしてコーポレートガバナンスの強化が謳われ，(1) OECDのコーポレートガバナンス原則を踏まえて，わが国のコーポレートガバナンス・コードを策定すること,[37] (2)東証と金融庁を共同事務局とする有識者会議で基本的考え方を取りまとめ，東証が来年の株主総会シーズンに間に合うようにコーポレートガバナンス・コードを策定すること，(3)コーポレートガバナンス・コードにはコンプライ・オア・エクスプレインの考え方を取り入れること，が示された．この閣議決定を受け，金融庁・東証を共同事務局とする「コーポレートガバナンス・コードの策定に関する有識者会議」（座長：池尾和人慶應義塾大学教授）が設置され，2014年8月から8回の会議で議論が重ねられたうえで，2014年12月に「コーポレートガバナンス・コード原案」が策定され，パブリック・コメントに付された．パブリック・コメントでは，コード策定に反対の意を明らかにしたものが数件にとどまったことから，ほぼ原案に沿った形で，2015年3月に有識者会議からコード原案が示され，2015年6月に東証からこの原案どおりに，「コーポレートガバナンス・コード～会社の持続的な成長と中長期的な企業価値の向上のために～」が公表された．このコーポレートガバナンス・コードはスチュワードシップ・コードと車の両輪の関係にあり，両者が適切に相まって実効的なコーポレートガバナンスが実現されることが期待されている．

---

[36]　2014年8月に公表された経済産業省の「伊藤レポート」において，企業と投資家の「協創」や「高質の対話」の概念などが示されたことも，企業と投資家の意識醸成に多大な影響を及ぼしたと考えられる．

[37]　日本版スチュワードシップ・コードが英国のコードに準拠して作成されたのに対して，日本のコーポレートガバナンス・コードが英国のコードではなくOECDのコーポレートガバナンス原則に準拠して作成されたのは，わが国の多くの経営者の会社観が，英国の会社観（会社は株主のために経営されるべき）ではなくOECDの原則の会社観（ステークホルダーの役割を重視）に親和性が高いためであると考えられる．

コーポレートガバナンス・コードの内容

　取締役会などの責務はコーポレートガバナンス・コードの第4章に記載されている．そこでは，「攻めのガバナンス」を実現する観点から，取締役会は，上場会社の経営陣による適切なリスクテイクを後押しする役割・責務があることが謳われている（基本原則4，原則4-2）．コードでは経営の監督と執行の分離（モニタリング・モデル）が指向され（原則4-6），経営の監督における取締役会の独立性・客観性を確保するために，独立社外取締役の活用が求められている．[38] この観点から，独立社外取締役の2名以上の選任が求められ，さらに独立社外取締役の比率の向上に向けた自主的な取り組みを促す観点から，「業種・規模・事業特性・機関設計・会社をとりまく環境等を総合的に勘案して，自主的な判断により，少なくとも3分の1以上の独立取締役を選任することが必要と考える上場会社は，上記にかかわらず，そのための取組み方針を開示すべき」とされている（原則4-8）．ここでいう独立性とは，取引所が定める独立性基準に基づき，実質性を重視して各社が定めるものとされる（原則4-9）．なお，第4章では，取締役会の実効性確保の前提条件として取締役会評価の開示が求められること（補充原則4-11③），ならびに取締役会が最高経営責任者などの後継者の計画（サクセション・プラン）の監督を行うべきこと（補充原則4-1③）が謳われているが，これらについては，それぞれ第10章の第2節と第3節で詳しく検討する．

　社外取締役の2名以上の選任などの社外取締役に関する議論は，第5回の有識者会議において集中的になされた．そこではまず事務局から，独立社外取締役がその期待される役割を果たすためには，取締役会において十分な数の独立社外取締役を確保することが必要との指摘もあること，そして独立社外取締役の数として，2名以上，3名以上，3分の1以上，2分の1以上という例が示された．これに対して，冨山和彦メンバー[39]から，独立社外取締役が孤立しないように複数名とすることは当然であり，さらに

---

38) 油布ほか［2015］，47頁．
39) 有識者会議における冨山メンバーの主張を批判的に論じたものとして，三輪・Ramseyer［2015, 105-111頁］がある．

取締役会で自由に議論できる環境作りの観点から，取締役会全体の3分の1以上とすることが望ましいとの意見が出された．これに対して内田章メンバー（東レ常務）から，(1)業種・業態によって，社外取締役に求められる知識，経験，能力の水準に差があることから，人数を何人以上確保すべきという形式的なことを記載することは意味がないこと，(2)独立社外取締役の有用性は理解するが，求められる資質と人数，比率については，各企業の特性や戦略によって変わるものであり，企業に選択の余地を残すべきであるとの意見が出された．また，スコット・キャロン・メンバーからは，最低2名以上という形で着々と進化を図るほうが，導入時期の混乱も避けられ，社外取締役の質を確保しつつ，本格的なコーポレートガバナンス改革が実現できると考える旨の意見が出された．[40] これらの意見を踏まえ，コーポレートガバナンス・コード原案の原則4-8に，独立社外取締役に関する規律が盛り込まれた．

このコーポレートガバナンス・コードによる規律づけによって，市場第一部または第二部の上場会社に対して事実上の社外取締役の複数名設置強制がなされることとなった．事実上の強制となった理由は，コーポレートガバナンス・コードが全体として，社外取締役の役割を重視したモニタリング・モデルを指向している中，社外取締役の2名以上の選任という原則を適用しない理由を説明（エクスプレイン）することが，事実上困難であるからである．実際，図表9-1に記載されているとおり，CGコード導入の前後から，独立社外取締役を2名以上選任する市場第一部の上場会社の比率が急上昇している（2016年6月時点で79.7%にまで上昇）．ここに長年にわたる社外取締役の設置義務化をめぐる議論が，形式面では一応の決着を見たと言える．

8　本節のまとめ

本節では，わが国におけるコーポレートガバナンスの議論の歴史的変遷を，社外取締役の設置義務化の議論を中心に概観した．外国人機関投資家

---

40)　コーポレートガバナンスの策定に関する有識者会議の第5回議事録による．

からの長年にわたる要請に加えて，日本経済・企業業績の低迷を何とかしなければいけないという関係者の強い意思が，社外取締役の事実上の設置義務化につながったと言える．これは英米型のコーポレートガバナンスの枠組みがわが国に本格的に取り入れられることを意味する．ここで留意すべきことは，コーポレートガバナンスはそれ自体が目的なのではなく，会社が法令などを遵守するとともに，成長し業績を上げて株式市場に評価されるための手段であるということである．[41] 今後はコーポレートガバナンスの実質的な機能・成果をさらに検討していく必要がある．第10章では，2014年改正会社法や2015年コーポレートガバナンス・コードで新たに導入された枠組み・概念（監査等委員会設置会社，取締役会評価，サクセション・プラン）について，その導入当初の状況や英国の事例などを検討する．

第2節 米国におけるモニタリング・モデル形成の歴史

1 米国における問題の所在

わが国では，米国のモニタリング・モデル[42]と英国のコーポレートガバナンス・コードを1つのメルクマールとして，コーポレートガバナンスについての議論が進められた．本節では米国においてモニタリング・モデルがどのように形成されたかについて検討する．[43] 米国においても，最初からモニタリング・モデルが採用されていたわけではなく，ある種特殊な歴史的経緯をたどり[44]モニタリング・モデルが形成された（経路依存性）．

取締役会のモニタリングの対象は，(1)経営の適法性，(2)経営者の利益相反行為，および(3)経営の効率性，の3つに分類される．米国におけるモニ

---

41) 神田［2015］，216頁．
42) モニタリング・モデルとは，取締役会の主たる機能を，経営の意思決定ではなく，経営者を監督することに求める考え方を言う．
43) 英国におけるコーポレートガバナンス・コードの形成過程については，林［2015a，29-33頁］を参照．
44) 大塚［2014］，45頁．

タリング・モデルの形成は，これらの課題に対処する過程で，枠組みが作られ，定着化していった．以下ではこれらの経緯を概観する．

2　1960年代までの米国

まず，モニタリング・モデルが形成される以前の米国の企業家・経営者の企業観を概観する．そのころの米国の企業家・経営者は，現在とはかなり異なる考え方を持っていた．例えば自動車の大量生産方式を確立した企業家であるヘンリー・フォードは，1926年に著した自伝で，社会的存在としての企業の役割を重視し，株式市場重視の考え方を否定する信念を明確に著している．すなわち，彼は労働者の賃金を引き上げることにより社会全体の購買力を高め，それにより生産高や企業収益を拡大するという「賃金動機」を唱えて実践し，[45] また企業の歩むべき真の道は大衆へのサービスを追求することであるとして消費者重視の姿勢を示し，[46] さらに「どんな事業であっても，その主要な機能が役に立つ商品をつくることよりも，むしろ配当を生み出すことにあるというのであれば，その重点の置き方は根本的に間違っている」[47] として，株式市場は本舞台の脇で演じられている，取るに足らぬ見世物にすぎない[48] とまで主張している．[49]

また1961年の『ハーバード・ビジネス・レビュー』の調査によると，1,700名の企業経営者のうち約83％が，従業員や消費者の利益を考慮せずに株主の利益のためだけに経営者が行動することは，非倫理的（unethical）であると回答した．[50]

次に，その当時の米国におけるコーポレートガバナンスの状況を概観す

---

45) Ford [1926]，邦訳27頁．
46) Ford [1926]，邦訳70頁．
47) Ford [1926]，邦訳189頁．
48) Ford [1926]，邦訳187頁．
49) ただし，株主の権利（利益処分）をめぐるフォードとダッチ兄弟との争いにおいて，ミシガン州最高裁判所は「企業は株主利益を最優先して組織され経営される．取締役の権限はこの目的のために行使されなければならない」との判断を下し，フォードが敗訴した［吉森，2007，13-15頁；吉村，2010，66-68頁］．この判決の考え方は，後に検討するアメリカ法律協会のコーポレートガバナンスの原理にも表れている［大塚，2014，41頁，注34］．
50) Gordon [2007], p. 1512.

る．資本調達の手段として登場した株式会社制度は，大規模化する過程で株式所有の分散が進み，支配株主が存在しなくなったことから，経営者が実質的に会社の支配権（取締役の選任権）を握ることになった．これがバーリとミーンズが1932年に指摘した「所有と経営の分離」の状況である．[51] ハミルトンによれば，1950年においても，株式所有の分散と米国企業の好調な業績を背景として，「所有と経営の分離」の状況が支配的であり，CEO（最高業務執行責任者）が取締役の選任や経営の意思決定のすべてを支配（決定）していた．[52] またメイスも1960年代後半に実施した経営者と取締役に対するインタビュー調査に基づき，取締役は株主ではなくCEOによって選任されていること，[53] CEOが会社を支配する事実上の権力を有していること，[54] 社外取締役に期待されているのは助言機能であって意思決定ではないこと，[55] したがって取締役会は監督機能を果たしていないことを指摘した．このように，1960年代までの米国においては経営者支配が確立し，株主に対する配当よりも企業の存続と規模の拡大が優先され，ステークホルダーを重視した経営が行われていたと言える．[56] ライシュはこの時代の経営者を「企業ステーツマン」と呼び，彼らが株主や従業員，一般市民の主張を冷静に比較考量しながら調整しており，バーリとミーンズが提唱した理想の経営者像に近づいていたと指摘している．[57]

3　1970年代の企業不祥事への対応
経営の適法性確保

モニタリング・モデルは，1970年代の企業不祥事に対応する観点からアイゼンバーグによって提唱され，アメリカ法律協会（The American Law Institute: ALI）によりコーポレートガバナンスの原理が作成される過程で，その枠組みが形作られた．すなわち，経営の適法性への対応（守

---

51)　Berle and Means [1932].
52)　Hamilton [2000], pp. 350-351.
53)　Mace [1971], 邦訳219頁.
54)　Mace [1971], 邦訳222頁.
55)　Mace [1971], 邦訳44頁.
56)　大杉 [2013], 123頁.
57)　Reich [2007], 邦訳60-62頁.

りのガバナンス）として，モニタリング・モデルが提唱され，形作られたと言える．

　1970年には超優良会社と見られていたペン・セントラル鉄道が突然経営破綻したが，同社の社外取締役は事業運営を経営者に任せきりにして，監督責任をまったく果たしていなかった．また1973年のニクソン・スキャンダル（ウォーターゲート事件）に端を発してロッキード事件などの企業不祥事が次々と発覚したが，当該企業の社外取締役はこれらの事実をまったく認識していなかった．このように企業不祥事と取締役会の機能不全に対する批判が高まる中，例えばSEC元議長のケアリーは，州法での規律に加えて連邦法を制定して経営者の株主に対する責任を強化することを主張した[58]が，その後，社外取締役の役割を重視して取締役会の監督機能を強化することで対応しようというアイゼンバーグの穏健な改革案（モニタリング・モデル）が支持を集め，支配的な考え方となっていった．[59]

　わが国では企業不祥事に対処するために，監査役の権限を強化してきた歴史がある．米国の場合には，監査役が存在しないので，自己監査を回避する観点から，主として社外取締役から構成される取締役会がCEOなどの業務執行を監査・監督する枠組み（モニタリング・モデル）を考案したとも考えられる．ただし，モニタリング・モデルは経営の適法性への対応（守りのガバナンス）だけでなく，経営の効率性への対応（攻めのガバナンス）も包含している点で，わが国の監査役制度とは異なる．

　アメリカ法律協会のコーポレートガバナンスの原理（主席報告者：アイゼンバーグ）は，10年以上の歳月をかけて1994年に完成したが，この作成過程の議論を通じてモニタリング・モデルの枠組みが形成された．[60] 以

---

[58] 米国では会社法が州法であり，各州が企業誘致の観点から，競って企業経営者に甘い会社法を制定していることが，当時は懸念されていた．

[59] 大杉［2013］，122-123頁；清水［2013］，335-337頁；大塚［2014］，50頁．なお，有力な大企業経営者の団体である経営者円卓会議（Business Round Table）は，当初は連邦レベルでの会社法制定を恐れて取締役会改革を支持したが，その後1981年のレーガン政権誕生とともに連邦レベルでの法規制の懸念が後退したことからスタンスを変え，（社外取締役が経営者を規律する）アメリカ法律協会のコーポレートガバナンスの原理のドラフトに対して激しく反対した［大杉，2013，126頁；増田，2015，60-61頁］．

下ではコーポレートガバナンスの原理の関連部分を簡単に説明する.

まず会社の目的は,長期的視点から会社の利潤および株主の利益を増進させるために事業活動を行うことであるとする.ただし,法の遵守,道徳律および慈善寄付などの3つの側面において(一定の範囲内で)営利目的が後退することも認めている.[61] 次に会社の経営機構については,(1)経営組織の構築に広範囲で高度な柔軟性を与えること,および(2)株主に対する経営者の責任を効率的に確保すること,を企図して構成されている.具体的には,経営者の責任を確保する効果的な方法として,取締役会およびその内部委員会による経営者に対する監督の諸制度を規定し,また柔軟性を確保する観点から,内部委員会のうち設置を強制するのは監査委員会[62]にとどめ,指名委員会と報酬委員会は実務上採用されることが望ましいとされた.そして,会社の業務執行を直接担当するのは上級執行役員であり,取締役会はこの上級執行役員の選任・解任権を有しつつ,この役員による業務執行を監視・監督する機関と位置づけた.そして監視・監督を十分に機能させるため,取締役会の構成員の過半数は上級執行役員から独立した取締役によって構成されなければならないとした.[63]

4 (1980年代の敵対的買収への対応)
経営者の利益相反行為防止

モニタリング・モデルが実質的に機能するためには,経営者を規律する社外取締役の拡充が必要である.この社外取締役の拡充は,企業による1980年代の敵対的買収への対応,ならびに1990年代以降の機関投資家からの要請に対する対応の中で進展した.

---

60) アメリカ法律協会のコーポレートガバナンスの原理はソフト・ローの1つである.コーポレートガバナンスに関するルールをハード・ローとして制定することは非常に困難であることから,米国ではコーポレートガバナンスに関する規律の多くはソフト・ローに委ねられてきた[アイゼンバーグ,2006,11頁].
61) ALI[1994],邦訳16頁;龍田[1994],97-98頁.
62) 米国における監査委員会は,会社の財務プロセスおよび財務諸表の公正性を確保する役割を担う.それに対して,わが国の監査役は,適法性の観点からすべての会社機能をモニタリングする役割を担っており,両者の守備範囲は同じではない.アイゼンバーグ[2007,41頁]を参照.
63) ALI[1994],邦訳16-22頁;前田[1994],121-122頁,127-128頁.

1980年代にはいると，株価が相対的に過小評価されていた会社や過剰な流動性を抱えた会社に対する敵対的買収が頻繁に行われるようになった．これは株主の立場から見ると，非効率な経営を行っている経営者に対する有効な監視手段と言える．一方で経営者支配を謳歌してきた経営者にとっては，自らの地位を脅かすものであり，経営者は買収防衛策の発動などにより敵対的買収に対抗した．敵対的買収に際しては，自己の職を維持しようとする経営者と，企業価値（株価）を最大に評価する買収者に持株を売却すれば，多額の利益を受け取ることのできる株主との間で，経済的利益が衝突する．したがって，買収防衛策を発動することは経営者の利益相反行為にあたる懸念があるので，これを厳しくチェックする役割が社外取締役に期待された．[64] 実際，買収防衛策の有効性の判断に際して，多くの米国大企業の本社が所在するデラウェア州の裁判所では，当該案件に利害関係のない社外取締役の判断を尊重したことから，社外取締役は経営者にとって買収防衛策の妥当性（経営判断原則の適用）を担保する最強の「防弾チョッキ」として機能した．[65] このことが社外取締役の拡充につながった．また，敵対的買収を避ける観点から，経営者・取締役は従来よりも株主を重視した経営判断を行うようになったと言える．なおその後，ポイズン・ピルといった経営者の対抗手段の普及などもあり，1989年以降は敵対的買収が急激に減少した．

5　1990年代からの機関投資家による株主重視の要請への対応
経営の効率性確保

　1990年ごろには，機関投資家が投資先企業に対して経営の効率性（攻めのガバナンス．投資家にとっては投資リターンの最大化を意味する）の観点から，コーポレートガバナンスの強化（社外取締役による経営者の監視・監督強化）を強く求めるようになった．この背景として，機関投資家の株式保有が増大したこと，機関投資家の受託者責任が明確化したこと，および米国企業の業績が低迷していたことがあげられる．まず，機関投資家の株式保有については，年金基金やミューチュアル・ファンドの拡大な

64）　川口［2001］，8頁．
65）　武井［1998b］，18-19頁．

どを背景として増大し，1950年には機関投資家の保有割合が10%に満たなかったのに対して，1970年19.4%，1980年47.2%，1996年48.5%に達した.[66] 次に受託者責任については，1974年のエリサ法により企業年金の受託者責任が明記され，また1988年に労働省がエイボン社の年金基金に対して，株主権の行使も受託者責任であるとする「エイボン・レター」を送付したことにより，年金基金が株主権を行使するようになった．また1980年代から1990年代初頭において，コングロマリット経営の失敗や日本企業との競争激化を背景として，米国企業の業績は低迷していた．

長期保有を指向する年金基金などの機関投資家（長期投資家）は，運用資産が増大して巨額の資産をポートフォリオで運用するようになったことから，ウォールストリート・ルール（投資先企業の経営に関して不満があれば，その企業の株式を売却する）による対応が困難になった．このため，投資先企業の経済的パフォーマンスを向上させるために，コーポレートガバナンスの改善を求めるようになった．[67] この対応が最初に顕著に現れたのが，1990年代初頭のゼネラル・モーターズ社（GM）をはじめとする有名企業のCEOの解任である．これらのCEOは，業績不振などを理由として，機関投資家の要請を受けた取締役会によって解任された．すなわち，取締役会とCEOの力関係が変化し，取締役会が実質的にCEOを解任する権限を持ち，CEOは企業の支配者ではなく被雇用者として位置づけられるようになってきたのである．[68]

モニタリング・モデルの考え方は，ジェンセンとメクリングらによって展開されたエージェンシー理論[69]の考え方と整合的である．すなわち，

---

66) Hamilton [2000], pp. 353-354. Hamiltonは機関投資家の保有株式の増大をもたらした要因として，(1)米国社会全体の富の増大，(2)長期にわたるインフレにより，固定利回りの投資が魅力的ではなくなったこと，(3)所得税法の変更により年金形式での貯蓄が魅力的になったこと，(4)生命保険が普及し，生命保険会社が資金の多くを株式投資に振り向けたこと，(5)ミューチュアル・ファンドの普及，をあげている．
67) Hamilton [2000], p. 356.
68) Hamilton [2000], p. 363. ライシュはこれらの状況をとらえ，米国の民主的資本主義に根本的な変化が生じ，企業はもっぱら利益を追求する主体となり，企業経営者は「企業ステーツマン」ではなくなり，民主的資本主義が市民や労働者をないがしろにする超資本主義に変質したと指摘している [Reich, 2007, 邦訳68頁]．
69) Jensen and Meckling [1976].

本来は，エージェント（経営者）はプリンシプル（株主）の利益のために行動する義務があるが，実際にはエージェント（経営者）が自らの利益を優先する懸念がある（性悪説）．このエージェンシー問題を緩和する1つの手段として，社外取締役がエージェント（経営者）の業務執行について，プリンシプル（株主）の利益に即しているかどうかを常にモニタリングすることが義務づけられる．このエージェンシー理論は，機関投資家に幅広く受け入れられている考え方である．[70]

機関投資家（例えば年金基金）は受託者として，受益者（例えば年金基金の加入者）の財務的リターンの最大化などを図る義務を有することから，投資先企業の経営者に対して株主重視の経営を求め，またそのために（エージェンシー問題を緩和する観点から）社外取締役による経営者の監視・監督体制（モニタリング・モデル）の整備を求めることになる．実際，全米教職員退職年金基金（TIAA-CREF）は，1995年に取締役会の過半数を社外取締役とすること，監査委員会，報酬委員会，指名委員会は社外取締役によって構成されることなどを求めた．またCalPERSは1998年に「企業統治の中核的原則と指針」を公表し，独立した社外取締役による説明責任，透明性，公平性の向上を求めた．[71] これらの機関投資家によるコーポレートガバナンス改革の提案に対して，現状維持（変化を受け入れない）の砦であり，多くの改革提案を拒絶してきた経営者円卓会議（Business Round Table）が，1997年にコーポレートガバナンスに関するステートメントを公表し，内部委員会の設置や社外取締役によるCEOのパフォーマンスの年次レビューといった，モニタリング・モデルに適合する原則を示したことは特記される（このことは多くの人を驚かせた）．[72] このように機関投資家からの圧力によって，経営者がモニタリング・モデルを

---

[70] 米国において，エージェンシー理論に対抗する考え方として，ステークホルダー理論 [Freeman, 1984]，スチュワードシップ理論 [Donaldson and Davis, 1991 ; Davis, Schoorman and Donaldson, 1997]，およびチーム生産理論 [Blair and Stout, 1999] などが唱えられている．このうち性善説であるスチュワードシップ理論を用いて日本企業の状況を分析した実証研究として，林 [2013] がある．
[71] 出見世 [2003]，47頁．
[72] Hamilton [2000], pp. 359-360.

図表9-2 | 米国における取締役会の構成（1950年～2005年）

	社内取締役比率（%）	社外取締役比率（%）	
		利害関係者	独立
1950年	49	26	22
1955年	47	30	23
1960年	43	31	24
1965年	42	33	25
1970年	41	34	25
1975年	39	31	30
1980年	33	30	37
1985年	30	31	39
1990年	26	14	60
1995年	21	15	64
2000年	18	15	67
2005年	15	11	74

（出所）Gordon [2007], p. 1565, のデータに基づき筆者作成.

実質的に受け入れていった．

このような経緯をたどって，米国大企業にモニタリング・モデルが定着していった．これはわが国における社外取締役設置の実質的義務化の議論の経緯と類似している面があると言える．

6　本節のまとめ

本節では，米国において1960年代まで経営者支配が確立していた状況を概観したうえで，1970年代の企業不祥事への対応（経営の適法性確保），1980年代の敵対的買収への対応（経営者の利益相反行為の防止），そして1990年代以降の機関投資家からの株主重視の要請に対する対応（経営の効率性確保）という米国特有の歴史的経緯をたどり，モニタリング・モデルの枠組みが形作られ，定着化していった経緯を検討した．米国で誕生したこのコーポレートガバナンスの枠組みは，普遍性を持つものであることから，広く世界各国で取り入れられており，わが国におけるコーポレートガバナンスの議論にも大きな影響を及ぼしてきた．

モニタリング・モデルは，取締役会が株主の視点から経営者を規律する枠組みであることから，経営者から独立した社外取締役の役割が重要とな

る．ゴードンは各種統計を集約して，米国における1950年から2005年までの社内取締役と社外取締役（会社・経営者と利害関係を有する社外取締役と，独立性の高い社外取締役に区分できる）の推移をまとめている（図表9-2を参照）．[73] これを見ると，1950年においては社内取締役が49％を占め，独立した社外取締役が22％にすぎなかったのに対して，1970年代を通して社外取締役の比率が増加したことから，1980年には独立性の高い社外取締役の比率が社内取締役の比率を上回るようになった．その後も社外取締役の比率は増加し，2005年には社内取締役比率が15％に低下し，独立性の高い社外取締役の比率が74％にまで増加した．2000年代に独立性の高い社外取締役の比率が増加しているのは，エンロン，ワールドコム事件への対応（経営の適法性の確保）のため，取締役の独立性が特に求められたからである．

このように，モニタリング・モデルとそれを実質的に機能させる社外取締役は，米国において，その時代時代の要請に対応しながら，進化を続けてきたと言える．

[参考文献]

アイゼンバーグ，メルビン・A［2006］「コーポレートガバナンス，ソフトロー，証券取引所規則」『商事法務』No. 1783，4-18頁．

アイゼンバーグ，メルビン・A［2007］「アメリカの監査委員会と日本の監査役」『商事法務』No. 1818，33-43頁．

阿部泰久・和田照子［2010］「会社法制見直しに対する経済界の考え方」『商事法務』No. 1911，71-78頁．

井上泉［2015］『企業不祥事の研究——経営者の視点から不祥事を見る』文眞堂．

岩原紳作［2012］「総論——会社法制見直しの経緯と意義」『ジュリスト』No. 1439，12-20頁．

---

73) ゴードンは米国企業で独立性の高い社外取締役が増加した要因として，(1)企業の主要な目的が株主価値の増大であるという考え方への傾斜，および(2)株価の有用性の増大，を指摘している．すなわち，株価の有用性が増すにつれて，株価が企業業績を評価する手段となるので，内部者が持つ企業業績・予測に関する優越的地位が低下し，外部者の持つ企業経営者から独立した立場でモニタリングを行うことのできる利点の重要性が注目されるようになったという指摘である［Gordon, 2007, pp. 1563-1564］．

岩原紳作［2014］「平成26年会社法改正の意義」『ジュリスト』No. 1472, 11-17頁.
江頭憲治郎［2014］「会社法改正によって日本の会社は変らない」『法律時報』86巻11号, 59-65頁.
大杉謙一［2013］「コーポレートガバナンスと日本経済——モニタリング・モデル, 金融危機, 日本的経営」『日本銀行金融研究所 金融研究』第32巻第4号, 105-202頁.
大塚章男［2014］「コーポレートガバナンスの規範的検討——日本型モデルの帰納的分析へ」『慶應法学』第28号, 31-56頁.
加護野忠男［2016］「監査役制度をなくしてしまってよいのか——東芝の失敗から何を学ぶか」『監査役』No. 656, 36-40頁.
川口幸美［2001］「社外取締役制度とコーポレートガバナンス論の分析（上）」『監査役』No. 451, 6-16頁.
川口幸美［2002］「社外取締役制度とコーポレートガバナンス論の分析（下）」『監査役』No. 453, 5-13頁.
川口幸美［2004］『社外取締役とコーポレートガバナンス』弘文堂.
神作裕之［2014］「コーポレートガバナンス向上に向けた内外の動向——スチュワードシップ・コードを中心として」『商事法務』No. 2010, 1-24頁.
神田秀樹［2010］「上場会社に関する会社法制の将来」『金融法務事情』No. 1909, 18-30頁.
神田秀樹［2015］『会社法入門(新版)』岩波新書.
坂本三郎・高木弘明・宮崎雅之・内田修平・塚本英巨［2012］「「会社法制の見直しに関する中間試案」に対する各界意見の分析（上）」『商事法務』No. 1963, 4-17頁.
坂本三郎・高木弘明・宮崎雅之・内田修平・塚本英巨・辰巳郁・渡辺邦弘［2014a］「平成26年改正会社法の解説〔Ⅰ〕」『商事法務』No. 2040, 28-37頁.
坂本三郎・高木弘明・宮崎雅之・内田修平・塚本英巨・辰巳郁・渡辺邦弘［2014b］「平成26年改正会社法の解説〔Ⅱ〕」『商事法務』No. 2042, 19-29頁.
佐久間信夫・水尾順一［2010］『コーポレートガバナンスと企業倫理の国際比較』ミネルヴァ書房.
始関正光［2002］「平成14年改正商法の解説〔Ⅴ〕」『商事法務』No. 1641, 16-28頁.
清水真人［2013］「1970年代米国における大規模公開会社取締役会改革論の検討」『企業と法創造』第9巻第4号, 332-358頁.
高橋文郎［2012］『ビジネスリーダーのフィロソフィー』金融財政事情研究会.
武井一浩［1998a］「米国型取締役会の実態と日本への導入上の問題〔Ⅱ〕」『商事法務』No. 1506, 30-36頁.
武井一浩［1998b］「米国型取締役会の実態と日本への導入上の問題〔Ⅲ〕」『商事法務』No. 1508, 16-19頁.
龍田節［1994］「会社の目的と行為」『コーポレート・ガバナンス——アメリカ法律協会「コーポレート・ガバナンスの原理：分析と勧告」の研究』日本証券経済研

究所.

出見世信之［2003］「アメリカの企業統治構造」『企業統治構造の国際比較』ミネルヴァ書房.

東京弁護士会会社法部［2001］「執行役員・社外取締役の実態調査」『別冊商事法務』No. 243, 61-131頁.

西室泰三［1999］「新しい時代の企業経営」『監査役』No. 409, 26-38頁.

原田晃治・始関正光・江原健志・泰田啓太・中原裕彦・郡谷大輔・太田洋・松井智予［2001］「会社法制の大幅な見直しに関する各界意見の分析（下）──『商法等の一部を改正する法律案要綱中間試案』に対する意見」『商事法務』No. 1605, 14-35頁.

林順一［2013］「委員会設置会社導入の有無と企業の現金等保有高の関係分析──スチュワードシップ理論は日本企業の状況を適切に説明できるか」『マネジメントジャーナル』第5号, 53-65頁.

林順一［2015a］「英国のコーポレートガバナンス」北川哲雄編著『スチュワードシップとコーポレートガバナンス』東洋経済新報社.

林順一［2015b］「過度なショート・ターミズムの克服を目指したケイ報告書の意義」北川哲雄編著『スチュワードシップとコーポレートガバナンス』東洋経済新報社.

前田重行［1994］「会社の構造」『コーポレート・ガバナンス──アメリカ法律協会「コーポレート・ガバナンスの原理：分析と勧告」の研究』日本証券経済研究所.

前田庸・江頭憲治郎・森本滋・神田秀樹・二宮博昭・角田博［2000］「新春座談会 今後の会社法改正に関する基本的な視点」『商事法務』No. 1548, 8-33頁.

増田友樹［2015］「なぜ，どのようにして，アメリカではモニタリングモデルの普及が促されてきたのか？」『同志社法学』第67巻第1号, 49-97頁.

御手洗冨士夫［2008］「日本的経営から世界へ──グローバル経済下のコーポレートガバナンスのあり方」『監査役』No. 542, 4-31頁.

三輪芳朗・J. M. Ramseyer［2015］「2014会社法改正『コーポレートガバナンス・コード』と『社外取締役』」『大阪学院大学経済論集』第28巻第2号, 15-140頁.

森本滋［2003］「委員会等設置会社制度の理念と機能──監査委員会と監査役制度の比較を中心に」『別冊商事法務』No. 263, 148-174頁.

油布志行［2015］「コーポレートガバナンス・コードについて」『商事法務』No. 2068, 4-12頁.

油布志行・渡邉浩司・髙田洋輔・浜田宰［2015］「コーポレートガバナンス・コード原案の解説〔Ⅳ・完〕」『商事法務』No. 2065, 46-56頁.

吉村典久［2010］「アングロサクソン型の会社統治──米国を中心に」『コーポレートガバナンスの経営学：会社統治の新しいパラダイム』有斐閣.

吉森賢［2007］『企業統治と企業倫理』放送大学教育振興会.

ACGA［2008］*ACGA White Paper on Corporate Governance in Japan.*

ALI (The American Law Institute)［1994］*Principles of Corporate Governance:*

Analysis and Recommendations（証券取引法研究会国際部会訳編［1994］『コーポレート・ガバナンス——アメリカ法律協会「コーポレート・ガバナンスの原理：分析と勧告」の研究』日本証券経済研究所）.

Berle A. A. and Means, G. C.［1932］*The Modern Corporation and Private Property*（森嵩訳［2014］『現代株式会社と私有財産』北海道大学出版会）.

Blair, M. M. and Stout, L.A.［1999］"A Team Production Theory of Corporate Law,"*Virginia Law Review*, Vol. 85, No. 2, pp. 248-328.

Clarke, D. C.［2007］"Three Concepts of the Independent Director,"*Delaware Journal of Corporate Law*, Vol. 32, No. 1, pp. 73-111.

Davis, J. H., Schoorman, F. D., and Donaldson, L.［1997］"Toward a Stewardship Theory of Management,"*Academy of Management Review*, Vol. 22, No. 1, pp. 20-47.

Donaldson, L. and Davis, J. H.［1991］"Stewardship Theory or Agency Theory: CEO Governance and Shareholder Returns,"*Australian Journal of Management*, Vol. 16, No. 1, pp. 49-64.

Ford, H.［1926］*Today and Tomorrow*（竹村健一訳『藁のハンドル』中央公論新社，2002年）.

Freeman, A. E.［1984］*Strategic Management: A Stakeholder Approach*, Harper Collins.

Gordon, J. N.［2007］"The Rise of Independent Directors in the United States, 1950-2005: Of Shareholder Value and Stock Market Prices,"*Stanford Law Review*, Vol. 59, No. 6, pp. 1465-1568.

Hamilton, R. W.［2000］"Corporate Governance in America 1950-2000: Major Changes but Uncertain Benefits,"*Journal of Corporation Law*, Vol. 25, No. 2, pp. 349-373.

Jacoby S. M.［2007a］"Principles and Agents: CalPERS and Corporate Governance in Japan,"*Corporate Governance: An International Review*, Vol. 15, No. 1, pp. 5-17.

Jacoby, S. M.［2007b］"Convergence by Design: The Case of CalPERS in Japan,"*American Journal of Comparative Law*, Vol. 55, No. 2, pp. 239-293.

Jensen, M. C. and Meckling, W. H.［1976］"Theory of the Firm: Managerial Behavior, Agency Costs and Ownership Structure,"*Journal of Financial Economics*, Vol. 3, No. 4, pp. 305-360.

Mace, M. L.［1971］*Directors: Myth and Reality*（道明義弘訳『アメリカの取締役——真実と現実』文眞堂，1991年）.

Reich R. B.［2007］*Supercapitalism: Transformation of Business, Democracy, and Everyday Life*, Alfred A. Knopf（雨宮寛・今井章子訳『暴走する資本主義』東洋経済新報社，2008年）.

第10章

コーポレートガバナンス強化に向けた新たな動き

第1節 監査等委員会設置会社への移行企業の属性と実効性の分析

1 監査等委員会設置会社制度の問題の所在

　平成26年（2014年）改正会社法では，社外取締役の機能を活用しやすくし，業務執行者に対する監督機能を強化することを目的として，[1]監査等委員会設置会社制度が導入され，2015年5月1日に施行された．この監査等委員会設置会社制度は幅広い会社の支持を得ており，導入から1年近く経過した2016年3月末時点では300社近い会社が移行し（2016年12月末時点では，600社を超える会社が移行ずみである），さらに多くの会社が移行を検討している．

　監査等委員会設置会社制度は，組織に対する規制が柔軟であり，当事者の選択の余地が広い点に特色がある．[2]したがって，単に監査役を監査等委員に置き換えることによって，改正会社法やコーポレートガバナンス・コードが求める社外取締役の要件をクリアすることも可能であるし，取締役会の監督機能を拡充する観点から，モニタリング・モデルの機関設計とすることも可能である．監査等委員会設置会社の制度が，経済的効率性と

1） 坂本ほか［2014］, 20頁.
2） 江頭［2015］, 575頁.

関係者の公正を確保する良い形で広く利用されるか否かは，運用のあり方次第である．[3]

そこで本節では，(1)導入初年度において，どのような属性の会社が監査等委員会設置会社に移行したのか，(2)監査等委員会設置会社への移行に伴い，監督機能が強化される体制となったと考えられるか，について具体的に検討したい．

以下，2項では監査等委員会設置会社に移行した2つの典型的な事例（監督機能強化を目的とした移行，社外取締役の人数確保のための移行）を検討することにより，論点を明確にする．3項では移行会社の属性を分析する．4項では移行会社の監督機能が強化される体制となったかを検討する．そして5項では全体のまとめと今後の課題を説明する．

2　2つのタイプの監査等委員会設置会社

監査等委員会設置会社への移行企業は，大別して2つのタイプに分類できる．第1のタイプは監督機能強化を目的としたモニタリング・モデルへの移行を指向する会社である（積極対応企業）．第2のタイプは改正会社法やコーポレートガバナンス・コードの社外取締役要件を満たすことだけを目的とした会社である（消極対応企業）．前者の代表例としてA社，後者の代表例としてB社をあげることができる（A社・B社の概要は図表10-1を参照）．

A社は移行の理由として，「社外取締役の豊富な経験や幅広い見識を活用することで取締役会の監督機能を強化する」こと，および「業務執行取締役への権限委譲により監督と業務執行の分離を進めること」をあげている（同社コーポレートガバナンス報告書）．また重要な業務執行の決定の取締役への委任に関して定款を変更しており，モニタリング・モデルの適用が可能となっている．さらに移行前から社外取締役を3名選任しており，改正会社法やコーポレートガバナンス・コードの要件を満たしている．移行後の監査等委員には2名の会社経営の経験者が選任されており，

---

3) 江頭［2015］，575頁．

図表10-1　A社とB社の比較

	A社	B社
市場区分	東証1部	東証2部
売上高	1兆円以上	1000億円未満
外国人持株比率	30%以上	10%未満
取締役への委任	有り	無し
移行前社外役員　社外取締役　社外監査役	3名　3名	0名　2名
移行後社外役員　社外取締役　うち監査等委員	5名　3名	2名　2名
監査等委員の属性	経営者・学者	弁護士・会計士

（出所）　各社のコーポレートガバナンス報告書（2015年）より筆者作成.

適法性監査のみならず妥当性監査にも十分に対応可能な人材が配置されている．このようにA社においては，積極的な動機に基づいて移行したと考えることができる．

B社は移行の理由として，「監査機能をさらに強化するため」（同社コーポレートガバナンス報告書）としているが，詳しい説明はない．また重要な業務執行の決定の取締役への委任に関して定款を変更しておらず，モニタリング・モデルを指向しているようには見えない．さらに移行前には社外取締役は選任されておらず，そのままでは改正会社法やコーポレートガバナンス・コードの要件を満たせない状態であった．また，移行前の監査役がそのまま監査等委員に就任（横滑り）しており，かつそれらの委員は弁護士と会計士で，妥当性監査に適する企業経営の経験者は選任されていない．このようにB社は，消極的な動機に基づいて移行したと考えることができる．

企業は積極的な動機または消極的な動機のいずれかに基づいて監査等委員会設置会社に移行したと考えられるが，この点を検討するため，以下では，まず移行企業の属性（移行前の社外取締役の数など）を検討する．

3　監査等委員会設置会社への移行会社の属性分析

　監査等委員会設置会社に移行する可能性が高い会社の属性として，(1)前年度に社外取締役が選任されていない会社，(2)外国人株主から（英米型のモニタリング・モデルを採用するように）強い圧力を受けている会社，(3)企業規模の小さい会社，をあげることができる．大手法律事務所の弁護士や信託銀行の実務家は，移行の動機として上記(1)および(2)を指摘している．[4]　また中小上場会社においては，適任の社外取締役と社外監査役を重複して得ることが困難であることから，消極的な動機に基づいて，監査等委員会設置会社に移行する傾向があると考えられる．[5]

　以上から，以下の仮説が導かれる．

〔仮説1〕　前年度に社外取締役が選任されていない会社ほど，監査等委員会設置会社に移行する傾向がある．
〔仮説2〕　外国人持株比率の高い会社ほど，監査等委員会設置会社に移行する傾向がある．
〔仮説3〕　企業規模の小さい会社ほど，監査等委員会設置会社に移行する傾向がある．

　これらの仮説を以下のモデルによって検証する．なお，監査等委員会設置会社への移行の有無については，導入初年度（制度導入から1年近く経過した2016年3月末現在）の実績を用いることとし，主として制度導入当初に移行した会社の属性を検証することとする．

〔分析モデル（ロジット分析）〕[6]

$$KANSA = \alpha + \beta_1 ODE + \beta_2 FRGN + \beta_3 LNSLS + \beta_4 ROE3 + \beta_5 PBR3$$

---

4) 太子堂［2015］，83-87頁；塚本［2015］，17-27頁；牧野［2015］，27-31頁；松浪［2015］，1-24頁．
5) 江頭［2014］，63頁；森本［2015］，15頁．
6) プロビット分析でも同様の結果が得られた（結果省略）．

$$+ \beta_6 DASS + \beta_7 BRDN$$

サンプルは上場会社とする（ただし以下のデータが整う会社に限る）．被説明変数の$KANSA$は監査等委員会設置会社への移行の有無（移行＝1のダミー変数）．説明変数ODEは社外取締役の有無（有＝1のダミー変数），$FRGN$は外国人持株比率，$LNSLS$は売上高の対数値（企業規模の代理変数）．コントロール変数の$ROE3$は株主資本利益率の3年平均（収益性の代理変数），$PBR3$は株価純資産倍率の3年平均（成長性の代理変数），$DASS$は負債比率，$BRDN$は取締役会の人数（取締役会の規模）である．$KANSA$は2016年3月末現在の実績，$ODE, FRGN, LNSLS, DASS$および$BRDN$は2013年度の実績，$ROE3$，$PBR3$は2011年度から2013年度の実績を用いた．なお，比較の観点から$KANSA$に代えて$SHIMEI$（指名委員会等設置会社への移行の有無，移行＝1のダミー変数，2016年3月末現在の実績）を被説明変数とする分析も行った．これらの基本統計量は図表10-2に，相関係数は図表10-3に記載のとおりである．

監査等委員会設置会社に移行した会社の属性に関する推定結果は図表10-4に示されるとおりである．分析の結果，社外取締役の有無および売上高の対数値（企業規模）の係数が有意に負であることが示された．また外国人持株比率の係数が有意に正であることが示された．この実証結果は，仮説1，仮説2および仮説3と整合的である．すなわち，前年度に社外取締役が選任されていない会社，外国人持株比率の高い会社，企業規模

図表10-2 ｜ 監査等委員会設置会社に関するロジット分析における基本統計量

変数名	略称	平均値	標準偏差	最小値	最大値
監査等委員会設置会社	KANSA	0.078	0.268	0	1
指名委員会等設置会社	SHIMEI	0.017	0.131	0	1
社外取締役の有無	ODE	0.643	0.479	0	1
外国人持株比率	FRGN	9.751	12.399	0	91.230
売上高の対数値	LNSLS	10.400	1.814	0	17.062
株主資本利益率（3年平均）	ROE3	5.538	32.416	-1079.070	602.920
株価純資産倍率（3年平均）	PBR3	1.192	2.655	0.163	109.447
負債比率	DASS	49.790	22.247	0.950	198.650
取締役会の人数	BRDN	7.498	2.946	3	28

図表10-3　監査等委員会設置会社に関するロジット分析における相関係数

	KANSA	SHIMEI	ODE	FRGN	LNSLS	ROE3	PBR3	DASS	BRDN
KANSA	1								
SHIMEI	-0.0384	1							
ODE	-0.1808	0.0995	1						
FRGN	-0.0387	0.1685	0.2449	1					
LNSLS	-0.0843	0.1159	0.2241	0.5699	1				
ROE3	0.0023	0.0118	0.0260	0.0776	0.1024	1			
PBR3	0.0151	0.0644	0.0822	0.1042	-0.1642	-0.0671	1		
DASS	-0.0195	0.0450	0.0557	-0.0794	0.2380	-0.0221	0.0705	1	
BRDN	-0.0876	0.0667	0.2701	0.3172	0.5778	0.0389	-0.0896	0.1301	1

図表10-4　監査等委員会設置会社に関するロジット分析における推定結果

説明変数・コントロール変数	略称	KANSA		SHIMEI（参考）	
		係数	z値	係数	z値
社外取締役の有無	ODE	-0.0948	-8.81 ***		
外国人持株比率	FRGN	0.0009	1.89 *	0.0008	5.34 ***
売上高の対数値	LNSLS	-0.0092	-2.25 **	0.0031	1.95 *
株主資本利益率（3年平均）	ROE3	0.0001	0.75	0.0000	0.33
株価純資産倍率（3年平均）	PBR3	0.0022	0.62	0.0027	2.64 ***
負債比率	DASS	0.0001	0.44	0.0002	2.20 **
取締役会の人数	BRDN	-0.0023	-1.10	0.0003	0.33
定数項	C		-0.88		-8.60 ***
サンプル数		3,308		3,308	
対数尤度		-832.1783		-252.3194	
擬似決定係数		0.0660		0.1360	

(注)　1)　係数は各変数に対応する限界効果の平均値を表す．
　　　2)　＊＊＊，＊＊，＊は，それぞれ1％，5％，10％水準で有意なことを表す．

の小さい会社ほど，監査等委員会設置会社に移行する傾向があることが示された．なお，指名委員会等設置会社の属性として，外国人持株比率が高く，企業規模が大きく（監査等委員会設置会社とは正反対），成長性が高く，負債比率が高いという傾向があることが示された．

4　監査等委員会設置会社への移行は監督機能の強化につながるか

監査役会設置会社から監査等委員会設置会社への移行に際し，外形的に監督機能が強化され，モニタリング・モデルに移行する体制が整ったのか

図表10-5 重要な業務執行の決定の取締役への委任を可能とする定款変更の有無（社数）

売上高	100億円未満	100億円以上	1000億円以上	1兆円以上	合　計
定款変更有り	53	92	36	3	184
定款変更無し	9	17	3	0	29
合　計	62	109	39	3	213

(注) 対象は2015年8月末時点で監査等委員会設置会社への移行を表明した会社．
(出所) 塚本ほか［2015］の基礎資料より筆者作成．

（積極的な動機に基づく対応の有無）について，3つの観点から検討する．

第1に，重要な業務執行の決定について，取締役会が特定の取締役に委任することが可能となる体制を整えているかについて検討する．監査等委員会設置会社は原則として，重要な業務執行の決定を取締役に委任することはできないが，定款で定めた場合などは委任することができる．モニタリング・モデルを指向するのであれば，重要な業務執行の決定の全部または一部について，取締役会が特定の取締役に委任することができる体制を整えると考えられる．2015年8月末時点で監査等委員会設置会社への移行を表明した213社の対応状況は図表10-5に示されるとおりであるが，売上高の大小にかかわらず，全体で86％の移行企業が定款を改訂して，重要な業務執行の決定を取締役に委任することを可能としている．この観点からは，多くの移行会社がモニタリング・モデルへの移行を可能にしていると言うことができる．

第2に，監査等委員の属性について検討する．監査役会設置会社の監査役の権限は適法性監査にとどまるが，監査等委員会設置会社の監査等委員の権限は適法性監査に加えて妥当性監査にも及ぶと解される．[7] このため監査等委員の職は「経営評価権限」に関して，相当に労力を費やすものとなることが想定され，[8] 監査役とは異なる資質が要求されると考えられる．一般的には，弁護士，会計士，税理士は，それぞれの専門分野における適法性監査に適しており，企業経営の経験者は妥当性監査に適している

---

[7] 神田［2016］，241頁，249頁．
[8] 江頭［2014］，63-64頁．

図表10-6 社外監査役・社外監査等委員，社外監査委員の前職・現職（上場会社）

	監査役会設置会社	監査等委員会設置会社	指名委員会等設置会社
1 利害関係者の役職員	1,303 29.5%	41 17.8%	11 15.5%
2 会社と無関係な会社の役職員	670 15.2%	44 19.1%	17 23.9%
3 公認会計士又は税理士	998 22.6%	64 27.8%	11 15.5%
4 弁護士	967 21.9%	44 19.1%	13 18.3%
5 その他	469 10.6%	37 16.1%	19 26.8%
合計社数	4,407 100.0%	230 100.0%	71 100.0%

（注） 上段は社数．下段はアンケート回答会社に占める比率
（出所） 日本監査役協会［2015］より筆者作成．

と考えられる．[9] そうだとすると，監査役を比較した場合に，監査等委員の属性として会社経営の経験者の比率が高いことが求められる．特に，利害関係者の思惑を斟酌する必要のない，独立した会社経営の経験者の比率が高いことが期待される．では，移行会社の実態はどのようなものであろうか．

日本監査役協会が会員企業に対して，2015年7月から8月にかけて実施したアンケートの結果は，図表10-6に示されるとおりである．監査等委員会設置会社の社外監査等委員に関して，適法性監査に適性を有する弁護士，会計士および税理士の占める比率は46.9%であり，監査役会設置会社の社外監査役の44.5%とほぼ同水準であり，指名委員会等設置会社の社外監査委員の33.8%よりはかなり高い比率となっている．このことは，形態として監査等委員会設置会社に移行しても，社外監査等委員は（妥当性監

9） 例えば石田ISSエグゼクティブ・ディレクターは，ビジネス経験のない弁護士や会計士などが社外取締役として経営の監督や企業戦略の決定に適切な役割を果たすことができるのかについて，投資家から疑問視する声があると指摘する［石田，2016，27頁］．

査ではなく）適法性監査を行うに適切な者が中心となっていることを示している．他方，社外監査等委員に関して，会社と無関係な会社の役職員（独立した会社経営の経験者はここに含まれる）の比率は19.1%であり，社外監査役の15.2%よりは高いが，社外監査委員の23.9%よりは低い．このことは，移行に伴い，妥当性監査を行うに適切な者の比率は若干増加したが，指名委員会等設置会社との比較において，妥当性監査を行うにふさわしい十分な数・比率の監査等委員が選任されているとは言えないことを示している（移行前の監査役の総数と移行後の監査等委員の総数には大きな変動はない）．このように，監査等委員全体の属性を見ると，必ずしも妥当性監査に適した人材ポートフォリオにはなっていないと考えることができる．

　第3に，監査等委員以外の社外取締役，および指名委員会などの任意の委員会の設置状況について検討する．2015年8月末時点で監査等委員会設置会社に移行を表明した213社において，監査等委員でない社外取締役を置いている会社は36社（16.9%）にとどまる．[10] また指名委員会または報酬委員会に相当する任意の委員会を置いている会社は，2016年3月末時点で284社中38社（13.8%）にとどまる．モニタリング・モデルを採用するのであれば，監査等委員でない社外取締役や任意の委員会の設置が望まれるところであるが，[11] 導入初年度（2016年3月末現在）においては，監査等委員以外の妥当性監査を行うに適した人材・組織が，必ずしも十分に構築されているとは言えない．

　以上をまとめると，導入初年度に監査等委員会設置会社に移行した会社はおおむね，重要な業務執行の決定を取締役に委任することを可能とする体制（モニタリング・モデル移行が可能な体制）を整えているが，肝心の監査等委員の属性は監査役の属性とあまり変わらないなど，必ずしも妥当性監査に適切な人材ポートフォリオを構成しているとは言えない．

---

10) 塚本ほか［2015］，14-15頁．
11) 森本［2016］，9頁．

5 （本節のまとめ）

本節では，監査等委員会設置会社制度の導入初年度において，(1)どのような属性の会社が監査等委員会設置会社に移行したのか，(2)監査等委員会設置会社への移行に伴い，監督機能が強化される体制となったのかについて，具体的なデータに基づいて検討した．まず移行した会社の特徴を見ると，前年度に社外取締役が選任されていない会社，外国人持株比率が高い会社，企業規模の小さい会社ほど移行する傾向があることが示された．次に移行によって監督機能が強化される体制となったかについては，監査等委員の属性や監査等委員以外の社外取締役の存在，指名・報酬委員会に相当する委員会の設置状況を踏まえると，傾向としては，必ずしも監督機能が強化される体制に移行したとは言えないことが示された．以上の事実から，導入初年度においては，全体としては，消極的動機（改正会社法やコーポレートガバナンス・コードで求められる社外取締役要件の充足）に基づいて監査等委員会設置会社への移行が行われる傾向があったと考えることができる．

監督機能の強化を伴わずに，単に社外監査役を社外監査等委員に横滑りさせて，監査等委員会設置会社に移行すると，「監査役制度の独任制が失われ，委員会設置会社の重要な要素も抜けた，経営者に都合の良すぎる体制にしかならない」，[12]「監査等委員である２人の社外取締役が居るだけの会社が業務執行の決定権限を大幅に代表取締役に委任するときは，ワンマン体制となり，効率性の観点からも適法性の観点からも問題が生じる」，[13]といった懸念がある．監督機能の強化という監査等委員会設置会社の導入の目的を鑑みれば，経営者に対する実効性のある妥当性監査のために，監査等委員に占める社外の会社経営経験者の比率を高めるとともに，監査等委員以外の社外取締役の増強，監査等委員による指名・報酬への関与強化，または任意の指名・報酬委員会の設置が望まれる．また取締役会の運営に関して取締役会評価（内部評価または外部評価）を行うことなどによ

---

12) 浜辺 [2014]，24頁．
13) 森本 [2015]，13-14頁．

り，自ら取締役会の実効性を高める努力を続けることが期待される．

　本節での分析は，監査等委員会設置会社制度が導入されて1年に満たない段階でのものである．導入初年度と次年度以降とでは移行会社の属性が変わる可能性があるし，初年度に移行した会社の監査等委員の構成が変更される可能性もある．監査等委員会設置会社の分析を継続することによって，それらの比較分析を行っていきたい．また今回の分析は，特に監督機能の強化に関しては，外形的要件の分析にとどまった．事例分析などを行うことにより，監督機能の強化がどのようになされているのかについて（あるいは，なされていないのかについて）具体的に検討することも今後の課題としたい．

第2節　取締役会評価の開示

1　取締役会評価に関する問題の所在

　わが国では，2015年6月に東証によって制定されたコーポレートガバナンス・コードにおいて，取締役会の実効性確保の観点から，上場会社は毎年取締役会評価を行い，その結果の概要を開示すべきものとされた（補充原則4-11③）．取締役会評価とその開示は，わが国企業にとって必ずしもなじみ深いものではないことから，日本企業全体としては，コーポレートガバナンス・コードへの対応に最も苦慮している原則の1つとなっている．一方で個別の会社に目を移すと，取締役会評価の開示が進んでいる英国の主要企業の開示水準と比較して，遜色がない会社も存在する．

　そこで本節では，まず，取締役会評価の先進国とも言える英国の事例を検討することによって，取締役会評価とは何か，それをどのように投資家に開示しているのかを把握する．そして，日本企業の取締役会評価の開示状況を概観したうえで，どのような属性の日本企業の取締役会評価の開示が優れているのか（取締役会評価の開示を積極的に行っているのか）について分析する．分析は，コードの導入から1年が経過した2016年6月末を基準とした．

2 　英国における取締役会評価の開示[14]

英国における取締役会評価の歴史

　英国における取締役会評価の歴史は，1992年の「キャドバリー報告書」に遡ることができる。[15] 同報告書では，社外取締役による取締役会のパフォーマンス精査が提唱された．この内容は当時のコーポレートガバナンス・コードなどには反映されなかったが，チェック・アンド・バランスによる統制を徹底する観点から，自発的に取締役会評価を実施した企業もあった．その後，取締役会評価が広く普及したのは，企業不祥事に伴い，取締役会の実効性に対する懸念が生じて，コーポレートガバナンス・コードなどで取締役会評価が求められるようになったためである．英国においては，「守りのガバナンス」の一環として取締役会評価が拡充されたと言うことができる．

　歴史的には2つの大きな波があった．第1の波は，エンロン事件の反省を踏まえ，実効性のあるコーポレートガバナンスを展望して作成された2003年の「ヒッグス報告書」の勧告に伴うものである．そこでは，取締役会評価（取締役会，委員会および取締役個人のパフォーマンスに関する評価）を毎年行うべきことが提言され，その内容が同年の改訂統合規範（コーポレートガバナンス・コードの前身）に取り入れられた．この結果，ロンドン証券取引所上場会社は原則，毎年取締役会評価を行い，取締役会評価をどのように実施したかを年次報告書で開示することになった．そこで求められたのは，取締役会自身による自己評価（内部評価）である．

　第2の波は，リーマン・ショックを契機としたもので，これにより生じた英国における銀行危機の反省を踏まえて作成された，2009年の「ウォーカー報告書」の勧告に伴うものである．そこでは，取締役自身の自己評価（内部評価）では十分とは言えないことから，取締役会の外部評価（第三者評価）を2年または3年に1回行うべきことが提言され，その内容が

---

14) 以下の英国の取締役会評価の分析は林［2016］の要約である．詳しくは林［2016］を参照されたい．
15) Long［2012］，p.193；高山［2015a］，232頁．

2010年のコーポレートガバナンス・コードに盛り込まれた．この結果，FTSE350企業（ロンドン証券取引所に上場している時価総額上位350社）は原則，少なくとも3年に1回は取締役会の外部評価を行うことになった．

英国における取締役会評価の実際

英国の大会社における取締役会評価の典型的なパターンは，3年に1回は外部評価者を活用した外部評価を行い，その中間の2年は毎年内部評価を行うことである．一方で，それ以上の頻度で外部評価を行っている会社も存在する．

取締役会評価によっていったい何を評価するのかは，必ずしも明確ではない．[16] しかし，コーポレートガバナンス・コードの制定・改訂などを行う自主規制機関であるFRC（Financial Reporting Council）では，2011年に公表したガイダンスの中で取締役会評価の対象項目を例示しており，[17] これが取締役会評価を行ううえでの1つの判断材料となる．[18]

典型的な取締役会の内部評価は，取締役会議長のリーダーシップの下で，企業秘書役などのサポートを受けながら実施される．その際，取締役会議長の評価については，上席独立取締役によって非業務執行取締役の意見を踏まえたうえで行われる．具体的な評価のプロセスは，まず取締役会議長や事務局などが作成した質問票やチェックリストに各取締役が回答し，その回答に基づいて取締役会議長が各取締役と1対1のインタビューを行い，そのうえで取締役会議長が取締役会や各取締役に対する評価を取りまとめる（取締役会議長の評価に関しては，上席独立取締役が非業務執行取締役と1対1のインタビューを行ったうえで取りまとめる）．そして評価の結果は，個々の取締役や取締役会にフィードバックされる．

Lintstock［2007］によるFTSE350企業を対象とした調査では，外部評価者への支払額は，FTSE100企業で平均4万5,000ポンド，FTSE250企業で平均2万5,000ポンドである．[19] またMuir and Keeldeep Associates

---

16) Long［2012］, p. 194；Muir and Keeldeep Associates Limited［2012］, p. 10.
17) FRC［2011］, pp. 11-12.
18) 高山［2015a］，223-225頁．

Limited［2012］によるFTSE100〜300企業を対象とした調査では，外部評価への支払額は平均4万2,000ポンドである.[20] すなわち平均値で見ると，外部評価者への支払額は日本円で1,000万円以下である．

　Muir［2012］の調査によれば，各取締役は通常，取締役会評価（内部評価・外部評価）のために4〜5時間を費やしている．これには，準備，質問票，インタビューおよびフィードバックにかかる時間が含まれる．取締役会議長や上席独立取締役は，上記に加え，最低3時間，場合によってはそれ以上の時間を費やしている.[21] Lintstock［2007］の調査によれば，内部評価の場合，担当する企業秘書役などは，計画と管理などで典型的には7〜8人日を費やしている.[22]

英国における取締役会評価の評価

　取締役会評価全般については，企業サイドからはおおむね高い評価が示されている.[23] ただし，内部評価と外部評価を比較すると，外部評価に対しては厳しい意見が見られる．具体的には，コストに見合うメリットが得られているかについての疑問[24]や外部評価者の独立性に関する指摘[25]である．特にエグゼクティブ・サーチ業務（取締役・経営幹部のヘッドハンティング業務）を行う会社が外部評価を行うことについて，利益相反の観点から批判されている．

　投資家の取締役会評価に関する関心は必ずしも高いとは言えない．例えばLintstock［2013］の調査によれば，取締役会評価のプロセスと結果について，投資家が関心を示していると回答した企業は51％にすぎない（関心を示していない49％，ある程度はある48％，非常にある3％).[26] またMuir［2012］の調査では，取締役会評価について投資家からフィード

---

19) Lintstock［2007］, p. 4.
20) Muir［2012］, p. 6.
21) Muir［2012］, p. 14.
22) Lintstock［2007］, p. 4.
23) FRC［2013］, p. 12.
24) Muir［2012］, p. 7.
25) ABI［2012］, p. 40；ICAEW［2015］.
26) Lintstock［2013］, p. 40.

バックを受けたと回答した企業は10%に満たない.[27] この原因として, 取締役会議長が潜在的にセンシティブな情報を開示することを好まないため, 年次報告書に十分な内容が開示されないといった, 開示をめぐるジレンマを指摘することができる.

取締役会評価の開示をめぐるジレンマ

　取締役会評価と取締役会評価の開示の目的は異なる. すなわち取締役会評価は取締役会の実効性を高めるために（取締役会自身のために）行うものであるが, 取締役会評価の開示は投資家に対して, 取締役会が適切に機能していることを示すために行う. この目的のためには, 企業は投資家に対して, 取締役会評価の内容を詳しく開示することが必要である. 特に長期投資家にとって, コーポレートガバナンスの要である取締役会の運営実態を把握することは, 取締役の属性といった表面的な事項を確認することに比べてきわめて重要な事項であることから, 企業は良質な長期投資家を呼び込む観点からも, 取締役会評価を適切に開示することが必要である.

　一方で, 取締役会評価はかなりセンシティブな事項であり, 取締役会議長は取締役会評価の過程で得られた詳細な発見事項を開示することに対して消極的である.[28] また取締役会評価に際して各取締役は秘匿性を前提として本音を言うのであるから, 取締役会評価の詳細な内容を開示すると取締役の参画意欲が減退することが懸念される. したがって, 取締役会評価の具体的な結果は秘匿されるべきであるとの主張もなされている.[29]

　この開示をめぐるジレンマに対して, 取締役会評価がコーポレートガバナンス・コードに盛り込まれた経緯を鑑み, 取締役会の有効性や取締役会の行動に懸念が生じた場合には, 特に詳細な開示を行うという対応が考えられる.[30] また, 外部評価の場合には, 定評ある外部評価者の評価を受け, その外部評価者の名前を公表することにより,（詳細な内容を開示す

---

27) Muir [2012], p. 15.
28) Muir [2012], p. 15 ; IoD [2010], p. 9.
29) Lintstock [2013], p. 41.
30) IoD [2010], pp. 9-10.

ることなく）ある種の品質保証の役割を期待するという考え方も成り立つ．

英国主要企業における取締役会評価の開示内容

　以下では，具体的な複数の英国企業の事例に基づいて，英国企業がどのように取締役会評価を開示しているのかを検討する．開示の量については，年次報告書における取締役会評価の説明箇所の語数で把握する．開示の質については，年次報告書に図表10-7に記載の5項目が開示されているか否かを把握することによって判断する．この5項目は，投資家の団体や取締役の団体などの報告書における指摘[31]や実際の英国企業の開示事例を踏まえ，1つの試みとして提示するものである．

　分析の対象企業は，英国主要4産業から各2社の計8社とする．具体的には，金融業（Royal Bank of Scotland（RBS），Barclays），製薬業（Glaxo SmithKline（GSK），AstraZeneca），小売業（Marks & Spencer（M&S），Tesco）および資源産業（BP, Shell）の4業種8社である（以下ではこれらの企業を総称して「英国主要8社」と言う）．

　英国主要8社の年次報告書（2014年度）における取締役会評価の開示内容は図表10-7に示されるとおりである．

　開示の語数（開示の量）は，Barclaysの1,597語からBPの313語までかなり幅がある．すなわち英国の主要企業においても，取締役会評価の開示の量にはかなり幅がある．他方，開示の質については，本稿の開示枠組みで示した5項目の開示内容を見ると，英国主要8社はおおむねすべての項目を開示している．投資家の最低限の開示ニーズには応えていると言うことができる．

---

[31]　英国保険業協会は，最も役立つ開示は，ある年度の年次報告書で取締役会評価の結果を開示し，その翌年度の年次報告書でフォローアップ結果を開示することであるとする［ABI, 2012, p. 45］．英国取締役協会は，取締役会議長が取締役会評価の結果を踏まえて，将来志向の対応策を提示することが望まれるとする［IoD, 2010, p. 10］．イングランドおよびウェールズ勅許会計士協会は，(1)取締役会評価で調査された項目，(2)評価を行った主体，(3)評価プロセスの特徴，(4)主要な発見事項，(5)評価の結果を踏まえたフォローアップ項目および誰が対応するのか，を開示すべきであるとする［ICAEW, 2015］．

図表10-7　英国主要8社の年次報告書における取締役会評価の開示内容（2014年度）

	開示の語数	1. 評価の概要		2. 評価のプロセス		3. アクション・プランの結果	4. 評価の結果	5. 翌年度のアクション・プラン
		(1)全般	(2)方法	(1)全般	(2)フィードバック			
1 Barclays	1,597	○	○	○	○	○	○	○
2 RBS	530	○	○	○	○	△	○	○
3 GSK	1,468	○	○	○	○	○	○	○
4 AstraZeneca	409	○	○	○	○	○	○	○
5 M&S	913	○	○	○	○	△	○	○
6 Tesco	317	○	○	○	○	△	△	○
7 BP	313	○	○	○	○	○	○	△
8 Shell	634	○	○	○	○	△	△	△

(注) 1) 具体的な記載があるもの：○，記載はあるが具体的にかけるもの：△，記載がないもの：空欄．
　　 2) Barclays，RBS，GSK，AstraZeneca，BP，Shell は2014年12月期の年次報告書．Tescoは2014年2月期の年次報告書（2014年9月の会計不祥事の影響で，2015年2月期の年次報告書の記載内容が例年よりもかなり劣後しているため前年のものを使用）．M&Sは2015年2月期の年次報告書による．

3　日本における取締役会評価の開示

　2015年6月に制定されたコーポレートガバナンス・コードにより，上場会社は東証に提出するコーポレートガバナンス報告書の中で同コードの適用状況を開示することとなった．そこで以下では，日経225構成企業を対象として，2016年6月末時点のコーポレートガバナンス報告書（参照資料を含む）における取締役会評価の開示内容を分析する．

日本における取締役会評価の開示状況

　日経225構成企業の取締役会評価の開示状況（2016年6月末時点）は，図表10-8に示されるとおりである．取締役会評価を開示している会社は150社であり，全体の67％である．2015年12月末時点では，開示企業が65社（29％）であったことから，開示企業数は増加しているが，まだ開示していない会社も75社（33％）存在する（未開示企業の多くは，今後取締役会評価を実施して，その内容を開示する予定としている）．

　この取締役会評価の開示を行っている150社の開示の字数（開示の量）

図表10-8　日経225構成企業の取締役会評価の開示状況（2016年6月末時点）

図表10-9　取締役会評価の開示を行っている企業150社の開示（字数）の分布

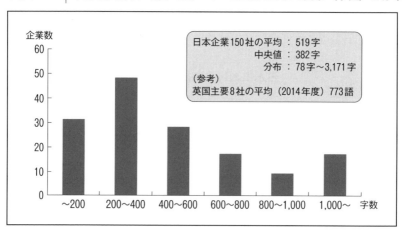

の分布は，図表10-9に示されるとおりである．

　日本企業150社の取締役会評価の開示の字数（開示の量）は，平均519字，中央値382字で，78字から3,171字に幅広く分布している．英語の語数と日本語の字数を比較することは困難であるが，仮に英語の1語に対して日本語は2字でカウントすると，日本企業の中には，開示の量から判断して，2014年の英国主要8社の平均の水準に遜色ない開示を行っている会社も存在することを示している．

4　取締役会評価の開示が優れる日本企業の属性分析

　まず，取締役会評価の開示が優れる日本企業の属性に関する仮説を導出する．企業不祥事は，取締役会の監督機能が不十分な場合に発生すると考えられる．このため，過去に企業不祥事を起こした会社は，投資家に対して取締役会を改革してその監督機能が十分に発揮されるようになったことを示す必要がある．英国の事例でも，例えばRoyal Bank of Scotland（RBS）やBarclaysなどの金融業では，企業不祥事の後，取締役会評価の開示を拡充している．[32]　これらのことから以下の仮説が導かれる．

〔仮説1〕　過去に企業不祥事を起こした会社ほど，取締役会評価の開示が優れる傾向がある．

　取締役会の監督機能が優れている会社ほど，自ら積極的に取締役会評価を行い，取締役会の課題を把握してその改善に努めると考えられる．また，積極的に取締役会評価を行っている企業ほど，その開示も優れると考えられる．これらのことから以下の仮説が導かれる．

〔仮説2〕　取締役会の監督機能が優れている会社ほど，取締役会評価の開示が優れる傾向がある．

　IR（投資情報開示）に優れる会社ほど，投資家のニーズを汲み取り，取締役会評価の開示を積極的に行うと考えられる．このことから以下の仮説が導かれる．

〔仮説3〕　IR（投資情報開示）に優れる会社ほど，取締役会評価の開示が優れる傾向がある．

32）　林［2016］，59-62頁．

これらの仮説を以下のモデルによって検証する．なお，取締役会評価の開示が優れているか否かは，コーポレートガバナンス・コード導入から1年経過後の2016年6月末のコーポレートガバナンス報告書（それが参照している資料を含む）の記載内容に基づいて判断した．

〔分析モデル（ロジット分析）〕[33]

$$BRRD = \alpha + \beta_1 MISS + \beta_2 CG + \beta_3 IR + \beta_4 FRGN + \beta_5 LNMV + \beta_6 ROE3 + \beta_7 PBR3$$

サンプルは日経225構成企業とする（ただしそのうちの1社が2016年4月に経営統合しており過去のデータが整わないことから，224社を分析対象とする）．被説明変数の$BRRD$は取締役会評価の開示が優れている会社（コーポレートガバナンス報告書で翌年度の取締役会の具体的な課題が明示されている会社[34]）= 1のダミー変数．説明変数$MISS$は過去に企業不祥事を起こした会社（過去3年間に重大な企業不祥事を起こした会社[35]）= 1のダミー変数．CGは取締役会の監督機能に優れる会社（指名委員会が設置されている会社[36]）= 1のダミー変数．IRはIR（投資情報開示）に優れる会社（IRに優れる会社[37]）= 1のダミー変数．コントロール変数の$FRGN$は外国人持株比率，$LNMV$は時価総額の対数値（企業規模の代理変数），$ROE3$は株主資本利益率の3年平均（収益性の代理変数），$PBR3$

---

[33] プロビット分析でも同様の結果が得られた（結果省略）．
[34] コーポレートガバナンス・コード（補充原則4-11③）では，取締役会評価の結果の概要の開示を求めるにとどまり，翌年度の取締役会の具体的な課題の開示までは求めていないが，(1)英国の主要企業では翌年度の具体的な課題（アクション・プラン）を開示していること，(2)長期投資家は当該企業の将来のキャッシュフローを予測する観点から，過去の事実のみならず，今後の対応方針の開示を求めていると考えられることから，翌年度の取締役会の具体的な課題を明示している企業が開示に優れている企業であると判断した（本節ではこのような前提で分析を行った）．
[35] 「フジサンケイ危機管理研究室」のホームページに掲載されている2013年4月から2015年3月（3年間）の企業不祥事のうち，会社に故意または重過失がある事案で，会社の経営に大きな影響を与えたもの（筆者が判断）を重大な企業不祥事とした．なお，その後に判明した特に重大な企業不祥事もこれに加えた．
[36] 指名委員会を設置している会社（監査等委員会設置会社，監査役会設置会社においては任意の指名委員会）は設置していない会社と比較して，取締役会の監督機能を重視していると考えた．

図表10-10　取締役会評価の開示に関するロジット分析における基本統計量

変数名	略称	平均値	標準偏差	最小値	最大値
取締役会評価の開示	BRRD	0.161	0.368	0	1
企業不祥事	MISS	0.045	0.207	0	1
取締役会の監督機能	CG	0.634	0.483	0	1
投資情報開示	IR	0.201	0.402	0	1
外国人持株比率	FRGN	30.574	11.522	7.700	75.480
時価総額の対数値	LNMV	13.552	1.190	10.366	17.171
株主資本利益率（3年平均）	ROE3	7.272	9.721	-79.953	39.825
株価純資産倍率（3年平均）	PBR3	1.238	0.654	0.376	5.225

図表10-11　取締役会評価の開示に関するロジット分析における相関係数

	BRRD	MISS	CG	IR	FRGN	LNMV	ROE3	PBR3
BRRD	1							
MISS	0.2586	1						
CG	0.2064	0.1194	1					
IR	0.0840	0.1074	0.1035	1				
FRGN	0.0559	0.0059	0.0266	0.2903	1			
LNMV	0.0954	0.1246	0.1958	0.3465	0.4933	1		
ROE3	-0.0147	0.0335	-0.1409	0.1382	0.1749	0.2780	1	
PBR3	-0.0487	0.0241	-0.1433	-0.0263	0.1352	0.2676	0.1079	1

は株価純資産倍率の3年平均（成長性の代理変数）である．$BRRD$ と CG は2016年6月末現在で開示されている最新のコーポレートガバナンス報告書（それが参照している資料を含む）の実績，$MISS$ と IR は過去3年間の実績，$FRGN$ と $LNMV$ は2014年度の実績，$ROE3$ と $PBR3$ は2012年度から2014年度の実績を用いた．これらの基本統計量は図表10-10に，相関係数は図表10-11に記載のとおりである．

---

37) 下記のいずれかの会社（定評のあるIR評価機関から高い評価を受けた会社）
   (1) 2013年度，2014年度または2015年度（3年間）のいずれかの年において，日本証券アナリスト協会のディスクロージャー評価で，各業種の上位20%以上の評価を得た会社
   (2) 2013年度，2014年度または2015年度（3年間）のいずれかの年において，日本IR協議会から受賞を受けた会社（IR優良企業大賞，IR優良企業賞，またはIR優良企業特別賞）

図表10-12　取締役会評価の開示に関するロジット分析における推定結果

説明変数・コントロール変数	略称	BRRD 係数	BRRD z値
企業不祥事	MISS	0.2432	2.79***
取締役会の監督機能	CG	0.1196	2.36**
投資情報開示	IR	0.0094	0.33
外国人持株比率	FRGN	0.0014	0.60
時価総額の対数値	LNMV	0.0028	0.10
株主資本利益率（3年平均）	ROE3	−0.0004	−0.16
株価純資産倍率（3年平均）	PBR3	−0.0264	−0.62
定数項	C		−1.20

サンプル数	224
対数尤度	−88.6285
擬似決定係数	0.1025

(注)　1)　係数は各変数に対応する限界効果の平均値を表す．
　　　2)　＊＊＊，＊＊は，それぞれ1％，5％水準で有意なことを表す．

　取締役会評価の開示が優れる会社の属性に関する推定結果は図表10-12に示されるとおりである．分析の結果，企業不祥事およびコーポレートガバナンスの係数が有意に正であることが示された．この実証結果は仮説1および仮説2と整合的である．すなわち，過去に企業不祥事を起こした会社，コーポレートガバナンスに熱心な会社ほど，取締役会評価の開示を積極的に行う傾向があることが示された．一方で，IRの係数は有意な関係を示さなかったので，仮説3は支持されなかった．

5　本節のまとめ

　本節では，取締役会評価の先進国とも言える英国の事例を検討したうえで，日本企業の取締役会評価の開示状況を概観した．そして，コーポレートガバナンス・コードの導入から1年を経過した時点において，どのような属性の会社の取締役会評価の開示が優れているか（取締役会評価の開示を積極的に行っているか）を検討した．具体的には，コーポレートガバナンス報告書の中で，翌年度の取締役会の具体的な課題が明示されている会社を取締役会評価の開示が優れている会社と位置づけ，取締役会評価の開

示が優れているか否かと，過去企業不祥事を起こしたか否か，取締役会の監督機能に優れているか否か（指名委員会の設置の有無），およびIR（投資情報開示）に優れているか否か，の関係に着目して，それらの関係を分析した．実証結果は，過去の企業不祥事の有無と取締役会の監督機能の優劣が取締役会評価の開示に正の影響を与えていることが示された．IRの優劣は，取締役会評価の開示との間に有意な関係は示されなかった．このことは，過去に企業不祥事を起こした会社，取締役会の監督機能に優れている会社ほど，取締役会評価の開示に積極的になり，その開示が優れる傾向があることを示している．

　本節の分析は，クロスセクション・データを用いて，2016年6月末時点の日経225構成企業のコーポレートガバナンス報告書（参照資料を含む）での取締役会評価の開示内容を分析したもので，一時点の状況を示すものにすぎない．また2016年6月末時点では，対象企業の3分の1の会社がまだ取締役会評価を開示していない（未開示企業の多くは，今後取締役会評価を実施して，その内容を開示する予定としている）．日本企業に取締役会評価の開示が浸透した時点で，改めて取締役会評価の開示に優れる会社の属性分析を行うこと，ならびに事例分析を行うことにより具体的な因果関係を明らかにすることについては，今後の課題といたしたい．さらに，本節の分析では，取締役会評価が優れているか否か，ならびに過去に企業不祥事を起こしたか否か，の判断を筆者が行っており，客観性に欠ける点がある．より客観性のある指標を用いた分析を行うことについても今後の課題といたしたい．

第3節　サクセション・プラン
──バークレイズ社における事例分析

1　サクセション・プランに関する問題の所在

　わが国では，2015年6月に東証によって制定されたコーポレートガバナンス・コードにおいて，取締役会は会社の目指すところ（経営理念等）や具体的な経営戦略を踏まえ，最高経営責任者などの後継者の計画（プラン

ニング)について適切に監督を行うべきものとされた(補充原則4-1③).東芝においては,企業不祥事に伴う2016年5月の社長交代に際して,社外取締役から構成される指名委員会が次期社長の選任を主導した.このようにわが国においても,経営者のサクセション・プランは重要な論点となっている.

英国においても,業務執行取締役(経営者)と非業務執行取締役(取締役会議長等)のサクセション・プランに関する議論が行われている.そこで,わが国の議論の参考とすべく,英国の自主規制機関であるFRCが実施したコンサルテーションに対する投資家・各種団体などからの意見の概要,ならびに年次報告書で取締役会議長と最高業務執行取締役(最高経営責任者)の交代の経緯を詳しく説明しているバークレイズの事例を検討したい.[38]

2　FRCのコンサルテーションに対する投資家などからの意見

FRCでは,(1)サクセション・プランの質が,取締役会評価で最も多く指摘される事項の1つであること,(2)クランフィールド大学の調査報告書で,英国の多くの企業のサクセション・プランの開示が個別の取締役の交代の説明にとどまっており,長期的な視点が欠如していると指摘されたことを踏まえて,英国上場会社の取締役候補者(業務執行取締役と非業務執行取締役)のパイプライン作りなどを支援するため,2015年10月にディスカッション・ペーパーを作成し,市中に広く意見を求めた.[39]

これに対して,2016年の2月までに20数社から意見が寄せられた(各社の意見はFRCのホームページで開示されている).[40] 様々な意見が寄せられたが,ここでは以下の4点を指摘する(カッコ内は,意見を表明した

---

38) 英国では,コーポレートガバナンス・コードで独立取締役としての任期が定められている(原則として最長9年)ことから,取締役のサクセション・プランが強く意識されている.取締役会議長は取締役の実質的な任期を3年サイクルで考えており,6年(3年×2期)で交代する取締役が多い[Spencer Stuart, 2015, p. 6].
39) FRC [2015b].
40) 市中から寄せられた主要な意見の要旨は,FRCがまとめて公表している[FRC, 2016].

機関の名称である）．第1は時間軸の問題である．長期的視点でのサクセション・プランと緊急事態対応とは異なる（PwC）．この点，長期の機関投資家である英国のHermesは3つのタイプのサクセション・プランを区別することが重要であるとする．それらは，(1)主要な人材の突然の離職に対応するためのコンティンジェンシー・プラン，(2)予定された現職の人材の離職に対応するための後継者育成という中期的対応，(3)戦略に対応して将来の組織を形作る観点からの長期的対応，である．

第2は対象者についてである．取締役会は将来を見すえて，潜在力のある適切な候補者を幅広く把握することが重要であり（英国取締役協会），また企業の長期的発展のためには，取締役会議長とCEOのサクセション・プランが特に重要である（Hermes）．

第3は投資家との関係である．サクセション・プランは短期投資家ではなく長期投資家との対話・エンゲージメントのトピックスであり，多くの取締役会議長は新しい取締役の任命に際して，必要とされるスキルや経験に関して主要な投資家に個別に相談する傾向にある（Hermes）．一方で投資家がその属性や規模に関係なく適切な情報を得たうえで公平に競争するためには，広く開示される年次報告書に必要十分な内容が記載されるべきである（Ernst & Young）．

第4は取締役会・社外取締役の関与についてである．将来の取締役会のリーダーになる可能性がある者に対する長期的なパイプライン形成のためには，取締役会が長期的な視野に立ち，取締役会よりも数段下のレベルの活動にも影響力を及ぼすことが必要である（Hermes）．また最高業務執行取締役のサクセション・プランは，独立取締役が自ら行うことがきわめて重要である．株主は，最高業務執行取締役が自らのサクセション・プランをリードしているのではないかと懸念している（Railpen）．

3　バークレイズ社におけるサクセション・プランの事例分析

バークレイズ社には2012年のLIBOR不正操作問題に伴う取締役会議長と最高業務執行取締役（最高経営責任者）の突然の辞任，2015年の取締役会議長の予定された交代，および2015年の最高業務執行取締役の突然

の解任，の事例があり，それぞれのサクセション・プランの状況が年次報告書で詳しく説明されている．これらの事例は，すでに指摘したHermesの分類における，(1)主要な人材の突然の離職に対応するためのコンティンジェンシー・プラン，(2)予定された現職の人材の離職に対応するための後継者育成という中期的対応に対応する．[41] なお，バークレイズ社の事例を検討する際には，英国の金融機関一般に言えることだが，(1)業務の企業間差異が小さく，人材の流動性が高いこと（外部からの人材確保が容易），および(2)規制産業であること（当局の認可事業）に留意が必要である．

事例1：2012年のLIBOR不正操作問題に伴う取締役会議長と最高業務執行取締役（最高経営責任者）の突然の辞任

バークレイズ社では，基準金利であるLIBORを不正に操作した問題（LIBORスキャンダル）により，英国・米国の金融当局から多額の課徴金が科せられたことを契機として，2012年7月に取締役会議長のマーカス・アギウスが辞任を表明し（辞任は後任が着任した同年11月），最高業務執行取締役ボブ・ダイヤモンドが辞任した．

取締役会議長の後任選任に関しては，ただちに取締役会が後任の選任に関する体制を整備した．具体的には，取締役会が後任の選任に係る責任者（非業務執行取締役のジョン・サンダーランド卿）を指名し，外部補助者（MWMコンサルティング社）を選定した．次に，後任に求められる要件（取締役会議長の経験者，金融機関での業務経験など）を決定した．具体的な選考は以下の経緯をたどった．(1)対象者（社内・社外）を幅広くリストアップして，そこから対象者を2名に絞った．(2)対象者2名と非業務執行取締役・財務担当取締役が個別に面談し，その結果をサンダーランド卿にフィードバックした．(3)サンダーランド卿が，当局，主要な機関投資家などのステークホルダーから，あらかじめ意見を聴取した．(4)非業務執行取締役が何度も会合を持ち，面談結果と彼らの意見を述べ合った．以上の

---

41) Hermesの分類の(3)戦略に対応して将来の組織を形作る観点からの長期的対応の事例は，例えばクランフィールド大学の調査報告書に複数記載されているが，必ずしも詳細なものではない［Cranfield, 2014, p. 28］．

プロセスを経て，2012年8月にデヴィッド・ウォーカー卿（外部招聘）が後任の取締役会議長に内定し，同年11月に取締役会議長に就任した．

　最高業務執行取締役の後任選任は，議長のアギウスが，副議長やコーポレートガバナンス・指名委員会のメンバーの協力を得て，また後任議長に内定したウォーカー卿の関与を得て遂行された．具体的な選考は以下の経緯をたどった．(1)取締役会が同意した最高業務執行取締役の要件に基づき，外部補助者（Spencer Stuart社）が対象者を幅広くリストアップした．(2)そこから対象者（社内・社外）を絞って取締役会に報告した．(3)対象者に対して取締役会議長，副議長および人事担当取締役が面談し，対象者を3名に絞った．(4)対象者3名と，ウォーカー卿と非業務執行取締役が個別に面談のうえ，会合を持って議論し，対象者を内定した．(5)ウォーカー卿が，監督当局と主要株主に面談して意見交換を行った．(6)取締役会が，取締役会議長や副議長などから構成される小委員会に選任に関する最終条件決定の権限を委譲し，そこで最終決定がなされた．以上のプロセスを経て，2012年8月にアントニー・ジェンキンス（内部昇進）が最高業務執行取締役に選任され就任した．取締役会議長と最高業務執行取締役の後任の選任に際して，前任者の辞任表明から2カ月を経ずして，多くのプロセスが着実に実行されたうえで選任が行われたことが特徴的である．

事例2：2015年の取締役会議長の予定された交代

　2012年にバークレイズ社の取締役会議長に就任したデヴィッド・ウォーカー卿は，当初から任期を3年としていたため，2013年10月以降，約1年の期間を費やして後任の選任が行われた．まず取締役会が後任の選任に関する体制を整備した．具体的には，取締役会が後任の選任に係る責任者（非業務執行取締役のジョン・サンダーランド卿）を指名し，選任に関する小委員会（サンダーランド卿のほか，3名の非業務執行取締役から構成される）を設置した．

　小委員会では，後任者の要件の明確化，外部補助者（Spencer Stuart社）の選定を行い，対象者を幅広くリストアップしたうえで，その絞り込みを行った．そしてSpencer Stuart社が対象者に対して議長職に関心が

あるかを確認した後，サンダーランド卿と小委員会のメンバーがさらに複数回にわたって議論を重ねた．このように小委員会で対象者の絞込みを行い，最終的にはジョン・マクファーレン（外部招聘）が望ましい対象者とされたことから，利害関係者との調整が行われた．具体的には，(1)取締役会メンバー全員が，マクファーレンと面談し，フィードバックを行う機会を与えられた．(2)監督当局にその都度状況を説明し，事前にマクファーレンが選任されることについての承認を得た．(3)主要な投資家とも議論した．彼らはマクファーレンの選任に好意的であった．(4)取締役会は，新議長の選任に関して2回の特別会合を持ち，マクファーレンの選任を承認する前に，彼に対する意見を共有した．なお，ウォーカー卿は選任プロセスに参画しなかったが，サンダーランド卿は彼に，議長の役割などに関して意見を求めていた．

　以上のプロセスを経て，バークレイズ社は2014年9月に，マクファーレンが2015年1月に非業務執行取締役に就任すること，そして次期取締役会議長の後任であることを発表した．

事例3：2015年の最高業務執行取締役（最高経営責任者）の突然の解任

　2015年7月に，バークレイズ社では業績不振を理由として，アントニー・ジェンキンスが最高業務執行取締役から解任され，当面，取締役会議長のジョン・マクファーレンが最高業務執行取締役を兼任することが発表された．その後ただちに，取締役会が後任の選任に関する体制を整備した．具体的には，指名委員会が後任の選任に係る責任者（副議長兼上席独立取締役（SID）のミカエル・レイク卿）を指名し，また後任に求められる要件の明確化と外部補助者（Spencer Stuart社）の選定を行った．

　指名委員会では，要件を充足する対象者がバークレイズ・グループ内にいないことから，Spencer Stuartの協力を得て作成した対象者（社外）ロングリストに基づき，適任と思われる人物にコンタクトし，インタビューを行い，監督当局の意見（どのようなタイプの最高業務執行取締役が望ましいか）も取り入れつつ選考を進めた．その際に，レイク卿は他の指名委員会メンバーに対しても対象者の探索を依頼した．取締役会議長のマクフ

ァーレンは選考過程には加わらなかったが，彼も意見を求められた．また選考プロセス全般にわたり，レイク卿が取締役会メンバーに対して，最新の情報を提供し続けた．

　これらの結果，ジョー・スタンレー（外部招聘）が望ましい対象者とされたことから，2015年9月に彼と指名委員会および取締役会のメンバーが面談，また10月には監督当局者が面談して当局の事前承認を得た．その後，取締役会が当局の承認と主要株主の承認を条件として，指名委員会がスタンレーを最高業務執行取締役として選任することを承認した．以上のプロセスを経て，バークレイズ社は2015年10月に，スタンレーが取締役と最高業務執行取締役に就任することを公表し，同年12月に最高業務執行取締役に就任した．

事例の共通点

　以上，サクセション・プランの3つの事例を検討した．これらに共通する事項として，以下の6点が指摘できる．

　第1は，辞任表明などの直後に，選任体制と後任者要件の明確化を行っていることである．選任体制の明確化は，具体的には，責任者の特定（いずれの事例とも非業務執行取締役のうちの1名），選任を担当する委員会・小委員会の特定（該当ない場合もある），および外部補助者（例えばSpencer Stuart社）の選定から構成される．

　第2は，対象者リストの作成とその絞り込みプロセスである．対象者を社内に限定することなく広く社外に求め，社外の対象者の探索に外部補助者を活用する．まずは対象者を幅広くリストアップし，そこから絞込みを行って対象者を数人とするリスト（ショートリスト）を作成する．

　第3は，選任責任者や非業務執行取締役などがショートリストの対象者と個別に面談し，その結果を選任責任者や非業務執行取締役などの間で共有して議論することである．これらのプロセスによって，対象者を特定していく．

　第4は，監督当局や主要な機関投資家と事前に意見交換をしていることである．規制産業（当局の認可事業）であることから，対外公表前に当局

の承認を得ている.

　第5は,非業務執行取締役が主導して対象者の適性を十分検討したうえで,最終的には取締役会が承認していることである.

　第6は,迅速に数多くのプロセスが着実に実行されていることである.2012年の取締役会議長・最高業務執行取締役の突然の辞任に際しては,後任が2カ月以内に決定しており,また2015年の最高業務執行取締役の解任に際しては,後任が3カ月程度で決定している.英国金融市場においては,企業トップの転職市場や外部補助者が存在していることから,スピーディな対応が可能であったと言えよう.

[参考文献]

石田猛行［2016］「2016年 ISS 議決権行使助言方針——背景にある考え方」『商事法務』No. 2093, 23-34頁.
今井祐［2015］『実践コーポレートガバナンス・コード作成ハンドブック』文眞堂.
江頭憲治郎［2014］「会社法改正によって日本の会社は変らない」『法律時報』86巻11号, 59-65頁.
江頭憲治郎［2015］『株式会社法 第6版』有斐閣.
尾崎安央［2015］「監査役・監査等委員・監査委員」『監査役』No. 641, 44-54頁.
神田秀樹［2016］『会社法（第18版）』弘文堂.
北川哲雄・大杉謙一・高山与志子・石黒徹［2014a］「座談会　取締役評価によるガバナンスの実効性確保に向けて〔上〕」『商事法務』No. 2049, 4-17頁.
北川哲雄・大杉謙一・高山与志子・石黒徹［2014b］「座談会　取締役評価によるガバナンスの実効性確保に向けて〔下〕」『商事法務』No. 2052, 4-19頁.
坂本三郎・髙木弘明・宮崎雅之・内田修平・塚本英巨・辰巳郁・渡辺邦広［2014］「平成26年改正会社法の解説〔Ⅱ〕」『商事法務』No. 2042, 19-29頁.
太子堂厚子［2015］『Q&A 監査等委員会設置会社・社外取締役の実務』商事法務.
高山与志子［2014］「取締役会評価とコーポレートガバナンス——形式から実効性の時代へ」『商事法務』No. 2043, 15-26頁.
高山与志子［2015a］「取締役会評価の時代」北川哲雄編著『スチュワードシップとコーポレートガバナンス』東洋経済新報社.
高山与志子［2015b］「取締役会評価の実際と課題」『証券アナリストジャーナル』Vol. 53, No. 11, 39-48頁.
塚本英巨［2015］『監査等委員会導入の実務』商事法務.
塚本英巨・三菱UFJ信託銀行［2015］『監査等委員会設置会社移行会社の事例分析』(『別冊商事法務』), No. 399.

日本監査役協会［2015］「役員等の構成の変化などに関する第16回インターネット・アンケート集計結果」．
浜辺陽一郎［2014］「監査等委員会設置会社の導入によるガバナンス改革の行方」『青山法務研究論集』第9号，15-30頁．
林順一［2015a］「英国のコーポレートガバナンス」北川哲雄編著『スチュワードシップとコーポレートガバナンス』東洋経済新報社．
林順一［2015b］「過度なショート・ターミズムの克服を目指したケイ報告書の意義」北川哲雄編著『スチュワードシップとコーポレートガバナンス』東洋経済新報社．
林順一［2015c］「英国のコーポレートガバナンスの特徴とわが国への示唆」『証券経済学会年報』第50号別冊，1-2-1〜1-2-9．
林順一［2016］「取締役会評価の開示—英国の事例とわが国への示唆」『国際マネジメント研究』第5巻，49-75頁．
牧野達也［2015］「会社法改正の概要」『監査等委員会設置会社の活用戦略』商事法務．
松浪信也［2015］『監査等委員会設置会社の実務（第2版）』中央経済社．
森本茂［2015］「取締役会制度の確立とその変遷」『取締役会の法と実務』商事法務．
森本茂［2016］「監査等委員会設置会社をめぐる法的諸問題」『監査役』No. 651，4-17頁．
ABI (Association of British Insurers) [2012] *Report on Board Effectiveness, Updating Progress, Promoting Best Practice.*
Cranfield University School of Management [2014] *Women on Boards: Progress Following the 2012 Corporate Governance Code.*
FRC (Financial Reporting Council) [2011] *Guidance on Board Effectiveness.*
FRC [2013] *Developments in Corporate Governance 2013, the Impact and Implication of the UK Corporate Governance and Stewardship Codes.*
FRC [2014] *Guidance on the Strategic Report.*
FRC [2015a] *Developments in Corporate Governance and Stewardship 2014.*
FRC [2015b] *UK Board Succession Planning.*
FRC [2016] *Feedback Statement: UK Board Succession Planning Discussion Paper.*
Grand Thornton [2014] *Corporate Governance Review 2014, Plotting a New Course to Improved Governance.*
ICAEW (Institute of Chartered Accountants in England and Wales) [2015] "Board Evaluations and Effectiveness Reviews." HP. (http://www.icaew.com/en/technical/corporate-governance/uk-corporate-governance/board-evaluations-and-effectiveness-reviews)
IoD (Institute of Directors) [2010] *The Challenge of Board Evaluation.*
Lintstock [2007] *Evaluating the Performance of UK Boards, Lessons from the*

FTSE 350.

Lintstock [2013] *10 Years of Reviewing the Performance of UK Boards, Lessons from the FTSE All share.*

Long, T. [2012] "Board Evaluation," *Corporate Governance for Main Market and AIM Companies,* London Stock Exchange.

Muir, I. and Keeldeep Associates Limited [2012] *Board Evaluation,* Ashridge Strategic Management Centre and Keeldeep Associates Limited.

Spencer Stuart [2015] *Succession Planning for the Board.*

Yasser, Q. R. [2015] "An Overview of Board Performance Evaluation: At Dusk Threaten," *European Journal of Business and Management,* Vol. 7, No. 4, pp. 34-43.

執筆者略歴

北川哲雄（きたがわ　てつお）　編著者———序章，第1章，第2章

青山学院大学大学院国際マネジメント研究科教授
1975年，早稲田大学商学部卒業，同大学院修士課程修了，中央大学大学院博士課程修了，博士（経済学）．野村総合研究所およびモルガン信託銀行（現・JPモルガン・アセット・マネジメント）調査部等においてアナリスト・調査部長を経験ののち，2005年より現職．主要著書に『アナリストのための企業分析と資本市場』（東洋経済新報社，2000年），『資本市場ネットワーク論——IR・アナリスト・ガバナンス』（文眞堂，2007年），主要共著・編著に『証券アナリストのための企業分析（第4版）』（東洋経済新報社，2013年），『スチュワードシップとコーポレートガバナンス——2つのコードが変える日本の企業・経済・社会』（東洋経済新報社，2015年），がある．

小方信幸（おがた　のぶゆき）———第6章，第7章

帝京平成大学現代ライフ学部，同大学院環境情報学研究科教授
1977年，慶應義塾大学経済学部卒業，青山学院大学国際マネジメント研究科修士課程（MBA）修了，同研究科博士後期課程修了，博士（経営管理，DBA）．住友銀行（現・三井住友銀行），モルガン銀行東京支店（J.P. Morgan），東京放送（現・TBSテレビ）を経て，2015年より現職．青山学院大学国際マネジメント学術フロンティアセンター特別研究員，獨協大学非常勤講師，日本経営倫理学会監事・ESG投資研究部会長．日本証券アナリスト協会検定会員．主要著書として『社会的責任投資の投資哲学とパフォーマンス——ESG投資の本質を歴史からたどる』（同文舘出版，2016年）がある．また，主要論文として「社会的責任投資（SRI）ファンド採用銘柄のパフォーマンス——SRIスクリーニングの有効性」（『証券アナリストジャーナル』2013年8月），がある．

加藤　晃（かとう　あきら）──第5章

愛知産業大学経営学部教授
1982年，防衛大学校卒業（国際関係論専攻），青山学院大学大学院修士課程修了，青山学院大学大学院博士課程修了，博士（経営管理）．貿易商社，AIU保険会社（現・AIU損害保険），AIGインシュアランスサービス，AIG，AIU損害保険を経て，2016年より現職．青山学院大学国際マネジメント学術フロンティアセンター特別研究員，青山学院大学大学院および事業創造大学院大学非常勤講師．著書に『保険マーケティングの発見』（保険毎日新聞，1997年），共編著に『情報と職業（改訂2版）』（日本教育訓練センター，2011年），『テロ・誘拐・脅迫　海外リスクの実態と対策』（同文舘，2015年），がある．

姜　理恵（かん　りえ）──第3章

光産業創成大学院大学光産業創成研究科准教授
1994年，名古屋大学経済学部卒業，中央大学大学院国際会計研究科修了，青山学院大学大学院国際マネジメント研究科博士後期課程修了，博士（経営管理）．ソフトバンクモバイル（現・ソフトバンク），モルガン・スタンレー・キャピタル等を経て，2016年より現職．青山学院大学国際マネジメント学術フロンティアセンター特別研究員，全米IR協会会員，日本IR学会評議員．主要著書に『インベスター・リレーションズの現状と課題──企業情報開示における時間軸と外部評価の視点から』（同文舘，2017年）がある．

芝坂佳子（しばさか　よしこ）──第4章

有限責任 あずさ監査法人　パートナー
明治大学政治経済学部卒業，青山学院大学国際政治経済学研究科国際ビジネス専攻（国際経済学）修士課程修了（修士），青山学院大学国際マネジメント研究科博士課程（DBA）在籍中．東京エレクトロン株式会社を経て，アーサーアンダーセン（現・あずさ監査法人）入所．その後，ビジネスコンサルティング部門に異動しナレッジマネジメントの実践・推進や各種プロジェクトに従事．現在は，KPMGジャパン統合報

告アドバイザリーグループ，およびKPMGジャパン コーポレートガバナンス センター・オブ・エクセレンス（CoE）のメンバーとして，知識経済社会における企業経営上の課題，特にビジネスレポーティングやコミュニケーションに関わる調査研究，提言等を行っている．共訳として『ワンレポート——統合報告が開く持続可能な社会と企業』（東洋経済新報社，2012年），『統合報告の実際——未来を拓くコーポレートコミュニケーション』（日本経済新聞出版社，2015年），などがある．

林　順一（はやし　じゅんいち）——第9章，第10章

青山学院大学国際マネジメント学術フロンティアセンター特別研究員
1982年，慶應義塾大学商学部卒業，英国マンチェスター大学経営大学院修了，筑波大学大学院修士課程修了後，青山学院大学大学院博士課程修了，博士（経営管理）．第一勧業銀行（現・みずほ銀行），みずほフィナンシャルグループ，みずほ証券等を経て，現在，日土地アセットマネジメント㈱勤務．青山学院大学国際マネジメント学術フロンティアセンター特別研究員．最近の著書・論文に『スチュワードシップとコーポレートガバナンス』（共著，東洋経済新報社，2015年），「コーポレートガバナンスのCSRに与える影響についての一考察」（『経営実務研究』第11号，2016年），「ダイバーシティの対応に積極的な日本企業の属性分析」（『日本経営倫理学会誌』第24号，2017年），がある．

林　寿和（はやし　としかず）——第8章

ニッセイアセットマネジメント　ESG推進室／投資調査室チーフ・アナリスト
2005年，京都大学工学部物理工学科卒業，エジンバラ大学大学院修了（経済学修士），ケンブリッジ大学経営大学院修了（技術政策修士）．文部科学省，日本総合研究所を経て，2016年より現職．ESGに関するリサーチや，運用プロセスにおける財務分析とESG分析の統合（ESGインテグレーション）の推進を担当．主な論文に「日本の株式市場におけるショート・ターミズム（短期主義）の実証分析」（『証券アナリストジャーナル』2013年12月），「中期経営計画の開示行為に対する株式市場の反応の検証——投資家は中期経営計画のどこを評価しているのか」（『企業会計』2014年7月），などがある．

ガバナンス革命の新たなロードマップ
2つのコードの高度化による企業価値向上の実現

2017年7月27日発行

編著者	——	北川哲雄
発行者	——	山縣裕一郎
発行所	——	東洋経済新報社

〒103-8345　東京都中央区日本橋本石町 1-2-1
電話＝東洋経済コールセンター　03(5605)7021
http://toyokeizai.net/

装　　丁	………	吉住郷司
ＤＴＰ	………	藤原印刷
印　　刷	………	藤原印刷
製　　本	………	東京美術紙工
編集担当	……	村瀬裕己

Printed in Japan　　ISBN 978-4-492-53391-8

本書のコピー、スキャン、デジタル化等の無断複製は、著作権法上での例外である私的利用を除き禁じられています。本書を代行業者等の第三者に依頼してコピー、スキャンやデジタル化することは、たとえ個人や家庭内での利用であっても一切認められておりません。

落丁・乱丁本はお取替えいたします。